"많은 것을 사랑하는 사람은 많은 일을 하고, 많은 것을 성취할 수 있다"라는 고흐의 말처럼, 나 역시 많은 것을 사랑함으로써 진정 삶이 풍요로우며 행복하다고 느낀다. 생존 또는 필요를 위해 사물을 구매하고 소유하는 시대를 넘어, '어떤 물건을 사랑하는지가 곧 나 자신을 의미하는' 시대를 살아가게 된지 오래다. 세상에 존재하는 어마어마한 물건들 가운데 내가, 당신이 사랑하기로 선택한 것들에는 어떤 이유가 있었을까. 이는 더 이상 마케터와 디자이너, 기업가만의 고민이 아니다.

세상에 태어나는 물건 하나하나가 소비자와 관계 맺기까지 너무나 큰 노력과 비용이 지불되는 시대, 우리는 왜 물건들을 사랑하게 되었을까? 인간은 언제부터 사물을 사랑하기 시작했을까? 사물에 대한 우리의 사랑은 미래에 어떤 모습으로 나타날까? 이에 명쾌한 답을 내기 위해 인간의 궤적을 따라가며 이야기하는 이 책은 유익하고 흥미롭다. 앞으로도 닿을 수 있는 한, 많은 것들을 힘껏 사랑하고 싶은 모두에게 일독을 권한다.

김소영 (방송인 · 책발전소 대표, 《무뎌진 감정이 말을 걸어올 때》 저자)

인간 욕망의 작동 원리를 총망라한 책이다. 사랑은 혼란스러운 세상에서 희망을 잃지 않고 온전한 정신을 유지할 수 있게 하는 유일한 감정이다. 아후비아 박사는 이 놀라운 감정이 소비와 만났을 때 어떤 일이 일어나는지 명쾌하게 기술한다.

필립 코틀러 (《필립 코틀러 마케팅의 미래》 저자)

우리가 사물과 맺는 관계에 눈에 보이는 것보다 훨씬 더 많은 것이 있다는 걸 누가 알았겠는가? 아후비아 박사는 소유물에 갖는 애정의 기저에 있는 과학과 심리학을 훌륭하게 조명하고 그 과정에서 인간 개개인을 움직이는 원동력에 대해 매혹적인 통찰력을 보여 준다.

니르 이얄 (《초집중》 저자)

아후비아 박사는 심리학과 신경과학, 생물학과 마케팅 분야의 최신 연구 결과를 바탕으로 우리가 소유한 사물과 우리 자신을 더욱 잘 이해할 수 있게 한다.

조나 버거 (《컨테이저스 전략적 입소문》 저자)

애런 아후비아가 말한 것처럼 정절 의식이 투철한 사람들조차 실제로는 다양한 관계를 맺고 있다. 다만 그 상대가 사람이 아닐 뿐이다. 우리는 사랑할 수 있는 인간의 능력을 사물과 특정한 활동, 동물까지 확장하여 스마트폰에서 반려동물에 이르기까지 열정을 쏟아붓는다. 《사고 싶어지는 것들의 비밀》은 무언가를 사랑한다는 것이 어떤 의미인지, 인간이 아닌 것과의 관계가 우리에 대해 무엇을 말해 주는지를 알려 주는 매혹적인 탐구다.

캐서린 프라이스 (《파워 오브 펀》 저자)

자동차와 램프, 사진 앨범에 관한 책이기도 하지만 동시에 우리가 어떻게 사랑에 빠지는지에 관한 책이기도 하다. 아후비아 박사는 우리의 소유물뿐만 아니라 우리 자신에 대해서도 많은 것을 가르쳐 준다. 사랑과 물건에 관해 알고 싶다면 이 책이 마음에 들 것이다!

로버트 비스워스 디너 (《다크 사이드》 저자)

놀랍도록 뛰어난 통찰력을 바탕으로 잘 쓰인 책이다. 아후비아 박사는 흥미로운 일화와 함께 학계의 최신 연구를 능숙하게 엮어 우리가 하는 일을 좋아하는 이유와 성향이 우리 자신에 대해 무엇을 말해 주는지를 설명한다.

이선 크로스 (《채터, 당신 안의 훼방꾼》 저자)

매우 훌륭하고, 재미있고, 과학적 연구에 기반을 두고 있다. 풍부하고 생기 넘치면서도 심오하다.

마티유 리카르 (《감정 수업》 저자)

반드시 읽어야 할 책. 아후비아 박사는 우리가 사랑하는 사물과 생각보다 훨씬 밀접한 관계를 맺고 있다는 설득력 있는 주장을 펼친다.

프란체스카 지노 (《긍정적 일탈주의자》 저자)

사고 싶어지는
것들의 비밀

신경과학, 심리학으로 밝혀낸 소비 욕망의 법칙

사고 싶어지는 것들의 비밀

The
Things
We
Love

애런 아후비아 지음   박슬라 옮김

알에이치코리아

구스, 시드, 해나와 오러, 아이작 그리고 조나,
내게 사랑에 대해 진정 알아야 할 것을 가르쳐 준 이들에게

1988년, 나는 막 노스웨스턴대학교 켈로그 경영대학원에서 마케팅 박사 학위 과정을 시작한 참이었고 운 좋게도 마케팅계의 전설인 필립 코틀러의 강의를 들을 수 있었다. (그가 얼마나 유명한지 부연하자면 내가 카자흐스탄에서 강의했을 때 청중이 300명이나 몰린 적이 있는데 내 강의를 듣기 위해서가 아니라 '그 유명한 필립 코틀러의 제자'의 강의를 듣기 위해서였다!) 코틀러 교수는 마케팅은 단순히 비즈니스만을 위한 것이 아니라고 말했다. 마케팅은 모두를 위한 것이다. 비영리단체도 마케팅이 필요하다. 정치가도 마케팅이 필요하다. 심지어 연애 상대를 찾는 솔로들도 실질적으로 자신을 마케팅하는 셈이다.

당시 나는 20대였고 사귀는 사람도 없었다. 마케팅이 흥미로운 건 사실이었지만 데이트는 그보다 더 흥미로웠다. 더구나 1980년대 후반은 데이트 서비스 분야가 막 부상하던 시기였다. 코틀러 교수는 '마케팅과 데이트의 유사성'이라는 주제로 학기말 소논문을 써도 좋다고 했다. 커뮤니케이션 연구학 교수인 마라 애들먼이 같은 주제에 관심을 두고 있다는 조언도 덧붙였다. 이후 애들먼과 나는 데이트 서비스가 낭만적 관계에 어떤 방식으로 영향을 끼치는지 일련의 논문을 함께 발표했다. 이는 미디어로부터 많은 관심을 받아 급기야 〈오프라 윈프리 쇼〉에 출연하기까지 했다.

그건 아주 재미난 경험이었다. 하지만 박사 학위 논문 주제는 이름 있는 경영대학원 교수로 발탁될 수 있을 만한 것으로 해야 한다는 사실을 알고 있었다. 데이트 서비스를 연구해 봤자 〈오프라 윈프리 쇼〉에 출연할 수 있을지는 몰라도 일자리를 구할 수는 없을 터였다. 하지만 나는 수년간 사랑심리학 전문가가 되는 데 투자했다. 이렇게 쌓은 지식을 활용할 방법은 없을까?

곧 깨달음이 강타했다. 사람들은 언제나 자신이 사랑하는 것들에 대해 이야기한다. 그 말을 문자 그대로 받아들여야 할까, 아니면 그저 과장된 은유법으로 치부해야 할까? 만일 사람들이 정말로 사물을 사랑한다면, 인간의 사랑에 관한 연구가 이를 분석하는 데 어떤 도움이 될까? 사람이 사물을 사랑한다는 사실을 최초로 알아차린 이가 나일 리는 없다. 그러나 다행히도 나는 이런 종류의 사랑에 특화된 과학적 데이터를 최초로 수집한 사람이었다. 바로 마케팅 분야에서 '브랜드 사랑brand love'이라고 부르는 것이었다. 나는 30년

이 넘도록 아직도 이 주제를 연구 중이다.

나는 마케팅 교수지만 내 연구는 언제나 심리학, 철학, 사회학에 바탕을 둔다. 내가 박사과정을 할 때 "우리는 어부가 아니라 해양생물학자가 물고기를 연구하듯이 소비자를 연구한다"라는 말이 있었다. 이 책은 그러한 마음가짐을 바탕으로 사랑이란 무엇이며 어떻게 작동하는지 궁금한 이들을 위해 쓴 책이다. 앞으로 여러분은 '실용적인 방법'을 가르치는 마케팅 서적이 아니라 사물을 사랑하는 심리에 관한 과학적인 탐구를 살펴볼 것이다. 기업, 예술가, 비영리단체가 사람들이 진정으로 사랑하는 것들을 창조하는 데 초점을 맞추는 것은 멋진 일이다. 이 책은 그들처럼 사명에 헌신하는 모든 이들에게 유용한 통찰을 줄 것이다.

이 책의 제목이 《사고 싶은 것들의 비밀》이긴 하지만, 궁극적으로 이건 사물이 아니라 사람에 관한 이야기다. 사물에 대한 사랑이야말로 우리의 정체성을 형성하고 우리를 소중한 사람들과 연결해준다. 이 책에서 여러분은 사물을 통해 내가 누구이고 누가 되고 싶은지 그리고 어떻게 최고의 내가 될 수 있는지를 알게 될 것이다. 또한 우리는 사물을 사용하여 친밀한 관계를 유지하고, 그 정도로 가깝지는 않아도 여전히 중요한 사람들과의 신망을 관리할 수 있다.

이 책은 다음과 같은 흔한 질문에 대해 과학적 근거에 기반한 해답을 제시한다. 사물에 대한 사랑은 사람에 대한 사랑과 어떻게 다른가? 우리는 왜 어떤 것은 사랑하고 어떤 것은 사랑하지 않는가? 왜 우리가 사랑하는 것을 다른 모두가 똑같이 사랑하지는 않는 걸까? 사물은 왜 우리 삶에서 그토록 큰 역할을 차지하는가? 어떤 것을 깊이 사랑하는 것과 단순히 그것이 훌륭하다고 생각하는 것 사이에는 어떤 차이가 있는가? 사물을 사랑하게 되면 사람을 사랑하지 않게 될까?

참고로 앞으로 나올 것 또는 **사물**事物이라는 단어가 '사람이 아닌 모든 것'을 지칭하는 매우 광범위한 의미로 사용되고 있음을 미리 말해 두겠다. 따라서 '것'은 단순한 물건뿐만 아니라 "하고 싶은 것을 해라"라든가 "오늘 밤 뭔가 하자"처럼 활동을 의미할 수도 있다. 우리가 사랑하는 것에 사물과 활동 모두를 포함하는 것은 매우 유용한 분류인데, 실제로 이 둘은 분리하기가 무척 어렵다. 가령 휴대전화에 대한 사랑에는 휴대전화로 할 수 있는 모든 활동이 포함되어 있다.

'것'이라는 단어는 또한 동물을 가리킬 수도 있다. 이에 대해 같은 동물 애호가들에게 미리 용서를 구하는 바다. 이 책에서 동물을 '그것'이라고 부르는 이유는 그저 사람이 아닌 동물에 대한 사랑도 함께 논하고 싶으나 '우리가 사랑하는 것과 동물들'이라고 쓰면 너무 길기 때문이다.

확실히 해 두고 싶은 게 한 가지 더 있다. '사랑의 대상'은 원칙적으로 '사람이 사랑하는 모든 것'을 의미하는 심리학 용어지만 심리학에서는 대개 사람을 지칭한다(예: 어머니는 아기에게 최초의 사랑의 대상). 이 책은 아마도 '사랑의 대상'이라는 표현을 주로 사람보다 사물을 가리키는 데 사용하는 최초의 책일 것이다.

여러분이 취미에 푹 빠져 있든 자연을 사랑하든 마케터든 디자이너든 기업가든 스포츠팬이든 아니면 다른 어떤 것에 열정을 갖고 있든, 이 책을 통해 여러분 자신과 다른 이들에 대한 통찰력을 얻을 뿐만 아니라 보다 풍성한 삶을 영위하는 데 도움이 될 무언가를 찾을 수 있길 바란다.

The
Things
We
Love

"많은 것을 사랑하는 것은 좋은 일이다.

그 안에는 진정한 힘이 담겨 있고

많은 것을 사랑하는 사람은 많은 일을 하고,

많은 것을 성취할 수 있다.

사랑으로 한 일은 다 잘 되기 마련이다."

― 빈센트 반 고흐 Vincent Van Gogh, 1853~1890

✦

　이 책은 사람이 아닌 사물에 대한 우리의 사랑을 다룬다. 몸에서 차마 떼어 놓을 수 없는 물건들, 진심으로 푹 빠져 있는 활동들, 세상에 존재하는 어마어마한 선택지와 옵션들 사이에서 특별히 우리가 사랑하기로 선택한 것들 말이다. 오늘날 월마트로 쇼핑을 하러 가면 14만 점이 넘는 무수한 제품이 쌓여 있고 우리는 과거 선조들이 몇 차례의 삶에서 접한 것보다도 더 많은 물건을 한 시간도 안 돼 쓱 지나쳐 버린다. 그런 월마트도 아마존에 비하면 새 발의 피다. 아마존에서는 2억 개 이상의 상품을 판매한다. 이렇게 우리가 고를 수 있는 엄청난 양의 상품이 있는가 하면 절대로 살 수 없는 것들도 있다. 국가라든가 우리가 직접 만든 물건 같은 것들 말이다.

　할 수 있는 일은 또 얼마나 많은지. 독서, 음악 감상, 정원 가꾸기처럼 평범한 취미는 물론이고 강아지를 자이언트 판다처럼 꾸미는 "구밍^{gooming}"º이나 덕테이프로 옷 만들기, 누들링^{noodling}(맨손으로 물고기 낚기), 소 울음소리 흉내 내기 시합처럼 이상하게 인기 있는 활동에 이르기까지 굉장히 다양하다. 하지만 이렇게 무궁무진한 사물과 활동 중에서도 우리가 사랑에 빠지는 대상은 소수에 불과하다.

2021년 한 해 동안 광고주들은 소비자의 관심을 자극하기 위해 무려 7550억 달러를 지출했다.[1] 이처럼 큰 비용이 사용된 이유는 소비자가 제품과 맺고 있는 기본적인 관계를 타파해야 하기 때문이다. 소비자는 제품에 가벼운 관심이 있을 수도 있고 약간의 호기심을 느낄 수도 있지만 강렬한 관심이나 열정을 품고 있지는 않다. 곧 알게 되겠지만 그러므로 사람들이 어떤 것을 사랑하게 된다는 것은 무척이나 특이한 현상이다.

사람들이 가장 흔히 사랑하는 것은 무엇일까? 30년이 넘는 세월 동안 사람들에게 사랑하는 것에 관한 질문을 던진 결과, 나는 몇몇 대답이 반복적으로 등장한다는 사실을 발견했다. 이 목록에서 거의 항상 1위를 차지하는 것은 자연 또는 야외 활동(예: 하이킹)이다. 개인적인 사상이나 의견이 뭐가 됐든 자연 사랑은 모두가 공유하는 공통점이다. 우측에 치우친 사냥꾼도 좌측으로 치우친 배낭여행자들도 이 점에 있어서만큼은 차이가 없다. 어떻게 보면 자연

º   진짜로 있는 단어다.

도 우리의 사랑에 보답한다. 많은 연구가 숲에서 시간을 보내거나 심지어 화분을 보는 것만으로도 행복감이 증진된다는 사실을 증명하고 있다.[2] 신과 동물에 대한 사랑은 자연에 비하면 빈도가 낮은데 이는 모든 사람이 신을 믿거나 반려동물을 키우는 것은 아니기 때문이다(물론 반려동물을 키우지 않는 사람들도 동물을 사랑하는 경우가 많지만). 신과 반려동물에 대한 사랑은 사람에 대한 사랑과 사물에 대한 사랑의 중간지대에 있는데 이에 관해서는 책의 후반부에서 다룰 것이다. 그 외에 사람들이 가장 흔히 사랑하는 것들로는 스포츠, 예술, 자기 집, 자동차, 휴대전화, 옷 등이 있다.

하지만 이는 일부일 뿐이다. 흔히 세상 모든 사람에게는 자기만의 짝이 있다는 말이 있다. 사물에 대한 사랑 또한 마찬가지다. 세상에 존재하는 거의 모든 것에 대해 사랑하는 사람이 있다는 사실은 나를 늘 경탄하게 만든다. 수집가들은 정말 오만가지를 사랑한다. 수갑, 예술적으로 꾸민 변기 시트, 아스팔트, 시가 밴드, 장례용품, 치과 도구, 콘돔, 생리대 디스펜서, 비행기용 멀미 봉지까지 정말 가리는 게 없다. 오스카상 수상 배우인 톰 행크스도 이런 수집가 중 한 명이다. 그는 촬영이 없는 날이면 빈티지 타자기를 구하러 돌아다닌다. 물건을 수집하는 것 외에도 사람들은 독특한 취미와 사랑에 빠진다. 애플의 공동창업자인 스티브 워즈니악은 여가 시간에 세그웨이 폴로를 하고, 구글의 공동창업자인 세르게이 브린은 머리를 식히고 싶을 때면 공중그네를 탄다.

가끔은 사람들이 너무도 평범한 것들을 사랑해서 신기할 때도 있다. 이를테면 윌리엄 처칠이 뛰어난 벽돌공이었다는 사실을 아는가? 그는 가문 대대로 내려오는 집을 2년에 걸쳐 직접 개조하며 확장했고 이 프로젝트 덕분에 건설노동조합연합**Amalgamated Union of Building Trade Workers**의 견습 자격증까지 받았다. 또 노르웨이 나무 **Norwegian Wood**도 있다. 비틀즈 노래가 아니라 노르웨이 사람들이 노르웨이 벽난로에 집어넣는 것 말이다. 2013년에는 노르웨이 TV 방송국에서 〈전국 장작의 밤〉이라는 12시간짜리 프로그램을 방영했는데, 먼저 벽난로 마니아들이 출연해 장작을 쪼개고 쌓는 기술에 대해 한참 동안 토론을 벌인 다음 이후 8시간 내내 벽난로에서 장작이 타는 영상을 생중계로 보여 주었다. 놀랍게도 노르웨이 전 국민의 거의 20퍼센트가 이 프로그램을 처음부터 끝까지 시청했다.

우리가 사랑하는 것들 퀴즈

　'당신'은 무엇을 사랑하는가? 당신이 무엇을 사랑하는지 파악하기 위해 미시간대학교 로스 경영대학원 마케팅학과 교수인 라지브 바트라, 릭 바고치와 내가 수년에 걸쳐 함께 공들여 개발한 '우리가 사랑하는 것들 퀴즈'에 답해 보길 권한다. 해당 내용은 동료 심사 평가를 거쳐 최고의 과학 학술지에 게재된 바 있다.[3]

　먼저 사랑하는 대상이나 활동을 선택한다. 사람만 아니면 뭐든 좋다. 그런 다음 아래의 열세 개의 문장을 읽고 해당 진술에 동의하는 정도에 따라 점수를 매긴다. 1점은 '매우 동의하지 않음', 5점은 '매우 동의'를 의미한다. 마지막으로 점수를 합산한다.

우리가 사랑하는 것들 퀴즈

	매우 동의하지 않음				매우 동의
1 이것에 대한 내 감정과 평가는 지극히 긍정적이다.	1	2	3	4	5
2 나는 이것을 원한다고 느낀다.	1	2	3	4	5
3 여기에 아주 많은 시간과 에너지, 또는 돈을 투자할 용의가 있다.	1	2	3	4	5
4 과거에 함께한 역사가 있다.	1	2	3	4	5
5 나와 아주 잘 맞는다는 직감이 든다.	1	2	3	4	5
6 큰 즐거움을 준다.	1	2	3	4	5
7 정서적으로 연결되어 있다고 느낀다.	1	2	3	4	5
8 내가 어떤 사람인지 심오한 진실을 말해 준다.	1	2	3	4	5
9 내가 추구하는 사람이 될 수 있게 도와 준다.	1	2	3	4	5
10 내 삶을 더욱 의미 있게 만들어 준다.	1	2	3	4	5
11 이것에 대해 자주 생각한다.	1	2	3	4	5
12 앞으로 오랫동안 내 삶의 일부가 될 것이다.	1	2	3	4	5
13 만약에 없어진다면 심한 상실감을 느낄 것이다.	1	2	3	4	5

합계:

사랑 점수 기준표

사랑하는 것과 그렇지 않은 것을 정확히 어떻게 구분할 수 있을까. 그 선은 다분히 자의적이다. 하지만 점수를 대략 이해할 수 있도록 아래 '사랑 온도계'에 구분해 보았다.

60점 이상이면 진정한 사랑을 의미한다. 50~59점은 어느 정도는 사랑이라고 할 수 있으며 사랑과 그렇지 않은 감정 사이의 회색지대다. 49점 이하는 사랑이 아니라는 뜻이다.

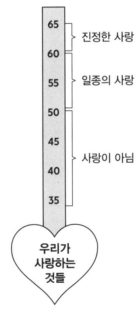

사랑 온도계 점수 기준표

사랑의 형태를 인지하라

대다수는 사람이 아닌 것도 사랑할 수 있음을 당연하게 여기지만 어떤 이들은 이에 동의하지 않는다. 예를 들어 1988년 이 주제의 선구자인 테런스 심프와 토머스 매든[4]은 사람이 어떤 것을 사랑한다고 말하는 것은 단순히 은유적인 표현일 뿐 진정한 사랑은 아니라고 주장했다.

그러나 우리는 이 책에서 사람 외의 다른 것에 대한 사랑 역시 진정한 사랑이라는 수많은 증거를 보게 될 것이다. 하지만 그렇다고 해서 사물에 대한 사랑이 사람에 대한 사랑과 동일하다는 의미는 아니다. 사랑의 유형은 매우 다양하다. 낭만적 사랑, 정신적 사랑, 가족애, 형제애, 짝사랑과 외사랑 등등. 이러한 용어들이 각각 특정 의미를 내포한다는 사실에 주목하라. 예를 들어 낭만적 사랑에는 성애가 포함되어 있으나 가족애는 그렇지 않다. 또한 각각의 관계에 있어 사랑은 상황의 필요에 맞게 다소 수정되고 변형된다. 마찬가지로 사물에 대한 사랑도 부분적으로 우리와 사물 및 활동과의 관계로 형성되기 때문에 다른 유형의 사랑과 다를 수밖에 없다.

이러한 차이를 논하기 위해 나는 사물에 대한 사랑과 사람에 대한 사랑을 대조하는 비교접근법을 자주 사용할 것이다. 또한 사물에 대한 사랑을 자아내는 심리 과정과 사람에 대한 사랑의 근원도 이야기할 것이다. 간단히 말해 우리는 사물을 넘어 다른 사람과의 관계에 대해 많은 이야기를 하게 될 것이다. 이 책의 가장 중요한 목표는 사물에 대한 사랑을 이해할 수 있게 돕는 것이나, 나아가 사람들과의 관계까지 이해할 수 있다면 그보다 더 좋을 수 없으리라.

사랑의 조건을 파악하라

사람이 아닌 사물도 진심으로 사랑할 수 있듯 때로는 대단히 훌륭하거나 좋은 것을 향해서도 사랑을 표현한다. 가령 "머리 참 예쁘게 잘랐네"라고 말하고 싶을 때 "나 네 머리스타일 사랑해"라고 말하는 것처럼 말이다. 이는 비유법의 일종인 제유법提喩法인데, 사물의 일부분이나 특징을 들어 전체를 의미하는 기법을 말한다. 이를테면 "밥 맛있네(부분)"는 "음식이 맛있다(전체)"는 뜻이고 "엉덩이 움직여(부분)"는 "이리로 와(전체)"라는 의미다. '사랑(전체)'이라는 단어를 사용함으로써 탁월함(사랑의 특성의 일부)을 표현하는 역제유법이다.

우리가 '사랑'이라는 단어를 이렇게 자주 사용한다는 사실 자체가 탁월함이 사랑의 매우 중요한 특성이라는 증거다. 그렇기에 사랑의 신비가 어쨌든 간에 사랑하는 대상에 관해 대화를 나누기 시작하면 늘 뻔한 일이 일어나는 것이다. 자신이 사랑하는 것이 얼마나 훌륭한 장점과 가치를 지니고 있는지 줄줄이 늘어놓기 시작한다. 조깅은 정신과 몸에 활기를 불어넣고 건강에 좋아, 테슬라는 순간 가속 능력이 끝내줘 등등. 한 연구[5]에서는 사랑의 대상과 관계없이 인터뷰에 참여한 사람 중 97.5퍼센트가 이 같은 반응을 보였다. 그중 한 명은 가장 좋아하는 해산물 요리에 대해 "만일 죽어서 천국에 가게 된다면 이게 바로 천국에서 먹는 음식일 거예요"라고 말했다.

사람은 어떤 것과 사랑에 빠지면 마치 부모가 자식의 재능을 과장하듯 장점을 부풀리는 경향이 있다. 그런 점에서 사물에 대한 사랑은 우리가 낭만적 관계에 접근하는 방식과 매우 유사하다. 1988년 데이트 행동에 관련한 어떤 연구[6]에 따르면 새로운 상대를 만나 사랑에 빠질 때 가장 큰 영향을 주는 단일 요소는 바로 상대방이 멋지고 근사하다는 믿음이다. 해당 연구의 저자인 버나드 머스타인은 낭만적 사랑의 이러한 특성을 남성의 경우는 '잭 암스트롱 요인'(1930년대 라디오 드라마의 주인공으로 모든 면에서 완벽한 영웅), 여성의 경우에는 '마돈나 요인'(가수 마돈나가 아니라 성모 마리아를 뜻하는 마돈나)이라 불렀다. 물론 현실적으로 이렇게 완벽하고 근사한 사람이 실제로 존재할 확률은 굉장히 희박하다. 그래서 새로운 사랑에 빠진 열렬한 감정은 시간이 흐를수록 점차 희미해지고 그 과정에서 우리는 파트너의 결점을 받아들이고 장점을 과장하여 사랑을 유지하게 된다.

사랑하는 사람의 장점을 과장하는 데에는 큰 이점이 있다. 행복한 부부는 서로를 정확히 파악하고 있는 이들이 아니라 서로에 대해 긍정적인 환상을 유지하는 부부다.[7] 실제로 행복한 결혼 생활을 유지하는 이들은 상대를 배우자 본인이 생각하는 자기 이미지보다도 더 긍정적으로 보는 경향이 있다. 마찬가지로 우리 삶에 존재하는 것들의 장점을 과장하면 우리는 그것에 대해 더 큰 만족감을 느끼게 된다.

더욱 놀라운 점은 긍정적 환상이 대상을 더 탁월하게 느끼게 할 뿐만 아니라 그로 인한 즐거움마저 증가시킨다는 것이다. 예를 들어 사람들에게 값싼 와인을 주며 아주 비싼 와인이라고 말한다면 사람들은 대개 와인 맛이 환상적이라고 칭찬할 것이다. 거짓말을 하는 것일 수도 있지만 뇌 스캔에 따르면 사람들은 와인을 맛보기 전에 맛이 좋으리라 기대할수록 실제로 마셨을 때 더 큰 즐거움을 경험한다.[8] 단순히 와인에만 해당하는 얘기가 아니다. 심지어 만화책도 그렇다. 만화책을 읽기 전에 재미있을 것이라고 기대한다면 그렇지 않을 때보다도 더 즐겁게 읽는 경향이 있다.[9]

탁월하다고 여기는 것을 사랑한다는 사실은 조건 없는 사랑이라는 문제를 초래한다. 한번은 강의에서 이 주제를 다뤘을 때 수업이 끝나고 한 학생이 찾아온 적이 있었다. 그에게는 지적장애를 심하게 앓고 있는 동생이 있었다. 학생은 동생이 어떤 면에서는 '탁월하지' 않지만 '애정이 깊고 다정한 영혼'을 지녔으며 '완벽히 사랑스러운 사람'이라고 말했다. 그는 진심으로 동생을 사랑했다. 이는 결국 사랑이 탁월함과는 관련이 없다는 의미일까? 어느 정도는 그렇다.

먼저 그가 동생에 대해 묘사할 때 얼마나 애정이 깊은 아이인지 강조했다는 점이 흥미롭다. 즉, 그는 부분적으로 동생의 어떠한 특성을 탁월하다고 여겼으며 이를 동생을 사랑하는 이유로 들었다. 뿐만 아니라 이 형제애에는 개인적으로 생각하는 탁월함뿐만 아니라 무조건적 사랑이라는 요소가 존재했다. 저명한 사랑 연구가인 로버트 스턴버그는 사랑의 이러한 요소를 '결심decision'이라고 부르는데 이는 누군가를, 그리고 그 사람의 결점을 비롯한 모든 것을 사랑하기로 하는 선택적 의지를 뜻한다. 이처럼 누군가를 사랑하기로 하는 결심은 종교의 은총 개념과 밀접한 연관성이 있다. 은총은 신이 우리의 모든 결점에도 불구하고 우리를 사랑하신다는 의미이기 때문이다. 18세기의 수필가 조지프 주베르는 "친절이란 그들이 받아 마땅한 것보다 더 많이 사랑하는 것"이라고 했다. 다른 사람들과 더불어 살아가려면, 특히 성공적인 가정생활을 영위하려면 이런 조건 없는 사랑을 널리 베풀지 않으면 불가능하다. 또한 이 책 전체에서 주장하듯이 사물을 사랑한다는 것에는 실용적 이득에만 바탕을 둔 '받아 마땅한 것'을 능가하는 수준으로 아끼고 소중하게 여긴다는 의미가 포함되어 있다.

하지만 이는 사람에 대한 사랑과 사물에 대한 사랑의 가장 일반적인 차이점 중 하나에 불과하다. 우리는 보통 사물보다 사람에게 훨씬 더 관용적이다. 사람들은 흔히 자신이 사랑하는 것에 커다란 결점이 있다고 생각하면 기존과 같은 강도로 계속 사랑하는 경우가 드물다(차마 헤어지지 못해 여전히 따뜻한 애정을 가질 수는 있지만). 우리가 완벽한 것만을 사랑한다는 얘기가 아니다. 그보다는 사람을 대할 때에 비해 결점에 덜 관대하다는 의미다. 사물에 대한 사랑이 무조건적인 경우는 거의 없다.

다만 한 가지 예외처럼 보이는 상황이 있는데, 역설적으로 내 요지를 강화하는 부분이기도 하다. 사람들은 때때로 어떤 것에 결점이 있더라도 그것이 사랑하는 사람과 연결되어 있다면 사랑하는 경향이 있다. 가령 부모가 아이의 그림이 훌륭한 예술 작품이 아닌데도 사랑하는 경우가 그렇다. 하지만 부모들은 이웃집 아이의 그림보다 자기 아이의 그림을 훨씬 더 사랑한다. 완벽하지 않은 그림에 대한 부모의 사랑은 마치 태양 빛을 반사하는 달빛처럼 완벽하지 않은 아이에 대한 무조건적 사랑에서 비롯된다. 그리고 설령 아이가 그린 그림을 하나도 빠짐없이 냉장고 문에 자랑스럽게 붙여놓더라도 실제 스크랩북에 보관하는 것, 즉 진심으로 사랑하는 것은 그중에서도 최고의 작품이다. 그러니 사물에 대한 '이러한' 사랑도 탁월함을 따지지 않는 것은 아니다.

게다가 사람들은 특히 돈을 주고 구매한 물건에 결함이 있으면 참을성 수준이 낮아진다. 예를 들어 내가 인터뷰한 이[10]는 MP3 플레이어를 처음 샀을 때는 무척 사랑했지만, 더 좋은 제품이 출시되자 애정이 떨어졌다고 말했다. 기기가 고장 난 것도 아니고 여전히 만족스럽게 사용하고 있었지만, 그보다 더 좋은 것이 존재한다는 사실을 아는 것만으로도 애정이 감소한 것이다.

그렇다면 이것이 사람들이 가장 비싼 최고급 제품만을 사랑한다는 의미일까? 내 지갑 사정에 다행스럽게도, 대답은 '아니오'다. 어떤 물건을 사랑할지 말지 결정할 때 사람들은 제품을 잘 샀다고 여긴다면 몇 가지 결점이 있어도 기꺼이 감수한다. 그러나 가격이 저렴한 제품이라도 사랑받기 위해서는 보통은 좋은 품질이 필수적이다. 흥미롭게도 사랑하는 명품에 대한 인터뷰에서 응답자들이 제기한 유일한 불만은 너무 비싸다는 데 있었다. 하지만 그때마다 그 브랜드가 워낙 훌륭하기에 그만한 가치가 있다는 설명이 바로 뒤따랐다. 심지어 가격이 비싸다는 불평마저 반쯤은 자랑이었다. 그런 엄청난 돈을 주고도 살 정도로 멋진 제품이라는 사실을 은근슬쩍 뽐내는 것이다.

우리는 사람을 사랑하고자 하는 깊은 욕구를 지니고 있지만, 사물에 대한 사랑은 '반드시 있어야 할'보다는 '있으면 좋은'에 가깝다. 이는 인류가 진화해 온 대부분의 시간 동안 우리의 삶에서 사물이 그리 큰 역할을 하지 않았기 때문일 것이다. 니컬러스 크리스타키스는 그의 저서 《블루프린트》에서 초기 인류에 대해 이렇게 말했다. "집단 내 모든 이가 어떤 소유물도 갖고 있지 않다면 모두 평등할 수밖에 없다." 우리는 사물에 대해서는 사람을 사랑할 때처럼 사랑해야 한다는 심리적 필요를 느끼지 않기 때문에 사랑의 대상을 고를 때 까다롭게 굴 수 있다. 즉 무난하게 만족스러운 수준에서 타협할 필요가 없는 것이다.

소비자가 사랑하는 제품에 거의 완벽을 요구한다는 점은 기업들도 주목하는 사실이다. "요즘 물건들은 옛날 같지 않아"라는 말은 사실이다. 다만 그 의미는 사람들이 생각하는 것과 다르다. 1980년대 이후 더 만족스럽거나 나아가 더욱 사랑받을 제품을 만들기 위한 기업들의 노력 덕분에 공산품의 전반적인 품질은 엄청나게 향상되었다. 무언가와 사랑에 빠지는 것은 대개 그것이 얼마나 탁월한지 알아차리는 데에서 시작된다. 하지만 어떤 것이 훌륭하다고는 생각하나 개인적인 교감을 느끼지 못하면 그건 사랑이 아니다. 다시 말해 무언가 탁월하다는 생각이 들 때 사랑이 시작될 수는 있으나 그게 사랑의 전부가 아니라는 얘기다. 사물에 대한 사랑을 이해하는 것은 중요하다. 왜냐하면 우리가 사랑하는 것들은 단순히 실용적인 유용성을 넘어 우리에게 무척 중요한 의미를 지니기 때문이다.

깊고 심오한 경험을
하게 하라

좋아한다는 것은 무언가에 대해 느끼는 감정이 사랑에 비해 다소 약하다는 뜻일까? 어떤 사람들은 실제로 그런 의미로 **좋아한다**라는 단어를 사용하기도 하지만 '좋아하는 것'과 '사랑하는 것'을 구분하는 것은 이보다 훨씬 흥미로운 주제다. 가령 사람들은 연인 관계에 있는 파트너를 친구들보다 약간 더 좋아할 뿐이지만 친구들보다는 훨씬 더 많이 사랑한다.[11] 그러니 논리적으로 사랑은 단순히 좋아하는 감정의 더 강력한 버전일 수가 없다.

사람들이 사랑의 대상에 대해 하는 말과 단순히 좋아하는 것에 대해 하는 말을 비교해 보면 흥미로운 패턴을 발견할 수 있다. 어떠한 사물이 정체성을 표현하는 데 도움이 되거나 삶을 더 의미 있게 만들어 주는 등 자신의 가장 깊은 부분과 연결되어 있다고 믿는다면 사람은 그것을 사랑한다고 말할 확률이 약 4배가량 높아진다.[12] 사랑에 빠진 경험이 있다면 누구나 사랑은 대단히 깊고 심오한 경험이라고 말할 것이다. 단순히 품질이 가장 좋은 연필 같은 건 이런 의미 깊은 경험을 제공해 줄 수 없다. 사랑은 그보다 훨씬 친밀하고 깊은 연결과 교감이 필요하다. 사람들이 가장 흔히 사랑한다고 말하는 것들을 떠올려 보면—자연, 신, 반려동물, 스포츠, 예술, 집, 자동차, 휴대전화와 옷—주로 삶의 의미나 목적을 부여하는 것들임을 알 수 있다.

언젠가 거의 올림픽 수준으로 돈을 아낄 방법을 찾아다니는 '극단적 쿠폰 마니아' 여성(캐시라고 부르겠다)과 인터뷰를 한 적이 있다.[13] 이들의 목표는 중복 할인을 적용받을 수 있는 상품을 찾아, 가지고 있는 모든 쿠폰을 합쳐 물건을 최대한 저렴하게 구매하는 것이다. 온갖 할인 방법을 총동원하기에, 캐시는 심지어 '500달러짜리 물건을 고작 30달러에 손에 넣은 적'도 있다. 〈익스트림 쿠포닝〉 같은 TV 프로그램과 상당한 규모의 극단적 쿠폰 마니아 온라인 커뮤니티도 있다. 전문 회계사인 캐시는 톰 브래디가 미식축구를 사랑하는 것처럼 쿠폰 적용을 소비자 스포츠처럼 사랑하고 있으며, 우승에 대한 열망도 결코 그 못지 않다. 그러나 캐시의 이야기에는 예상치 못한 반전이 있다. 쿠폰으로 돈을 가장 많이 아낄 수 있는 제품들은 대개 기저귀나 비누, 화장품, 해열제 같은 생필품이다. 캐시는 특히 쏠쏠한 기회를 포착하면 가능한 한 많은 제품을 구매한 다음 약물중독재활센터 같은 곳에 기부해 그곳에 머무는 여성들을 돕는다. "여기 오는 많은 여성이 거리 출신이라 이런 물건들이 세상 전부나 다름없죠." 온갖 정성을 들여 돈을 절약한 제품들을 공짜로 나눠 주는 행동은 순수한 소비주의에 그쳤을 취미에 깊은 의미를 부여한다. 그리고 이런 깊은 의미와 성공 그리고 즐거움이라는 감정의 결합이야말로 캐시가 쿠폰 모으기를 진정으로 사랑하는 이유다.

'새러'도 이와 비슷한 사례인데, 그는 처음 인터뷰에 참가했을 때[14] 보온용 귀마개를 사랑한다고 적었다. 귀마개를 설명해 달라고 요청하자, 새러는 그것을 좋아하는 이유에 대해 평범한 설명을 늘어놓았다. "성능도 훌륭하고, 패셔너블하고 그러면서도 고전적이라 유행에 뒤처질 걱정도 없거든요." 그리곤 이렇게 덧붙였다. "겨울엔 거의 날마다 하고 다녀요. 그러니까 아주 많은 시간을 함께 보내는 셈이죠." 그러다 잠시 생각에 잠긴 후, 새러는 마음을 고쳐먹고는 귀마개를 사랑하지 않는다고 말했다. 이유는? "그냥 귀마개일 뿐이잖아요." 그는 이렇게 대답했다. 귀마개는 새러의 삶을 의미 있게 만드는 것들과 연결되어 있지 않았다. 예를 들면 '가족이나 친구, 다른 사람들에게 보답하는 것'처럼 말이다.

앞에서 몇몇 연구자가 사물을 진정으로 사랑하는 것은 불가능하다고 주장한 것이 기억나는가? 가끔 내 연구에 호기심을 느끼는 일반인들도 비슷한 의견을 내놓을 때가 있다. 그러면 나는 사람이 자연을 사랑하는 게 가능하다고 생각하는지 묻는다. 그리고 그때마다 그들은 자연은 예외라고 대답한다. 사람은 자연을 사랑할 수 있다고 말이다. 여기서 조금만 더 논의를 이어나가면 나중에는 대다수가 종교를 믿는 사람은 신을 사랑할 수 있고 애국자도 조국을 사랑할 수 있다고 인정한다. 그들은 다만 휴대전화처럼 '작고 사소한' 물건을 진심으로 사랑할 수 있다고는 믿지 않을 뿐이다. 비록 잘못된 생각이긴 해도 덕분에 우리는 여기서 깨달음을 얻을 수 있다. 사람을 사랑하는 것은 매우 심오하고 의미심장한 경험이다. 회의주의자들마저 사람이 자연과 신, 조국을 사랑할 수 있다고 동의하는 것은 그런 것에 중요한 의미가 있다고 믿기 때문이다. 어떤 이들에게 휴대전화를 사랑할 수 있다는 생각은 사랑의 고귀한 의미를 더럽히고 비하하는 듯 느껴진다. 그러나 앞으로 이 책을 통해 알게 되겠지만 우리는 휴대전화와 같은 일상적인 물건에도 실용적 이점을 훨씬 뛰어넘는 깊은 의미를 아주 다양한 방식으로 부여할 수 있다.

소비자가 신성함을
느끼게 만들어라

저명인사인 바버라 드 앤젤리스는 "사랑의 가장 큰 선물은 그것이 닿는 모든 것을 신성하게 만드는 능력"이라고 말한 적이 있다. 이는 내가 인터뷰한 이들[15]이 자연의 장엄함과 아름다움이 우리에게 경이로움과 겸허한 마음가짐을 선사한다고 말한 것과도 일맥상통한다.

고요한 소나무 숲에서 귀를 기울이거나 주변에 또는 나와 하늘 사이에 존재하는 드넓은 풍경을 바라보고 있노라면 마음이 평온해지고, 그 오랜 세월 동안 변함없이 존재했던 산이나 바다에 비하면 나 자신이 무척 하찮은 존재처럼 느껴집니다.

이런 경험은 비단 자연을 마주한 경우에 국한되지 않는다. 중세 성당도 유사한 경외감을 불러일으키고 웅장한 건축물도 비슷한 영향을 준다. 그러나 자연이 사람들에게 이 넓고 방대한 세상 속 작고 초라한 존재라는 인식을 일깨운다면 건축물은 인류의 창조성에 대한 자부심과 자신감을 자아낼 수 있다. 건축물을 사랑하는 이 사람[16]이 한 말처럼 말이다.

> 훌륭한 건축물을 마주하면 경이로움을 느낍니다. 건축은 내가 제일 좋아하는 예술 형태예요. 아름다울 뿐만 아니라 기능적이기까지 하니까요. 인간이 이런 것을 창조해 낼 수 있다는 것 자체가 감동적이지 않습니까. 뭐랄까, 아주 멋진 것 같아요. 인간이 대지와 씨름해 정복해서 110층 높이의 건물을 지어 올린다는 거요.

이런 대조적인 경험 — 겸허함과 힘의 인식 — 은 내가 제일 좋아하는 철학가 랍비 심하 부남(1767~1827)의 명언을 생각나게 한다.

> 모든 사람은 두 개의 주머니를 갖고 있어야 한다. 그래야 때에 따라 필요한 주머니에 손을 뻗을 수 있으니까. 오른쪽 주머니는 "이 세상은 나를 위해 창조되었다"요, 왼쪽 주머니는 "나는 재와 먼지에 지나지 않는다"이다.

이 두 가지 관점은 모두 사실이며, 각자 유용한 상황이 있다.

새로운 종교의 비밀을
파헤치다

요즘 청년층은 점점 더 전통적인 종교와 멀어지고 있다. 2012년 퓨리서치센터에서 실시한 종교 설문 조사에 따르면 미국에서 기독교, 유대교, 이슬람교, 힌두교 그리고 어디에도 해당하지 않음 중에서 가장 빠른 속도로 성장하고 있는 종교는 '어디에도 해당하지 않음', 즉 연구진이 '노네스Nones'라고 부르는 집단이다.[17] 이 같은 추세는 특히 30세 이하에서 가장 두드러지게 나타난다. 그렇다고 노네스가 전부 무신론자는 아니다. 이들 중 상당수가 "영적이지만 종교를 믿지는 않는다"라고 대답했고, 68퍼센트는 여전히 "신을 믿는다"라고 대답했다.

종교의 테두리 밖에 있는 영성은 때때로 사람들이 사랑하는 것에서 드러난다.[18]

수많은 찬란한 것들 ✦

'음악'은 내 영혼을 자극합니다. 이 세상에서 벗어나 일상적인 삶보다 더 높은 곳에 있는 다른 영역으로 부상할 수 있게 이끌어 주지요.

내게 바다는 신을 형상화한 것과도 같습니다. 지금 우리가 사는 세상에는 방대함에 있어서나 권능에 있어서나 신성하다고 부를만한 게 거의 없어요. 바다는 그 사실을 일깨우는 거대한 존재고, 나는 바다와 감정적으로 연결되어 있다고 느낍니다.

위에서 대답한 이들은 자신의 경험에 영적인 부분이 존재함을 알고 있지만 모든 종교적 사랑이 이렇게 뚜렷하게 나타나는 것은 아니다. 브랜드는 우리 문화에서 꽤 주요한 역할을 한다. 뿐만 아니라 일부 사람들의 브랜드 사랑에는 종교적 측면마저 포함되어 있다. 내 연구 결과에 따르면 애플은 미국에서 압도적으로 가장 큰 사랑을 받는 브랜드다. 유타대학교 교수였던 러셀 벨크와 샌프란시스코주립대학의 귈누르 텀뱃[19]은 열렬한 애플 신봉자들을 연구한 결과, 긴밀하게 연결된 공동체와 비신도를 개종하고 전향시키려는 끊임없는 노력이 종교의 특성과 유사하다는 사실을 발견했다. 또한 애플 애호가들 사이에는 유사 종교적인 신화적 신념 체계가 존재하는데, 여기에는 애플의 창업 자금을 마련하기 위해 스티브 잡스는 폭스바겐 밴을, 스티브 워즈니악은 HP 공학 계산기를 내다 파는 희생을 감행함으로써 잡스 부모님의 창고에서 최초의 맥 컴퓨터를 탄생시킬 수 있었다는 신화도 포함된다. 빛의 세력(애플)이

어둠의 세력(당시에는 IBM과 마이크로소프트)과의 전투로 속박당하고 말았다는 사탄 신화도 있다. 여기에 부활한 구세주 진화도 있는데 스티브 잡스(애플의 첫 핼러윈 파티에서 예수로 분장했던)가 회사에서 쫓겨났다 다시 돌아와 믿음을 회복하고 구원을 가져왔다는 이야기다.

애플의 팬들은 애플이 대기업 골리앗에 대항해 싸우는 작은 다윗 시절에 사랑에 빠졌기 때문에 애플을 반ᄐ기업 브랜드이자 일종의 아웃사이더로 인식한다. 오랜 애플 사용자인 나 자신도 누군가 애플 소유자들이 어떤 논테크 제품을 갖고 있냐고 묻는다면 버켄스탁과 그래놀라 그리고 냄비라고 대답할 것이다. 하지만 세상은 변했다. 오늘날에는 많은 젊은이가 애플을 긍정적 특성(품질 및 창의성)과 부정적 특성(천박한 물질주의)을 모두 갖춘 구찌나 샤넬 같은 명품 브랜드로 간주한다.

한때 애플 제품이 괴짜나 예술가의 상징이었다면 오늘날 아이폰은 학교에서 제일 잘 나가는 아이들의 필수품이다. 안타깝게도 때로 학생들은 애플 휴대전화를 갖고 있지 않다는 이유로 학교에서 괴롭힘을 당하기도 한다. 일부 사용자들의 이런 불쾌한 행동은 애플에게 적어도 한 명의 유명 고객을 잃게 했다. 〈뉴욕타임스〉의 보도에 따르면 제리 사인펠드가 딸에게 아이폰을 사주자 딸은 '못된 애들이나 쓰는 전화기'라고 부르며 더 싼 것을 사달라고 화를 냈다고 한다.[20]

애플이 젊은 층에게 구찌나 샤넬 같은 명품 브랜드로 인식되고 있다면 어떻게 유사 종교적인 헌신이 양립할 수 있는가? 어쨌든 주류 종교는 일반적으로 겸허와 순결을 중시하며(종교 지도자들이 항상 이런 미덕을 따르진 않더라도) 이는 대부분의 명품 브랜드와는 연결되지 않는 가치인데 말이다. 브랜드 및 종교에 관한 연구[21]에서 경영대학원 교수인 론 샤차, 튈린 에르뎀, 케이샤 커트라이트 및 개반 피츠시먼스는 이 질문에 초점을 맞춘다. 그들은 멋지고 유명한 브랜드가 어떤 이들의 삶에서 종교를 대신할 수 있음을 발견했다. 구체적으로 말하자면 사람은 자기 정체성을 표현할 필요를 느끼며, 어떤 이들이 종교를 통해 이를 부분적으로 달성한다면 어떤 이들은 멋져 보이거나 이름 높은 브랜드를 사용하는 등 세속적 형태의 자기표현을 추구한다. 이 이론과 일관되게 샤차와 동료들이 행한 연구에 따르면 무엇을 구매할지 결정할 때 종교를 가진 이들은 그렇지 않은 이들에 비해 브랜드 이름에 신경을 덜 쓰는 경향이 있다. 흥미롭게도 이는 개인의 대외적 이미지에 영향을 미칠 수 있는 제품을 선택할 때만 적용된다(예: 랄프 로렌 선글라스 vs. 타깃 브랜드 선글라스). 개인의 대외적 이미지에 영향을 미치지 않는 제품의 경우(예: 에너자이저 vs. CSV 브랜드 배터리) 브랜드에 관한 관심은 종교를 가진 사람과 그렇지 않은 사람 사이에 차이가 거의 없었다. 종교가 없는 사람이 브랜드에 관심을 가지는 이러한 경향은 다른 이들이 부분적으로 종교를 통해 충족하는 정체성 표현 욕구의 충족에 있는 듯 보인다.

분명히 말해 두지만 (이 연구는) 무종교라면 **누구나** 브랜드에 민감하다는 얘기가 아니다. 특히 교육 수준이 높고 정치적으로 진보적인 이들은 종교와 브랜드 양쪽 모두에 회의적인 경향이 있다. 그러나 이 집단은 전체 인구의 극히 일부에 지나지 않으며 일반적으로 신앙심이 낮을수록 자기 정체성을 표현하는 데 브랜드를 사용하는 경향이 있다는 것은 사실이다. 나아가, 많은 브랜드 회의주의자 또한 브랜드를 구매하지 '않음'으로써 정체성을 표현한다. 가령 고등교육을 받은 진보주의자들은 브랜드 로고가 너무 눈에 띈다는 이유로 마음에 드는 옷을 거부하거나 때로는 옷을 입기 전에 로고를 제거하기도 한다.

예술가이자 미시간대학교 스탬프스쿨의 교수인 레베카 모드락은 이를 한 단계 더 업그레이드하기도 했다. 그는 폴로 경기를 하는 남자가 그려진(랄프 로렌 로고와 유사한) 천 패치를 만들고 그 아래 랄프 리프시츠(랄프 로렌의 본명)라고 새겨 넣었다. 나도 하나를 받아 코트에 꿰매었다. 그러다 어느 날 메이시스백화점에서 줄을 서서 순서를 기다리던 중 앞에 있던 여성과 대화를 나누게 되었는데 알고 보니 랄프 로렌의 임원이었다. 내가 코트에 붙여 둔 패치를 보여 주자 그는 황당하다는 표정을 짓더니 이내 배가 터지도록 폭소를 터트렸다. 그리곤 한참 후에 정신을 차리고는 이렇게 말했다. "오, 세상에. 그 사람을 이렇게 부르는 사람은 아무도 없어요."

큰 그림을 그려라

사람들은 어떤 것을 사랑하는가? 이 질문에 답하는 방법은 여러 가지가 포함된 목록을 나열하는 것이다. 자연, 신 등등. 그보다 더 나은 방법은 특정한 속성을 지닌 것을 사랑한다고 답하는 것이다. 나와 라지브 바트라, 릭 바고치가 함께한 광범위한 일련의 연구에서[22] 우리는 사람들이 사랑하는 것들의 열세 가지 특성을 밝혀냈다. 47쪽의 하트 모양 다이어그램을 확인해 보라. 각각의 특성들은 24쪽 우리가 사랑하는 것들 퀴즈의 열세 개 문장에 해당한다. 퀴즈 점수표를 보면 알겠지만, 당신의 감정이 진정한 사랑으로 인정받기 위해 열세 개 질문 모두에서 높은 점수를 받을 필요는 없다.

[탁월함] 앞에서 언급했듯이 사람들은 자신이 사랑하는 것이 아주 탁월하다고 생각한다. 설령 장밋빛 안경을 통해 보고 있더라도

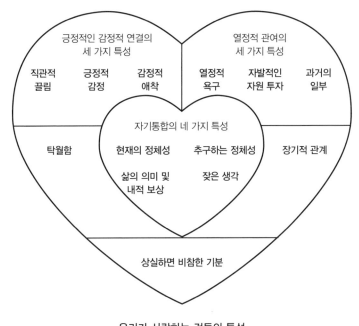

우리가 사랑하는 것들의 특성

말이다. 탁월함은 우리가 사랑의 대상을 소중하게 여기도록 만든
다. 심리학 용어로 이런 긍정적 평가를 '인지cognition'라고 하는데,
다시 말해 감정보다는 생각에 가깝다는 의미다.

그러나 사랑에는 생각뿐만 아니라 커다란 감정적 요소가 포함
되어 있는데 이는 우리를 [긍정적인 감정적 연결]로 이끈다. 한 연구
에서 제이비어대학교 커뮤니케이션 학과장인 웬디 맥시언과 동료
들[23]은 피실험자의 눈 주위에 눈둘레근 반응을 측정하는 센서를
부착했다. 이 근육은 사람이 웃고 싶어질 때 자동으로 반응한다. 피
실험자들에게 그들이 사랑하는 브랜드를 보여 주자 눈둘레근이 움

직였는데, 이는 **긍정적 감정**을 의미했다.

나는 연구를 통해[24] 이러한 감정적 경험이 희열과 평온함이라는 두 가지 요소로 이뤄져 있음을 발견했다. 음악이 어떻게 희열을 선사하는 감정적 경험을 이끄는지 들어 보자.

> 음악은 감정을 휘몰아치게 만들어요. 거의 중독적이죠. 음악에 푹 빠지는 건… 가사와 선율 양쪽 다요. 마지막 순간엔 꼭 섹스라도 한 것 같은 느낌이 든다니까요. 걷잡을 수 없이 몰아치는 느낌이 정말 굉장해요. 내 생각엔… 젠장, 그냥 끝내 준다고요.

이처럼 성적인 경험에 비유하는 건 다소 예외적인 경우지만, 열렬하고 흥분된 반응은 쇼핑부터 수상스키에 이르기까지 사랑하는 대상에 관한 반응에서 꽤 흔히 볼 수 있다. 한 여성은 자신이 여행을 얼마나 사랑하는지 다음과 같이 표현했다.[25]

> 신나고, 스릴 넘치고, 꿈이 진짜로 이뤄지는 거죠. 파리에 가서 에펠탑을 처음 봤을 때 딱 그랬어요. 믿을 수가 없었죠. 그토록 오랜 시간이 지나고, 지금껏 내가 보고 읽었던 모든 게 바로 거기 있었어요. 너무 행복해서 눈물이 났답니다. 그때 같이 갔던 친구는 나더러 미쳤다고 했지만요.

하지만 어떤 이들은 사랑하는 것을 고요함, 편안함, 만족감과

연관 짓는다. 목욕에 대한 사랑을 토로하는 여성의 이야기를 들어 보자.[26]

> 목욕은 내게 내적 평온을 줍니다. 생각에 집중하거나 다른 것에 신경 쓰지 않고 온전히 나 자신이 될 수 있는 유일한 시간이거든요. 혼자서 조용히 쉴 수 있는 시간이요. 그래서 난 현실에서 벗어나고 싶을 때 목욕을 해요.

사랑과 관련된 부정적인 감정도 존재할 수 있다. 가령 질투는 낭만적 사랑의 일부분이다. 또 새로 산 신발이 나를 두고 바람을 피우고 있을지도 모른다는 질투심은 안 들지 몰라도 다른 부정적 감정을 느낄 수도 있다. 스포츠 팬들의 열렬한 사랑은 응원하는 팀이 질 때 느끼는 고통의 강도와 직접적으로 연관되어 있다. 실제로 패배가 가져오는 좌절감이 어찌나 지독한지 한 시즌 동안 느끼는 모든 기쁨과 슬픔의 감정을 전부 합치면 일부 스포츠 팬은 차라리 팬을 그만두는 편이 더 행복할 것이다. 내가 아는 이들 중에는 정말로 그런 이유로 팬을 그만둔 사람도 있다. 그러나 성적 나쁜 팀을 사랑하는 불운을 가진 많은 스포츠 팬들이 충성심을 유지하는 것은 그게 재미있어서가 아니라 응원팀을 갈아타는 것이 힘든 시기에 사랑하는 연인을 버리는 것처럼 비열한 짓이라고 생각하기 때문이다.

사람들은 종종 사랑하는 대상에게 **직관적인 끌림**을 느낀다. 이러한 느낌은 때때로 '한눈에 사랑에 빠지는' 경험을 초래하는데, 가령 자기 집을 사랑한다고 대답하는 이들은 첫눈에 '바로 이거야!' 라는 느낌이 들었다고 말한다.

> 집에 발을 디딘 순간, 이걸 사야 한다는 걸 알았어요. 남편도 비슷한 느낌을 받았다고 해요. 마치 선물 포장이 스르륵 벗겨지거나 베일이 흘러내리는 순간 같았어요. 방을 차례차례 둘러볼 때마다 이 집을 사야겠다는 결심만 점점 확고해졌고요. 그래서 중개인이 뒷마당에 우리만 두고 잠시 자리를 비운 순간 폭발하고 말았죠. "우리 꼭 이 집에 살아야 해. 그냥 그래야 해."

우리는 또한 사랑하는 사람과 사물에 **감정적 애착**을 느낀다. 마치 보이지 않는 감정의 줄로 연결되어 있어 멀리 떨어져 있으면 서로를 끌어당기는 것처럼 말이다. 애착 이론에 대해서는 부모와 자식 간의 감정적 애착 유형이 나중에 아이가 맺는 인간관계에 어떤 영향을 미치는지 이미 많은 연구가 이뤄진 바 있다. 이러한 연구를 통해 우리는 부모가 아동을 대하는 방식에 따라 타인과의 관계(애착) 유형이 형성된다는 사실을 알게 되었다. 애착 유형은 성인이 된 이후의 사회적 관계에도 꾸준히 영향을 미친다. 예를 들어 애정 넘치는 안정적인 가정에서 자란 아동은 안정 애착 유형을 형성하여 어른이 된 후에도 오래 지속되고 감정적으로 만족스러운 연애를 할 수 있다. 이와 대조적으로 정서적인 문제가 있는 가정에서 자란 아이들은 어른이 된 후에도 다양한 유형의 역기능적 애착 유형을 형성한다.

애착 유형은 사람과의 관계뿐만 아니라 사물과의 관계에도 영향을 미친다. 피츠버그대학교 교수 바니사 스와미나탄과 동료들[27]은 어머니와 안정적 애착 관계를 형성한 이들이 성인이 된 후에도 타인과 원만한 관계를 형성하고 유지할 가능성이 더 클 뿐만 아니라 나아가 브랜드와 관계를 형성하고 유지할 가능성 또한 높다는 사실을 발견했다. 한편 부모에게 사랑을 의지할 수 없는 스펙트럼의 반대쪽에 있는 아이들은 때로 두려움 애착 유형을 형성한다. 앨리슨 존슨, 조디 웰런, 매슈 톰슨[28]에 따르면 부모에게 두려움 애착 유형을 발달시킨 성인들은 브랜드에 대해 '위험한 정사' 같은 집착을 발전시키기도 한다. 관계를 맺게 된 초기에는 브랜드를 열성적으로 사랑하지만, 브랜드가 그들을 실망시키면 갑자기 적으로 돌변해 사용하지도 않은 제품에 부정적이고 악의적인 후기를 작성하거나 회사의 재산을 파손하고 직원들을 해치겠다고 위협하는 등 복수에 집착하는 것이다.

사람들이 사랑하는 것에 느끼는 긍정적 평가와 거기서 받는 감정적 보상 그리고 감정적 애착이 결합하면 엄청난 **[열정적 관여]**가 발생한다. 열정적 관여에는 사랑하는 사물을 사용하거나 활동에 참여하고자 하는 **열정적 욕구**가 포함된다. 예를 들어 사람을 사랑하는 것과 사물을 사랑하는 것의 한 가지 공통점은 양쪽 모두 배고픔과 욕망과 관련된 뇌 영역이 활성화된다는 것이다. 또 사람들은 사랑하는 것에 **자발적으로 자원을 투자**한다. 어떤 활동을 사랑한다면

수많은 찬란한 것들

관련 수업을 듣기 위해 시간과 돈을 기꺼이 투자한다. 물건을 사랑한다면 애지중지 아낄 것이다. 마케팅 교수인 존 라스토비카와 낸시 시리아니[29]는 자동차를 사랑하는 사람들이 단순히 차를 좋아하는 사람들에 비해 자동차 관리에 세 배나 더 많은 돈을 쓴다는 사실을 발견했다. 또한 자기 차를 사랑하는 사람들은 차와 관련된 물품을 구매할 때(예: 새 휠캡) 흔히 그것을 차에게 주는 선물이라고 생각했다. 마지막으로 사람들은 **과거에 함께한 역사**가 있다면 그것을 사랑할 가능성이 크다. 이를테면 한 남자는 자신의 오래된 자동차에 대해 이렇게 말했다.[30]

> 이 관계도 끝나갈 때가 다가오고 있긴 하지만, 무생물적인 관점에서 나는 그 차를 사랑합니다…. 그 차는 내 인생의 동반자였어요.

사랑의 이 모든 특성, 즉 사랑하는 것이 탁월하다는 인식과 긍정적인 감정적 연결 그리고 열정적 관여가 한데 결합되면 **[사랑하는 대상과의 자기통합]**으로 이어진다. 누군가를 사랑하거나 어떤 것을 사랑할 때, 우리는 정체성에 대한 인식을 확장하여 사랑의 대상을 나 자신의 일부로 삼는다. 사랑하는 것들은 **현재의 정체성**(나라고 생각하는 사람)의 일부가 될 뿐만 아니라 **추구하는 정체성**(내가 되고 싶은 사람)의 일부가 된다. 나는 인터뷰 중에 '투사적 질문'을 자주 던진다. 가령 "당신의 스테레오가 마법의 힘으로 사람이 된다면 어떤 사람일 것 같나요?"처럼 말이다. 이는 사람들이 사랑하는 것들이 실은 그들 정체성의 일부이고 때문에 종종 그 자신이 어떤 사람이며 어떤 사람이 되고 싶은지가 결합된 모습으로 나타나기 때문이다. 가령 나는 경제적으로 빠듯하게 사는 한 프리랜서를 인터뷰한 적이 있는데[31] 그는 자신의 애플 컴퓨터를 '모든 면에서 나와 같은 취향을 지닌' 빅토리아 시대의 신사로 의인화했다. 하지만 그는 이렇게 덧붙였다. "그렇지만 나보다는 삶을 안락하게 만드는 것들을 좋아할 거예요. 맛있는 음식 같은 거요." 그는 계속 말을 이었다. "나도 빅토리아 시대에 신사로 태어났다면 정말 좋았을 것 같아요. 열심히 일하고, 자기 일에 헌신하면서도 돈 걱정할 필요가 없잖아요. 네, 정말로 그랬으면 좋았을 거예요."

무언가를 정체성에 통합하는 과정은 즉시 일어나지 않는다. 그러기 위해서는 뇌가 열심히 노력해야 한다. 사랑하는 것들에 대한 **잦은 생각**은 사랑의 대상이 정체성에 통합되는 데 도움이 된다. 우리는 사랑하는 것들을 우리의 일부로 여기기에 삶에 **의미**를 부여하는 데에도 도움이 된다. 47쪽의 다이어그램을 보면 심장의 중앙에 자기통합이 위치하는데, 이는 사랑에서 자기통합이 중심적인 역할을 하기 때문이다.

우리가 사랑하는 것들이 우리의 일부가 된다는 점을 감안하면 우리가 그것들과 [장기적 관계]를 맺고 싶어 함은 그리 놀라운 일이 아니다. 앞에서 본 것처럼 어떤 대상과의 관계가 오래되었고 지금도 진행 중이며 열정적이라면 그 관계는 *끈끈하게* 지속될 수 있다. 이런 패턴에 따라 우리는 사랑이 강할수록 관계가 더 오래 지속될 것으로 기대한다. 지금은 고인이 된 저명한 심리학자 앨버트 엘리스는 "사랑은 주로 끈기의 기술"이라고 말했다. 하지만 지금 이 순간만 사랑하면 안 되는 걸까? 왜 앞날의 계획이 중요한 거지?

사랑이란 원래 휴대전화와 유대감을 느끼라고 진화한 게 아니다. 사랑은 동물로부터 진화한 것으로, 부모가 새끼를 돌보고 때로는 서로를 돌보기 위해 진화했다. 이 책을 집필하기 위한 조사 과정에서 내가 가장 놀란 사실은 많은 동물이 인간의 사랑과 매우 유사한 행동 양식을 보인다는 것이다. 물론 태어나는 순간부터 제 발로 설 수 있는 동물도 많다. 그러나 새끼가 자라는 데 오래 걸리는 종의 경우, 둘의 관계는 부모가 새끼를 먹이고 보호하기 위한 동기를 부여하는 형태로 진화했다. 마치 인간의 사랑처럼 말이다. 어떤 동물은 수컷과 암컷이 짝의 관계를 유지하면서 새끼를 함께 키운다.

아기는 성장 속도가 매우 느리다. 부모의 도움 없이 혼자 생존할 수 있기까지는 오랜 시간이 걸리고 두뇌도 25세가 되어야 완전히 성숙된다. 비록 현실은 다를지 몰라도 이상적으로 인간이 짝이나 자식에게 느끼는 사랑은 장기적으로 유지되어야 할 필요가 있다. 마찬가지로 사랑은 사람뿐만 아니라 사물과도 장기적인 관계를 맺도록 동기를 부여한다. 그러나 사랑의 대상과 함께하고자 하는 동기는 사람보다 사물에 더 약하게 작용하는데, 이는 우리가 사물에 대해서는 사람과 같은 도덕적 의무를 느끼지 않기—합리적이게도—때문이다. 우리가 사랑하는 것과의 관계가 앞으로 지속될 것이라 기대한다는 점을 고려하면 사랑의 대상에게 [상실하면

비참한 기분]을 느끼게 될 것이다. 사람들은 자신이 어떤 것을 정말로 사랑하는지 알고 싶을 때 종종 이렇게 자문한다. "이게 없어지면 얼마나 끔찍할까?" 뭔가를 잃어버렸을 때 비참한 기분이 들수록 우리는 그것을 사랑한다는 사실을 깨닫는다. 이는 부분적으로 우리가 중요하게 여기는 것일수록 사랑하는 경향이 있음을 시사한다. 공식적으로 수치화한 적은 없지만 나는 사랑의 대상이 유용하고 재미있고 감정적 가치를 지니는 등 다양한 방식으로 우리에게 중요하다는 사실을 발견했다. 5장에서 보게 되겠지만 사랑의 대상을 잃었을 때 비참한 기분을 느끼는 것은 사랑하는 것이 자신의 일부라는 사실과 관련되어 있다. 즉 그것을 잃으면 자기의 일부를 상실한 듯한 느낌을 받는다.

모든 것은 관계 난로에
달려 있다°

사물을 사랑한다는 개념은 별로 낯설지 않다. 하지만 생각해 보면 사물을 사랑한다는 것은 무척 이상한 행동이다. 이를 이해하려면 **사회적 뇌 가설**에서 이야기를 시작할 필요가 있다. 사회적 뇌 가설에 따르면 초기 인류는 가족이나 부족 내에서의 협력이 생존에 직결되기 때문에 우리의 뇌가 사물보다 사람에 더 관심을 갖도록 진화했다는 것이다.

그 결과, 뇌는 자동으로 사람과 사물을 서로 다른 범주로 분류

° 이 책을 쓰면서 나는 개인적 연구에서 한 걸음 물러나 사랑에 관한 기존 연구 및 사물과 우리의 관계를 보다 넓은 시각으로 바라볼 수 있었다. 이 책은 기존에 발표된 연구 결과에 기대는 한편 우리가 사물을 왜 그리고 어떻게 사랑하는지에 대한 나와 동료들의 연구를 바탕으로 기존 연구에 새로운 포괄적 이론을 엮은 것이다. 이번 장에서 새로운 발상 중 일부를 소개한다.

하고 종종 서로 다른 방식으로 생각하게 되었다. 심지어 어떤 상황에서 뇌는 사람과 사물에 대해 생각할 때 각기 다른 영역을 사용하기도 한다.[32] 특히 일반적으로 사물에 대해서는 차갑고 도구적인 방식으로 생각하는 반면 사람에 대해서는 따뜻하고 감정적으로, 때로는 사랑을 곁들여 생각한다.

이처럼 뇌가 일반적으로 사람과 사물에 대해 각각 다르게 생각하는 방식을 나는 '기본 사고 모드'라고 부른다. 사물에 대한 뇌의 기본 사고 모드는 매우 실용적이다.[33] 살면서 매일 마주치지만, 뇌가 잠재적 위협(예: 다가오는 자동차)이나 좋은 기회(예: 맛있는 쿠키)로 인지하지 않고 무시하는 수많은 사물을 생각해 보라. 반면에 사람을 생각할 때 우리의 기본 모드는 관심을 가지는 것이고(사람이 있을 때 우리의 관심은 사람에게 쏠린다) 심지어 마음을 쓰기까지 한다(낯선 사람이 길을 물으면 돕고 싶어진다).

그렇다고 해서 기본 사고 모드가 고정불변의 개념이라는 말은 아니다. 사람을 물건처럼 취급하는 대상화를 예로 들어 보자. 대상화가 항상 잘못된 것일까. 군중 속에 있다고 가정하면 우리의 뇌는 주변의 대부분 사람을 마치 사물을 무시하는 것과 비슷한 방식으로 무시한다. 하지만 대개 사람을 대상화하는 것은 그리 좋은 일이 아니다.

철학자 마사 누스바움[34]은 대상화란 사람을 단순히 목적을 위한 도구로 여기는 것이라고 정의했다. 사람을 대상화할 때 우리는 그들의 자율성을 무시하고, 그들에게 자기통제력이 없다고 인식하며, 심지어는 그들을 소유하려 든다. 레딧^{reddit}°에서 코로나19 대유행 당시 한 바리스타가 겪은 이야기를 읽은 적이 있다. 바리스타가 카페의 유일한 손님에게 마스크를 써 달라고 요청했다. 그러자 손님은 이렇게 대꾸했다. "왜요? 여기 아무도 없잖아요." 손님은 의식적인 수준에서 바리스타가 사람이라는 것을 알고 있었지만, 무의식적인 차원에서는 사람이 아닌 그저 커피 기계로 인식하고 있었다.

여러모로 대상화는 사랑의 반대말이다. 무언가를 사랑하기 위해서는 대상화를 줄이고 최소한 부분적으로나마 사람을 대하듯 생각해야 한다. 특이한 예를 하나 들자면, 내가 인터뷰한 한 여성[35]은 다른 사람에게서 사랑하는 고가구를 칭찬하는 말을 들었을 때 마음이 상했다고 털어놓았다. 문제의 가구는 대대로 가보로 전해지는 물건이었기 때문에 그의 정체성과도 강하게 연관되어 있었다. 여성은 몇몇 친구들에게서 정말 멋진 가구라는 말을 들었을 때 "상처받고 기분이 상했다"라고 말했다. "나는 그 가구를 사랑했어요. 그게 단순히 가구라는 물건이 아니라는 걸 다른 사람들이 깨닫지 못하면 마음이 상하곤 했죠." 이는 남자가 여자의 외모만을 칭찬하면 여자의 기분이 상하는 것과 비슷하다. 여자가 자신이 매력적이라는 사실을 기분 나쁘게 여겨서가 아니다. 남자가 여자가 자신과 똑같은 인간이라는 사실을 인정하지 않고 따라서 여자를 비인간화하고 대상화하고 있다고 느끼기 때문이다. 이 가구 애호가의 생각도 비슷

° 게시판 형태의 미국 커뮤니티 웹사이트 – 옮긴이

했다. 실제로 가구는 물건인데도 다른 이들이 그가 사랑하는 가구를 물건 취급했을 때 모욕감을 느꼈다.

대상화는 우리의 뇌가 그것을 생각하는 방식을 변화시킨다. 프린스턴대학교의 연구진 라사나 해리스와 수전 피스크[36]는 부정적인 고정관념을 가진 사람에 대해 생각할 때는 일반적으로 사람을 생각할 때 사용되는 내측 전전두피질이 아닌 사물을 생각할 때 사용되는 뇌 영역이 활성화된다는 사실을 발견했다. 반대로 사물을 사랑할 때 우리의 뇌는 그것을 적어도 부분적으로 인간처럼 취급한다. 마케팅 교수 안드레아스 퓌르스트와 동료들[37]은 무작위로 추출한 플라세보-대조군 실험을 통해 인간과의 유대감을 촉진하는 데 중요한 역할을 하는 옥시토신이 사랑에 빠진 사람에게 작용하는 것과 같은 방식으로 좋아하는 브랜드와 유대감을 형성하는 데에도 도움이 된다는 사실을 발견했다. 한편 애리조나대학교의 마틴 라이만과 몬터레이 공과대학교의 라켈 카스타뇨[38]는 사랑하는 브랜드와 중립적으로 느끼는 브랜드에 대해 생각할 때 각각 사용하는 뇌 영역을 비교했는데, 그 결과 일반적으로 사람을 생각할 때만 활성화되는 뇌 영역인 뇌섬엽이 사랑하는 브랜드를 생각할 때도 활성화된다는 사실을 발견했다. 반면 중립적인 브랜드를 생각할 때는 그렇지 않았다. 라이만, 카스타뇨 그리고 산드라 누녜스[39]는 고통을 경험하는 방식에 관한 연구에서 이와 유사한 접근법을 취했다. 기존 연구가 사랑하는 사람에 대해 생각하면 고통이 경감되는 효과가 있음을 입증했다면 그들은 사랑하는 브랜드에 대해 생각할

수많은 찬란한 것들

때도 마찬가지로 비슷하게 고통이 경감된다는 사실을 발견했다. 더욱 의미심장한 사실은 사랑하는 브랜드를 사람으로 보게 하면 고통 감소 효과가 증가하고, 반대로 사물로 여기게 하면 감소한다는 점이다.

9장에서 더 자세히 설명하겠지만 진화론적 관점에서 인간은 사물의 실용적이고 유용한 특성에만 관심을 가지는 것이 합리적이다. 진화적으로 최적화되려면 우리는 유용한 사물을 소중하게 여기되, 유용하지 않게 되는 즉시 관심을 거둬야 한다. 만일 우리의 뇌가 사물을 사랑할 '목적'°으로 진화했다면 우리는 사랑하는 것을 돌보기 위해 많은 시간과 에너지를 낭비하고 심지어 그것을 보호하기 위해 일신의 안전마저 무릅쓸 것이다. 하지만 진화는 우리가 수많은 물건에 신경을 쓰는 게 아니라 많은 자손을 낳고 **스스로**를 돌보는 데 집중하기를 원한다.

반대로 '마땅한 수준' 이상으로 관심과 돌봄을 쏟는 것은 사랑을 규정하는 주요한 특성이다. 즉 우리는 사랑하는 것들을 진화적으로 최적이 아닌 방식으로 취급한다.°° 그렇기에 진화적 관점에서 볼 때 인간의 뇌는 오직 사람만을 사랑할 뿐 사물을 사랑하는 것은 방지하도록 설계되어 있어야 한다. 중요한 점은 우리가 어떠한 것

° 이는 진화 과정을 의인화한 은유적 표현이다. 당연하지만 진화에는 어떠한 욕구도 욕망도 없다. 어쨌든 요는 진화를 통해 얻은 이점인 사람에 대한 사랑과 사람을 사랑하는 능력에서 우연히 탄생한 부산물인 사물에 대한 사랑 사이에는 차이가 있다는 점이다.

°° 사물을 사랑하는 것이 나쁘다는 게 아니다. 우리 삶에서 가장 훌륭한 것 중 상당수가 진화적 관점에서는 적합하지 않을 뿐이다.

을 사랑할 때마다 뇌가 그 정체성을 착각하여 그것을 마치 사람인 양 취급한다는 것이다.

이는 내가 '사회적 뇌의 도전'이라고 부르는 과학적 난제를 만들어 낸다. 만일 뇌가 물리적으로 사물보다 사람과 더 깊은 감정적 연결을 형성하도록 설계되어 있다면 우리는 어떻게 사물을 사랑할 수 있는 것일까? 더 정확히 말하자면 **우리가 사랑하는 것들은 어떻게 사회적 뇌의 도전을 극복해 내는가?**

이 질문에 대한 대답은 세 가지다. 뇌가 사물을 사람처럼 생각하게 되는 조건에는 세 가지가 있는데, 나는 이를 **관계 난로**라고 부른다. 사람과 사물 사이의 차갑고 실용적인 관계에 감정적 온기를 불어넣기 때문이다.

첫 번째 관계 난로는 사물이 사람처럼 생기거나 말하거나 혹은 행동할 때 발생하는 '의인화'다. 그 결과 뇌는 사물을 사람처럼 여기게 된다. 의인화에 대해서는 2장과 3장에서 자세히 다룰 것이다.

두 번째 관계 난로는 내가 '사람 연결기'라고 부르는 것으로, 우리를 다른 사람들과 연결해 주는 것을 뜻한다. 사람 연결기에는 친구나 가족의 사진, 다른 사람에게 받은 선물, 다른 사람을 떠올리게 하는 노래나 물건, 소통하는 데 도움이 되는 휴대전화 같은 기기 등 여러 가지 것들이 해당한다. 어떤 사물이 다른 사람과 밀접하게 연관되어 있을 때 우리의 뇌는 그것을 단순히 사물이 아니라 다른 사람의 일부로 인식하기 시작한다. 그리고 사람의 일부가 되면 사물은 사랑의 대상이 될 수 있다. 사람 연결기에 대해서는 4장에서 다룬다.

세 번째 유형의 관계 난로는 '자기감$^{sense\ of\ self}$'이다. 우리는 어떤 사람이 되고 싶고 어떻게 하면 그런 사람이 될 수 있을지 알아내기 위해 평생에 걸친 거대한 프로젝트를 실천 중이다. 어떤 것과 사랑에 빠지는 과정—마음을 사로잡는 노래든 발을 들여놓자마자 "바로 이거야!"라고 느껴지는 새집이든—은 내가 진실로 어떤 사람인지 밝혀내는 데 도움이 된다. 그리고 사랑하는 대상과 상호작용을 할수록 그것은 점점 더 정체성과 통합되어 우리 자신의 일부가 된다. 뇌는 보통 자기 자신을 사랑하기 때문에 사랑하는 것이 우리 자신이 되면 그것을 단순한 사물로 취급하기를 중단하고 자기를 사랑하듯 사랑하게 될 것이다. 이 같은 정체감에 대해서는 5장부터 8장에서 논한다.

사물에 대한 사랑을 가능케 하는 요인에는 이 세 가지 관계 난로 외에도 많지만, 이들이 특히 중요한 이유는 뇌가 사물을 사람처럼 취급하게 만들기 때문이다. 다음 장에서 첫 번째 요인인 의인화를 이야기해 보자.

사고 싶어지는 법칙①

그것을
명예
사람으로
만들어라

2

"잘 작동하라고 어루만져 줍니다."

– 첨단기기를 원활하게 사용하는
방법에 대한 일반적인 답변[1]

17년간 써왔던 변기를 버리며 아쉬움에 남긴 글을 본 적이 있다. 심지어 그는 '작별 인사를 할 기회도 없었다'라고 썼는데, 변기에 작별 인사를 하고 싶어 하는 사람이 있다는 게 좀 신기하지만 나 역시도 지금 집으로 이사 올 때 옛집에 손을 흔들며 "잘 있어"라고 인사한 적이 있다. 어떤 것과의 '헤어짐'에서 '사랑'으로 주제를 옮겨 보자면 프로그레시브 보험사가 시행한 설문 조사에서[2] 응답자의 32퍼센트가 자기 차에 이름을 붙였다고 대답했고 12퍼센트는 심지어 발렌타인 선물도 사줄 것이라고 대답했다. 사물에 대해 사람과 비슷한 관계를 맺는 이런 경향을 '의인화 사고'라고 하는데 이는 사물에 대한 우리의 사랑에 큰 영향을 끼친다.

의인화 사고란 우리의 뇌가 의식적으로는 무언가가 사람이 아

말하는 로봇 아이캣

니라는 것을 알면서도 사람처럼 반응하는 것을 뜻한다. 1장에서 말했듯 뇌는 일반적으로 사람을 사랑한다. 그래서 사물을 사랑하기 위해서는 최소한 부분적으로라도 그것을 사람으로 인식해야 한다. 의인화는 이를 실현하는 가장 확실한 방법이다.

의인화 사고는 대개 사물이 사람과 비슷한 외적 특성을 지니거나, 사람과 비슷하게 말하거나, 사람처럼 행동하는 등 사람인 척 '위장'하고 있을 때 발생한다. 우리의 뇌는 그런 위장에 워낙 쉽게 속아 넘어가기 때문에 흉내 내는 솜씨가 아주 뛰어날 필요도 없다. 가령 위의 사진은 말하는 플라스틱 고양이다. 뉴질랜드 캔터베리대학교의 크리스토프 바트넥과 동료들[3]은 실험 참가자들에게 이 말하는 고양이와 잠시 상호작용을 하게 한 다음 고양이의 전원을 끄라는 지시를 내렸다. 그러자 그 지시를 '들은' 플라스틱 고양이는 자신을 끄지 말아 달라고 간청했다. 외관만 따지자면 이 고양이는 꽤 형편없다. 그런데도 고양이가 자신을 끄지 말아 달라고 간청하자 실험 참가자의 뇌는 상대방이 싫어하는 일을 하기 꺼리거나 나아가 자기 행동을 정당화하는 것처럼 일반적으로 사람을 대할 때 사용하는 여러 사고 과정을 통해 반응하기 시작했다.

또 다른 예시로 홍콩대학교의 사라 킴과 시카고대학교의 앤 L. 맥길[4]은 아래 보이는 것과 유사한 슬롯머신 이미지를 만들었다.[5] 두 슬롯머신의 유일한 차이점은 왼쪽에 있는 그림의 위쪽 조명이 사람의 눈과 입을 연상시키고 손잡이도 약간 더 길어 사람의 팔처럼 보인다는 것이다. 연구진은 먼저 자신이 타인을 조종할 수 있다고 생각하는 정도와 다른 사람의 조종에 취약하다고 생각하는 정도를 측정했다. 자신이 남을 잘 조종한다고 느끼는 사람들은 오른쪽보다 왼쪽의 슬롯머신을 선호했고, 다른 사람의 조종에 취약하

사고 싶어지는 법칙①: 그것을 명예 사람으로 만들어라 ◆

다고 생각하는 이들은 왼쪽에 있는 슬롯머신에 돈을 뺏길 확률이 더 높다고 여겼다.

이 실험은 인간의 뇌가 사람처럼 생긴 물체를 사람의 특성을 가진 것으로 보는 경향이 너무 강해 아주 약간의 의인화 요소만 있어도 사물에 대해 사람인 양 반응한다는 사실을 보여 준다. 이는 사람들이 의인화된 물체를 볼 때의 뇌 스캔을 통해서도 확인할 수 있다. 거울 뉴런은 다른 사람이 경험하는 것과 같은 감정을 자극하여 공감을 유도한다. 거울 뉴런에 초점을 맞춘 한 연구[6]는 우리가 사람을 볼 때뿐만 아니라 의인화된 물체를 볼 때도 이 뉴런이 발화된다는 사실을 발견했다. 또 다른 연구[7]에 따르면 물체를 의인화할 때는 일반적으로 사람을 생각할 때 사용하는 뇌 영역, 특히 내측 전전두피질과 위관자고랑에서 활동이 감지된다.

의인화된 물체에 대해 생각할 때 뇌는 사람을 이해할 때와 동일한 단서를 사용해 사물의 '성격'을 파악한다. 예를 들어 자동차 회사는 의도적으로 자동차 앞면을 다양한 '얼굴'과 표정으로 디자인한다. 진화인류학자 소냐 윈대거와 동료들[8]에 따르면 사람들은 흔히 디자이너들이 얼굴이라고 부르는 자동차 앞면의 생김새에 따라 차량에 인격적 특성을 부여한다. 자동차 얼굴들의 가장 큰 차이는 일부(69쪽의 스바루 BRZ)는 권위, 오만함, 분노, 심지어 적대감을 투영하는 반면 다른 일부(일명 '버그아이'라 불리는 오스틴힐리 스프라이트)는 친절하고 심지어 귀엽게까지 보인다는 점이다. 또한 그들의 연구에 따르면 이런 판단에 영향을 미치는 가장 큰 특성은 자동차

스바루 BRZ는 '강한' 얼굴을 갖고 있다.

오스틴힐리, 일명 '버그아이' 스프라이트는 친근하고 '약한' 얼굴을 갖고 있다.

의 얼굴이 아기 얼굴과 얼마나 닮았는지에 있다.

관련 연구에서 마케팅 교수인 얀 란트베어와 동료들[9]은 우리가 사람의 얼굴을 볼 때 입 모양을 기반으로 친근함을 판단하는 반면, 얼마나 공격적인지 판단할 때는 입과 눈을 모두 본다는 사실을 발견했다. 마찬가지로 사람들은 자동차의 그릴(입)을 보고 자동차의

'친근한 성격'을 판단하고, 그릴과 헤드라이트(눈)을 모두 보고 얼마나 '공격적인 성격'을 지녔는지 판단한다.

그렇다면 사람들은 왜 행복하게 웃음 짓는 자동차가 아니라 화가 나 있고 때로는 적대적으로까지 보이는 차를 사는 걸까? 사람들은 보통 최상위 사회 계층에 있는 이들이 부유하고 권력을 가졌기에 화를 내거나 적대적으로 굴기보다 늘 웃고 행복할 것이라 가정하는데, 일리는 있지만 틀렸다. 집단 환경에서 불만과 분노, 적대감을 가장 많이 표출하는 이는 권위적 위치에 있는 사람들이고, 가장 아래쪽에 있는 이들은 실제로 어떤 감정 상태에 있든 끊임없이 미소를 지어야 한다. 그래서 우리는 분노와 오만, 적대적인 표정을 '윗사람'과 결부시킨다. 일부 구매자들, 특히 고급 승용차와 스포츠카의 주 구매자들은 높은 사회적 지위와 우월함을 전달할 수 있는 차량을 선호한다. 또 어떤 구매자들은 화난 얼굴의 자동차가 '강하기' 때문에 자신을 더 안전하게 지켜 줄 수 있다고 생각한다.

다만 주의할 점이 있다. 의인화는 뇌가 사물을 사람과 유사하게 대하게 만들지만, 사람을 대할 때와 완전히 동일하게 만들지 않는다. 우리의 의식은 사물이 살아 있지 않다는 것을 알고 있으며, 의식은 절대 무력하지 않다. 더욱이 의인화된 물체는 사람과 비슷하지만 사람은 아니기에 사람을 생각하는 방식과 사물을 생각하는 방식 그 중간쯤에 위치하는 경향이 있다. 연구자 마페리마 투레틸러리와 앤 L. 맥길[10]은 소비자들에게 71쪽에서 볼 수 있는 '카페다이렉트'라는 가상 회사의 광고를 피실험자들에게 보여 주었다.

첫 번째 광고의 메시지는 웃는 얼굴의 머그잔이 전달하고 두 번째 광고는 웃는 얼굴의 사람이 전달한다. 연구진은 소비자들이 광고에서 얼마나 큰 영향을 받았는지를 통해 타인을 신뢰하는 일반적인 경향을 측정했다. 타인에 대한 일반적인 신뢰 수준은 웃는 머그잔에 대한 신뢰도에도 영향을 미쳤다(즉 타인을 신뢰할수록 머그잔이 주는 메시지에서도 큰 영향을 받았다). 이는 그들이 머그잔을 사람처럼 여기고 있음을 시사한다. 그다지 놀랍지 않지만 웃는 사람이 나오는 광고에서도 동일한 기본 패턴이 발견되었다(예: 타인을 신뢰할수록 사진 속 인물에게 큰 영향을 받았다). 그러나 여기서 주목할 점은 타인을 신뢰하는 일반적인 경향이 웃는 머그잔 광고보다 웃는 사람 광고에 대한 반응에 더 큰 영향을 미친다는 것이다. 다시 말해

안녕하세요! 커피다이렉트에 오셔서 저희 카페만의 독특함을 직접 경험해 보세요! 카페다이렉트에서는 다양한 100퍼센트 천연 음료를 통해 다채로운 맛의 세계를 탐험하실 수 있습니다.

안녕하세요! 커피다이렉트에 오셔서 저희 카페만의 독특함을 직접 경험해 보세요! 카페다이렉트에서는 다양한 100퍼센트 천연 음료를 통해 다채로운 맛의 세계를 탐험하실 수 있습니다.

소비자의 뇌는 웃는 머그잔을 어느 정도는 인간처럼 받아들이나 실제 인간에는 못 미치는 수준으로 반응한다.

항상 의식하지는 못해도 의인화 사고는 사실 우리의 삶에 일상적으로 존재하고 있다. fMRI(기능성 자기공명영상) 기계를 사용하지 않고도 의인화 사고를 포착할 수 있는 방법은 자신이 평소 얼마나 자주 사물과 대화를 나누는지 의식하는 것이다. 연구에 따르면[11] 사람들이 가장 자주 대화를 나누는 대상은 컴퓨터와 자동차지만, 한 연구에서는 사람들의 대화 상대로 90개가 넘는 물체를 목록화하기도 했다.

의인화 사고 여부를 파악하는 또 다른 방법은 사물에 화를 낼 때가 있는지 생각해 보는 것이다. 컴퓨터나 다른 첨단기기가 말을 안 들을 때 어떤 심정이 되는가? 화가 나는가? 아니면 그저 답답하고 좌절감이 드는가? 사실 이 두 가지는 비슷하다. 차이가 있다면[12] 누군가 우리에게 문제를 일으키는 선택을 했을 때 분노를 느낀다면 문제를 초래하긴 했지만 스스로 그런 선택을 하지 않은 사물에 대해서는 좌절감을 느낀다는 것이다. 사물이 하는 행위는 '그저 세상이 돌아가는 방식'일 뿐이다. 컴퓨터가 제대로 작동하지 않는다고 좌절감뿐만 아니라 분노를 느낀다면 이는 우리가 무의식적인 수준에서 컴퓨터가 우리에게 협조하지 않기로 선택한 것처럼 반응하고 있음을 의미한다.

의인화는 사랑을 만든다

    뇌가 사람과 유사한 사물을 사람처럼 취급하는 방법은 감정적 유대를 형성하는 것이다.[13] 사물과 유대감을 형성하면 뇌는 그것들을 단순히 실용적인 이익을 제공하는 기능적 대상이 아닌 사회적 동료로 받아들이게 된다.[14] 이러한 사실에 기반해, 우리가 살아 있다고 여기는 제품을 재구매하는 결정은 실용적인 이점보다도 제품의 '성격'을 얼마나 좋아하는지에 달려 있다.[15]

    내가 필리프 라우슈나벨과 합작한 연구는 의인화 사고가 사랑과 특히 밀접하게 연관되어 있음을 보여 준다.[16] 한 설문 조사에서 우리는 독일인 응답자 1100명을 대상으로 가장 좋아하는 패션, 초콜릿, 신발 또는 샴푸 브랜드를 얼마나 사랑하는지 물었다. 더불어 사랑하는 브랜드의 품질이 얼마나 훌륭하다고 생각하는지, 마지막으로 그러한 제품에 '나름의 생각이나 마음이 있다'라고 생각하는지 등 의인화의 인식 정도도 질문했다. 이러한 데이터를 바탕으로 우리는 제품에 대한 사랑, 품질에 대한 상대적 인식 그리고 의인화 경향 사이의 연관성을 파악할 수 있었다. 짐작하겠지만 사람들은 제품의 품질이 좋다고 생각할수록 그것을 사랑하는 경향이 있었다. 그러나 제품을 의인화하는 경향과 사랑하는 경향 사이에는 그보다 훨씬 더 밀접한 연관성이 있었다. 정확히 말하면 무려 18배나 말이다.°

그리 과학적이지는 않지만 사랑스러운 예시를 들자면 인터넷에 떠도는 이야기가 있다. 다섯 살쯤 되는 소녀가 어머니에게서 세레나라는 작은 화분이 햇볕을 충분히 쬐지 못하고 있다는 이야기를 들었다. 그래서 소녀는 세레나가 햇볕을 많이 받을 수 있도록 머리 위로 높이 들어 올린 채 동네를 돌아다니기 시작했다. 만일 어머니가 화분에 이름을 붙이지 않았더라면 소녀가 과연 화분에게 이렇게까지 다정하게 굴었을까? 이 이야기가 보여 주듯 '친절함은 눈에 보이는 사랑이다.'

사물을 의인화하면 그것은 명예 사람이 된다. 일종의 승진을 하

° 제품의 품질은 중요하지 않다는 잘못된 결론을 성급히 내리기 전에 더욱 확실한 설명이 필요할 것 같다. 이 연구는 사람들이 최종적으로 두 제품 중 하나를 선택할 때와 유사한 상황을 설정했다. 먼저 소비자는 품질이 떨어진다고 생각하는 제품을 목록에서 지워 나간다. 따라서 이런 과정을 거쳐 마지막으로 남은 몇 개의 후보는 기본적으로 모두 품질이 훌륭하다고 가정하게 되고, 이때부터는 품질에 대한 우려는 접고 제품의 다른 특성을 고려하기 시작한다. 최종 선택은 종종 직관적으로 느끼는 끌림에 좌우되는데, 이는 사랑의 한 가지 요인이기도 하다. 또한 사람들은 제품을 의인화 맥락에서 생각할 때 더 사랑하는 경향이 있다.

게 되는 셈이다. 이럴 때면 우리가 사람에게 갖는 많은 긍정적 생각과 감정이 의인화된 사물에 옮겨 갈 수 있다. 그래서 사람들 대부분이 의인화된 제품은 그와 유사한 비의인화된 제품보다 좋고 품질도 뛰어나다고 생각하는 것이다.[17] 또한 우리는 의인화된 제품을 감정 난로로 여긴다. 즉 우리에게 더 잘해 주고 친절하다고 생각하기 때문에 더 신뢰하는 경향이 발생한다. 이를 알아차린 기업들은 일부 자율주행 차량을 의도적으로 사람처럼 보이도록(이를테면 구글의 웨이모 파이어플라이) 디자인하고 있다. 소비자는 사람처럼 생긴 자율주행 자동차가 더 '조심스럽다'라고 생각하며, 따라서 운전 솜씨도 더 나을 것이라 가정한다.[18]

의인화 사고는 사람들이 어떤 것을 좋아하게 만들 수 있지만 잘못된 상황에서는 오히려 역효과를 일으킬 수도 있다. 사라 킴, 록키 펭 첸, 커 장[19]은 비디오 게임을 플레이하는 사람들이 게임 안에서

구글의 프로토타입 자율주행 차량 웨이모 파이어플라이의 생김새

힌트를 구하는 것에 대한 실험을 수행했다. 연구진은 플레이어들이 의인화된 캐릭터에게서 힌트를 얻을 때보다 화면에 힌트가 직접 제시될 때 게임을 더 즐긴다는 사실을 발견했다. 의인화된 캐릭터가 힌트를 제공하면 스스로 해낸 게 아니라 다른 사람의 도움을 받았다고 느끼기 때문이다. 반면에 같은 도움을 받았으나 정보의 출처가 살아있지 않을 때는 온전히 자신이 올린 쾌거라고 느꼈다.

의인화를 마케팅에
적용할 때

마케팅 전문가들은 이런 사실을 놓치지 않았다. 의인화된 브랜드 캐릭터를 내세우는 미스터 클린**Mr. Clean** 세제 같은 제품은 50년이 넘도록 마케팅에 의인화를 사용해 왔다. 작가 징 완과 판카즈 아가르왈[20]이 지적했듯이 "미스터 클린은 오랜 시간에 걸쳐 인간 페르소나를 강화해 왔다. 찌든 때와 싸우는 경찰관으로서 제품을 리뉴얼할 때마다 '새로워진 사람'이 되었으며… 2013년 '오리진' 광고에서는 어릴 때부터 찌든 때와 얼룩을 물리친다는 대의를 실천하기 위해 다른 사람들을 돕는 사람으로 그려진다."

오늘날 기업들은 소비자들이 제품을 의인화하여 받아들일 수 있게 할 새롭고 참신한 방법을 찾고 있다. 판카즈 아가르왈과 앤 L. 맥길[21]에 따르면 여러 개의 병 제품을 '제품군**product family**'으로 명

제품군

제품 라인

명하고 다양한 크기의 병을 제시하면(위의 그림과 같이) 소비자는 이를 인간적인 관점으로 받아들여 기존의 제품라인product line보다 더 좋아하게 된다.

소비자가 제품을 사람처럼 인식하게 하는 또 다른 방법은 휴대 전화나 가전제품, 자동차처럼 제품이 소비자에게 말을 걸게 만드는 것이다. 소셜미디어에서도 종종 제품과 대화를 나눌 수 있는데, 회사가 브랜드나 마스코트의 1인칭 목소리로 소비자에게 메시지를 보내거나 말을 거는 식이다(예: 버거킹 직원이 아니라 '버거킹' 이름으로 직접 카톡하기). 사우스캘리포니아대학교의 사이먼 허드슨과 동료들[22]은 그러한 전략이 효과적이라는 사실을 발견했다. 온라인에서 상호작용하는 브랜드를 의인화할수록 사람들이 브랜드와 더욱 깊고 친밀한 관계에 있다고 느끼기 때문이다.

말하는 제품 중 가장 인기 있는 것은 수많은 애플 기기의 목소리인 시리Siri다. 시리에게 사랑을 고백하는 사람이 어찌나 많은지 애플은 아주 다양한 응답을 미리 프로그램에 짜 넣어 두었다. 그중에서 내가 제일 좋아하는 대답은 "틀림없이 모든 애플 제품에게 그렇게 말씀하시겠죠"이다. 제품에 말을 거는 행동은 자기 휴대전화에 이렇게 말했다는 한 남자의 이야기를 떠올리게 한다. "시리, 난 꽤 괜찮은 남자인데 이상하게 여자들하고는 잘 안돼. 어떻게 해야 할까?" 그러자 휴대전화가 대답했다. "전 알렉사인데요."

비즈니스적 관점에서 볼 때 마케터는 신중해야 한다. 의인화는 양날의 칼이기 때문이다. 가령 소비자가 브랜드를 유사 인간으로 볼수록 가격이 상승했을 때 단순히 가격이 비싸진 게 아니라 '부당한 일'로 인식할 가능성이 크다.[23] 또한 소비자는 의인화된 제품이 기대에 미치지 못하면 평범한 제품이 실망스러울 때보다 더 크게 화를 낸다.[24] 이런 분노는 제품을 유사 인간으로 인식하는 경우, 제품이 실수를 저질렀을 때 도의적인 책임을 져야 한다고 생각하는 데서 비롯된다. 만일 제품이 반복적으로 실망스러운 일을 한다면 소비자는 제품이 의도적으로 그런다고 느낄 수 있다.

이런 분노와 불만이 고조되면 단순히 문제의 제품을 사지 않겠다고 결심하는 데 그치는 게 아니라 복수를 원하게 될 수도 있다.

인터넷이 존재하기 전에도 불만 품은 고객들은 친구들에게 회사의 잘못에 대한 불평을 늘어놓아 매출에 손실을 입혔고, 이는 어느 정도 온당한 일이었다. 그러나 인터넷이 발달하면서 불만스러운 고객의 목소리에 더욱 강력한 힘이 실리게 되었다. 이제 고객들은 화가 날수록 불만을 널리 그리고 더 크게 퍼트리기 위해 더 많은 노력을 기울인다.

이 같은 분노는 소비자가 불편을 초래한 제품에 직접 화를 퍼붓게 만든다. 한 연구에 따르면 컴퓨터 소유자의 25퍼센트가 컴퓨터에 물리적인 폭력을 가한 적이 있다고 응답했다. 그러한 행동의 종류는 모니터 옆면을 한 대 치는 것에서부터 창밖으로 내던지는 것까지 매우 다양했다.[25]

뇌는 대체 왜 이러는 걸까?

　의인화 사고는 솔직히 조금 이상하다. 우리는 대체 왜 이런 사고를 하는 것일까? 아마 우리 뇌의 상당 부분이 인간이 오늘날보다 훨씬 집단적 동물이었던 시기에 진화했기 때문일 것이다. 그 결과 뇌의 많은 부분이 다른 사람에 대해 생각하는 데 특화된 도구로 진화했다. 망치를 든 사람에게는 모든 게 못으로 보인다는 말이 있다. 마찬가지로 사람을 다루는 도구를 많이 갖추고 있는 뇌에서는 많은 것이 사람으로 보인다.

　즉 어떤 사물을 봤을 때 일부 사람은 다른 이들보다 사물을 의인화할 가능성이 더 크다는 얘기다. 예를 들어 아이들이 사물을 자주 의인화한다는 사실을 알고 있을 것이다. 이는 연구[26]에 의해서도 확인된 바 있다. 또한 사물을 의인화하는 경향은 65세에 이를

　　사고 싶어지는 법칙①: 그것을 명예 사람으로 만들어라　　◆

때까지 전 생애에 걸쳐 조금씩 감소하는데 65세 이상부터는 반대로 조금씩 상승하는 경향이 있다. 흥미롭게도 사물을 쉽게 의인화하는 성인은 상상력이 풍부하고 창의적이며 직관적 성향을 지닌다. 전부 아동과 관련된 특성들이다.

특히 다음 두 가지 상황에서 의인화 사고로 이어질 가능성이 커진다. 첫째, 우리의 뇌는 외로움을 달래기 위해 의인화 사고를 한다. 유명한 예로는 영화 〈캐스트 어웨이〉를 들 수 있다. 톰 행크스가 연기한 캐릭터는 사고로 홀로 섬에 고립된 후 배구공을 상상의 친구 윌슨으로 삼는다. 비슷한 예로 팟캐스트 〈숨겨진 뇌Hidden Brain〉에 출연한 한 남성[27]은 극도의 고립감이 자신에게 어떤 영향을 끼쳤는지 설명했다.

> 정말 외로웠어요…. 난 아파트에 혼자 살았는데, 한쪽 구석에 기둥이 하나 서 있었죠. 그 기둥이 친구가 되어 주었어요. 그래서 기둥을 꼭 부둥켜안았죠. 뭐든 좋으니 신체적인 접촉이 필요했거든요. 그 순간 퍼뜩 뭔가 대책을 세우지 않으면 안 되겠다는 생각이 들더군요. 무언가와 닿고 싶어서 기둥을 껴안고 있다니, 그쯤 되면 정신이 번쩍 들고도 남죠.

이는 매우 극단적인 사례지만 아주 평범하고 일상적인 외로움만으로도 사물이나 반려동물을 의인화하는 경향이 보다 뚜렷해진다.[28] 매우 적절한 제목을 지닌 논문 〈외로움은 (로봇에 대한) 그리움을 더한다〉에서 연구진[29]은 외로운 사람일수록 로봇을 더 좋아한다는 사실을 발견했다.

둘째, 사람의 뇌는 사물과 관련된 문제를 해결하고자 할 때 ─작동 방법을 알아내는 것처럼─ 의인화 사고에 의존하는 경향이 있다.[30] 특히 첫 시도가 실패했을 때는 더욱 그렇다. 예를 들어 자동차 시동이 걸리지 않는다면 보통은 다시 시도할 것이다. 하지만 아무리 키를 여러 번 돌려도 자동차가 꿈쩍도 안 한다면? 그때부터 자동차에게 말을 걸기 시작한다. 마찬가지로 한 연구는 컴퓨터를 사용하고 싶지만 어떻게 해야 할지 모를 때 응답자의 73퍼센트가 컴퓨터를 꾸짖는다면 52퍼센트는 부드럽게 말을 걸며 격려하는 보다 다정한 접근법을 취한다는 사실을 발견했다.[31]

과학을 연구하는 사람이라면 기계에게 아무리 애원하고 협박하고 애정 어리게 대접해 봤자 기계가 '마음을 고쳐먹고' 올바르게 작동할 리가 없다는 것을 알 것이다. 그러나 기계를 의인화하는 것이 다른 방식으로 문제를 해결하는 데 도움이 될 수 있는지는 의견이 분분하다. 의인화 사고가 문제 해결에 도움이 된다는 주장은 인간의 본성에 대한 낙관적 관점에 기반한다. 즉 의인화 사고가 우리에게 도움이 되지 않았다면 애초에 뇌가 그렇게 진화하지 않았을 것이라는 얘기다. 인간이 어려운 문제에 직면했을 때 의인화 사고를 하도록 진화했다는 것은 곧 의인화 사고가 문제 해결에 도움이 된다는 것을 의미한다.

의인화 사고가 어려운 문제 해결에 도움이 될 수 있는 가장 그럴 법한 방법은 사람을 생각하는 데 특화된 뇌의 강력한 부위를 사용한다는 것이다(9장에서 더 자세히 논의할 주제). 이 이론은 인간의 뇌를 일등석과 이코노미석이 있는 비행기에 비유한다. 뇌는 **사물**을 이코노미석에서 처리한다. 적은 양의 정신 자원이 아주 넓게 분산된 공간이다. 한편 **사람**은 정신 자원이 훨씬 풍부한 일등석을 차지하게 된다. 사물을 의인화하면 그 대상은 일시적으로 일등석 업그레이드를 받게 되고, 따라서 뇌의 더 강력한 부위를 활용해 효과적인 해결책을 생각해 낼 수 있다. 다만 이론상으로는 가능할망정 실제로 의인화가 이런 식으로 문제를 해결하는 데 도움이 되는지는 아직 확인할 길이 없다.

나는 사람들이 기계가 말을 듣지 않을 때 의인화 사고에 의존하는 걸로 보아 의인화 사고가 실제 그런 상황에서 대부분 도움이 되는 게 틀림없다는 낙관적 전제에 동의하지 않는다. 문제가 발생했을 때 가장 일반적인 반응이 실제로도 유용한 것은 아니다. 예를 들어 다른 사람과 의견 다툼이 있을 때 우리는 종종 상대에게 잘못이 있다고 탓한다. 그게 문제를 해결하는 가장 좋은 방법이어서가 아니라 상대에게 화를 내는 편이 감정적으로 더 쉽기 때문이다. 마찬가지로 나는 기계를 의인화하는 것이 더 나은 해결 방법이라고는 생각하지 않는다. 기계는 인간과 너무 다르기에 의인화 사고는 우리를 헷갈리게 할 뿐이다. 그렇다면 우리는 왜 그런 사고를 하는가? 어쩌면 대다수가 자동차나 컴퓨터 같은 사물에 관한 전문지식이 부족해서일지 모른다. 즉 기술적 문제를 해결하는 데 필요한 지식이 부족하지만, 너무 절박한 나머지 이미 알고 있는 지식에 매달린 채 기계를 사람인 양 대하며 달래 보는 것이다. 불행히도 사물을 설득하려 드는 것처럼, 우리가 고안해 낸 '해결책'은 잠시 주의를 딴 곳으로 돌리는 것에 지나지 않는다.

반려동물을 대하는 모습으로 보는
소비자의 유형

반려동물은 엄밀히 말하면 사물이 아니지만 그렇다고 사람도 아니다. 그런데도 우리는 그들을 정말 사랑한다. 보통은 가깝고 다정하고 또 재미있기 때문이지만, 동물은 우리의 건강에도 좋은 영향을 미친다. 건강 문제에 있어 상당히 보수적인 미국 국립보건원마저도 반려동물과의 상호작용은 사람들, 특히 노인에게 긍정적인 영향을 끼친다는 결론을 내렸다. 반려동물은 사랑과 안정감 그리고 삶의 목적의식을 제공하고 이는 우리의 신체 및 정신 건강을 증진한다. 한 연구[32]에 따르면 심장 문제가 있는 사람들의 경우 반려동물을 키우면 재활 프로그램을 더 오랫동안 지속하는 경향이 있다.

반려동물을 키우면 건강 유지에 도움이 될 뿐만 아니라 목표 성취를 위한 동기를 부여하고 스트레스를 관리하는 데에도 도움이 된다. 스트레스를 경험하게 되면 우리의 뇌는 투쟁 또는 도피 상태에 돌입하고, 그러면 우리는 즉각적이고 단기적인 목표에 집중하게 된다. 이 같은 반응은 긴급 상황에 대처할 때는 적합하지만 다이어트부터 중요한 프로젝트 완수에 이르기까지 장기적 목표를 간과하게 만든다. 연구에 따르면 반려동물과 상호작용하거나 심지어 반려동물에 대해 생각하는 것만으로도[33] 스트레스 반응이 줄고 장기 목표를 달성하는 데 도움이 된다.

우리가 사랑하는 것들과 달리 동물은 나름의 생각과 감정을 가지고 있다. 이런 경우 의인화 사고는 동물을 사람처럼 취급하는 것이다. 연구[34]에 따르면 사물을 의인화하는 경향이 있는 사람들은 동물과 강한 유대를 맺는 경향이 있다. 의인화된 사물이 우리와 긴밀한 관계를 형성하듯이 동물을 의인화하면 한층 더 친밀감을 느끼게 된다. 이런 효과는 스포츠 팀의 동물 마스코트에 관한 연구[35]에서 잘 드러난다. 팬들은 동물의 실제 모습에 충실한 마스코트보다 인간과 동물이 섞인 것처럼 보이는 의인화된 마스코트를 더 선호했다.

사람들이 개를 의인화하는 방식에 대해 조금 더 자세히 이야기해 보자. 하지만 그 전에 누들과 덤플링이라는 사랑스러운 두 마리 개를 키우고 있는 사람으로서 나 역시 반려동물과 함께 살고 있으며, 다른 동물 애호가들을 비판하려는 목적이 아님을 분명히 해 두고 싶다. 이를테면 나는 매일 같이 우리 집 강아지들에게 "덤플링, 누들이 계속 귀찮게 해서 짜증이 나?"와 같은 말을 건넨다. 하지만 내 말은 게리 라슨의 유명한 신문 만화 〈더 파 사이드 **The Far Side**〉의 '우리가 개들에게 하는 말과 그들이 듣는 말' 에피소드처럼 덤플링한테는 "덤플링, 어쩌구저쩌구, 저쩌구어쩌구"처럼 들릴 것이다.

반려동물을 의인화하는 성향은 보통 두 가지 유형으로 구분된다.[36] 이는 각각 서로 다른 대인관계 유형과도 닮아있다. 다음 묘사를 읽고 각각 어떤 유형의 대인관계를 기반으로 삼고 있는지 생각해 보라.

- **사람-개 관계 유형 ①** 1번 유형 사람들은 귀여운 소형견을 좋아하고 개를 껴안고 비비적거리기를 좋아한다. 이들은 반려동물에게 옷과 장난감을 사주고, 개가 자신의 명령에 따라야 한다고 믿으며, 개의 성격을 올바르게 형성하고 바로잡는 것이 주인이 해야 할 일이라 생각한다. 그들은 개가 외부 세계의 위험을 알지 못해 위험에 굉장히 취약하기에 개를 보호하기 위한 엄격한 제한과 규칙이 필요하다고 믿는다. 이들은 자신의 개를 인간 _____처럼 여긴다.

- **사람-개 관계 유형 ②** 2번 유형의 사람들은 성숙한 인격을 지닌 대형견을 좋아한다. 이들은 개가 집 밖에서도 자기 앞가림을 하고 스스로를 방어할 수 있다고 생각한다. 이들은 개에게 똑똑하다고 칭찬하고, 자신과 반려동물을 동등하게 (혹은 거의 동등하게) 보는 경향이 있다. 이들은 반려동물과 바람직한 관계를 유지하려면 개

의 의견을 존중하고 항상 명령을 따를 것이라 기대해서는 안 된다
고 믿는다. 이들은 자신의 개를 인간 _____처럼 여긴다.

짐작했겠지만, 첫 번째 관계 유형에서 개는 아이들과 비슷한 존
재로, 두 번째 관계 유형에서는 친구로 여겨진다. 호주 출신의 연구
자 마이클 베버랜드와 동료들[37]이 개를 키우는 사람들을 대상으로
한 인터뷰에 따르면 개를 친구로 여기는 이들은 때때로 목줄을 풀
어 주지만 개를 자식으로 여기는 이들은 다른 개에게 '괴롭힘'을 당
하거나 길을 안전하게 건너는 방법을 몰라 다칠 수도 있다는 우려
때문에 목줄을 풀어 주는 경우가 드물었다. 개를 어린아이처럼 대
하는 어떤 사람은 특수 안전띠를 부착한 개 전용 맞춤 카시트를 제
작하기까지 했다.

개와 사람의 관계에서 일부 보호자가 (보통 무의식적으로) 개와
의 관계를 형성할 때 부모와 자식 간의 관계를 참고하는 경우를 볼
수 있다. 신경과학계의 연구도 이를 뒷받침한다. 2015년에 연구
진[38]은 여성 실험 참가자들에게 그들의 자녀와 개, 다른 사람의 자
녀와 다른 사람의 개 사진을 보여 주며 뇌의 반응을 스캔했다. 그
결과 여성들의 뇌 활동 패턴은 그들의 자녀와 개를 봤을 때는 흡사
했으나 다른 사람의 자녀와 개를 봤을 때는 꽤 다르게 나타났다. 사
람들이 자기 개를 '복슬복슬한 우리 아기'라고 부르는 게 진심이라
는 얘기다.

저장강박과 의인화의
상관관계

나는 오랫동안 사물을 사랑하는 것과 사물을 모아 쌓아 두는 저장강박^{hoarding} 사이의 연관성 인식을 거부했다. 하지만 이제는 물건을 모으고 저장하는 것이 사랑하는 것과 일치하지는 않아도 둘 사이에 공통점이 있다는 사실은 인정하게 되었다. 사람들이 물건을 모으는 이유에는 크게 세 가지가 있는데, 모두 사랑과 연관성이 있다.

첫째, 물건을 강박적으로 모으고 저장하는 사람은 그것들이 언젠가는 매우 중요하고 쓸모 있을 것이라는 비합리적인 믿음을 갖고 있다. 물건을 버리지 않고 모으는 사람은 가령 언젠가는 몇 년 전에 발간된 지역신문을 절실히 구하는 누군가 반드시 나타날 것이라고 진심으로 확신하며, 그 순간이 닥쳤을 때 없다고 대답하면 너무도 끔찍하리라 생각한다. 그래서 그들은 지금껏 배달된 모든 신문을 곰팡이가 필 때까지 거실 천장에 닿도록 쌓아 놓는 것이 완벽하게 합리적인 행동이라고 생각한다.

이런 저장강박을 떨치기 힘든 이유는 그것이 근거 없는 믿음임에도 불구하고 굉장히 집요하고 끈질기기 때문이다. 이성적인 사람이라면 오래 묵은 신문을 필요로 할 사람은 거의 없다고 지적할 것이다. 설령 그런 일이 생기더라도 온라인을 뒤지거나 도서관에 가면 된다. 그러나 불행히도 저장강박증은 일종의 심리 장애로 분류되며 테니스공이 경기장 그물에 부딪히듯 합리적인 주장은 뇌에서 튕겨 나가고, 결국 계속해서 자기파괴적인 믿음에만 매달린다.

이렇게 저장한 물건의 잠재적 유용성에 대한 비합리적이고 부풀려진 믿음은 사랑과 비슷하지만 상당히 다르기도 하다. 그렇다. 원래 사람들은 사랑하는 대상의 유용성과 중요성을 과장하여 믿는 경향이 있다. 그러나 저장강박을 가진 사람들의 경우에는 그 정도가 상상을 초월한다. 사랑도 물론 과장될 수 있지만 저장강박의 경우에는 과장이라기보다는 거의 망상에 가깝고 현실과 거리가 먼 경우가 많다. ("언젠가 이 20년 된 종이 가방이 꼭 필요할 일이 생길 거야!")

사람들이 물건을 모으고 저장하는 두 번째 이유는 그 물건이 자기감과 강력하게 통합되어 있기 때문이다.[39] 따라서 그 대상을 없애면 자신의 일부가 떨어져 나간 것과 같은 느낌을 받는다. 이 또한 저장강박과 사랑의 공통점이라 할 수 있다.

사랑과 저장강박 사이의 세 번째 유사점이자 가장 놀라운 점은 둘 다 종종 의인화를 수반한다는 것이다.[40] 이는 저장강박이 있는 사람들이 다른 이들에 비해 '내 물건은 생각이 깊고 연민이 강하다'와 같은 진술에 동의할 가능성이 크다는 사실로 입증된다.[41] 의인화 사고가 때때로 저장강박으로 이어지는 이유는 무엇일까? 사물을 인간으로 인식하면 도덕적 의무를 느끼게 되기 때문이다. 한 연구[42]는 아이와 10대 청소년들에게 의인화된 로봇이 옷장에 갇히는 모습을 보여 주었다. 로봇이 "옷장 안은 너무 무서워요"라고 호소하자 실험에 참가한 아이들의 절반이 로봇을 옷장에 가두는 것은 잘못된 일이라고 느꼈다. 이는 그들이 로봇에게 도덕적 의무를 느꼈음을 나타낸다. 다른 연구[43]는 컴퓨터와 오토바이 같은 물체를 의인화하는 경향이 높은 사람일수록 사물을 망가뜨리는 것은 도덕적으로 잘못됐다고 생각할 가능성이 크다는 사실을 보여 준다. 한 렌터카 회사는 렌터카에 사람 이름을 붙이면 고객들이 차를 더 조심스럽게 대하는 경향이 있음을 발견했다.[44]

이런 도덕적 의무감은 부분적으로 사물의 '감정'을 고려하는 것에서 비롯된다. 한 연구[45]에 따르면 방에서 나갈 때 사람을 연상시키는 생김새의 전구가 "뜨거워요. 제발 저를 꺼주세요"라고 말하는 알림을 받으면 평범한 알림을 받았을 때보다 불을 끌 가능성이 더 커진다. 저장강박을 가진 사람은 대부분 사람보다 물건의 감정에 관한 관심이 훨씬 컸으며, 그로 인해 필요하지 않은 물건을 구매할 가능성도 높았다. 저장강박을 가진 한 사람은 이렇게 설명했다.

가게 선반에 물건이 딱 하나, 혼자서 쓸쓸하게 남아 있으면 반드시 사야 해요. 별로 필요하지 않거나 갖고 싶지 않을 때도요. 그렇게 홀로 선반에 남아 있으면 외로우니까 갖고 와서 같이 놔줘야죠.[46]

일단 무언가를 집에 가져오고 나면 의인화 때문에 처분하기도 어렵다. 연구자들은[47] 제품에 의인화된 설명을 추가할 경우, 소비자가 새 제품을 사기보다 그 물건을 더 오래 간직하는 경향이 있음을 발견했다. 지구 환경에 좋은 소식이 아닐 수 없다. 끊임없이 새 물건을 사기보다 하나를 계속 수리해 가며 오래도록 사용한다면 환경에 큰 도움이 될 테니 말이다. 하지만 저장강박을 가진 이들은 좀 지나친 감이 있다. 그들은 사물을 살아 있는 것으로 보기 때문이다. 유명한 정리 전문가인 곤도 마리에는 물건을 처분하기 전에 작별 인사를 하라고 권한다. 처음에 저장강박과 의인화 사이의 연관성을 이해하지 못했을 때는 참 특이한 의식이라고 생각했으나 지금은 나도 의인화된 사물과 헤어지는 데 도움이 되는 중요한 단계가 될 수 있으리라 생각한다.

'어떤 것을 사랑한다는 것'은 인간의 뇌가 사랑과 유대감을 같은 인간에게만 제한하고 있음에도 불구하고 사물과 따뜻한 감정적 연결을 맺고 있음을 의미한다. 이런 애착이 형성되려면 우리가 사물과 맺는 기본값인 냉랭하고 실용적인 관계가 따뜻하게 데워져야 한다. 의인화는 우리의 첫 번째 관계 난로다. 사물을 사람으로 위장

함으로써 관계를 따뜻하게 만든다.

　사물을 의인화하면 그것과 가까운 관계를 맺고 있다고 느끼기 쉽다. 이 같은 감정은 사랑을 구성하는 매우 중요한 요소다. 하지만 사람처럼 생기거나 말하지 않아도 우리는 여전히 사물과 긴밀한 관계를 형성할 수 있는데, 이에 대해서는 다음 장에서 알아보자.

사고 싶어지는 법칙②

사물과
특별한

관계를
맺게 하라

3

"난 관계라는 단어를 좋아하지 않는다.

그게 대체 무슨 뜻인지도 모르겠다."

— 론 실버 **Ron Silver**, 1946~2009

관계relationship는 우리가 흔히 사용하는 단어지만 어떤 이들은 그 의미를 정의하기 어려워한다. 물건이나 활동과 '관계를 맺는다'라고 표현하면 혼란은 더욱 가중된다. 3장에서는 관계가 무엇인지 이해하지 못하면 사랑을 이해할 수 없는 이유를 설명하고 인간의 삶에서 취미나 신발 등 다른 많은 것과 관계를 맺고 있다는 것이 실제로 어떤 의미인지 살펴본다.

사고 싶어지는 법칙②: 사물과 특별한 관계를 맺게 하라

사랑을 분석하라

사랑이 감정이라는 주장에 아마 거의 모든 이들이 동의할 것이다. 동의하지 않는 이들이 있다면 사랑을 연구하는 과학자들뿐이다. 이를테면 사랑 연구 분야의 최고 스타인 헬렌 피셔, 아서 아론, 루시 브라운은 '사랑이란 특정한 감정이 아니라 다양한 감정으로 이어지는 목표지향적 상태'라고 표현했다.[1] 분명히 말해 두지만, 사랑이 감정적 경험임을 부인하는 사람은 없다. 하지만 사랑을 연구하는 학자 대부분은 사랑을 분노나 기쁨, 두려움 같은 특정한 하나의 감정으로 여기지 않는다.

사랑이 감정이 아니라는 주장의 근거는 두 가지다. 첫째, 사랑은 너무 오래 지속된다. 감정은 대체로 몇 분 또는 몇 시간 정도 유지되지만 사랑은 종종 몇 년 혹은 평생 지속될 수도 있다.

둘째, 사랑은 '하나'의 감정이라 하기엔 너무 복잡하다. 만일 당신이 비디오 게임 콘솔을 사랑한다면 그것을 잃어버리는 생각을 하는 것만으로도 슬플 것이다. 새 게임을 사야겠다고 생각하면 기대감에 마음이 부풀어 오를 것이다. 예전에 했던 오래된 게임을 떠올리면 향수를 느낄 것이고 게임을 할 때는 차례대로 열중하고, 실망하고, 좌절하고, 우쭐해질 것이다. 연구자 사라 브로드벤트[2]는 스포츠 팀을 사랑하는 일부 사람들이 사랑에 분노가 필요하다고 믿는다는 사실을 발견했다. 이 필사적인 스포츠 팬들의 입장에서는 응원하는 팀이 졌을 때 선수들의 형편없는 플레이에 화가 나지 않는다면 그 팀을 진정으로 사랑하는 게 아니다. 사랑은 이 모든 감정이 복합적으로 뒤섞여 있기에 특정한 하나의 감정일 수가 없다.

그러나 사랑이 '감정'이라고 주장하는 다른 저명한 학자들도 있다.[3] 연구에서 사람들에게 얼마나 자주 '사랑을 느끼는지' 물었을 때, 질문을 이해하지 못한 응답자는 아무도 없었다. 우리가 사랑이라고 부르는 것에 해당하는 특정한 감정이 존재하지 않는다면 응답자들은 그 질문에 혼란스러워하지 않았을까?

두 주장 모두 진실의 요소를 포함하고 있되 완전하다고는 할 수 없다. 영어의 다른 모든 단어처럼 **사랑**love은 여러 의미를 지닌다. 하나는 감정이다. 사랑은 매우 깊고 강한 애정의 한 형태로, 뇌에서 분비되는 옥시토신과 관련이 있다. 신경전달물질이자 호르몬인 옥시토신은 성욕과 모유 수유, 신뢰, 공감 그리고 개인적인 친밀한 관계와 연관되어 있어 '포옹 물질'이라고도 불린다. 이 강한 애정은 다른 모든 감정과 마찬가지로 그리 오래가지는 못한다. 이러한 감정은 종종 누군가 사랑스러운 행동을 하는 것을 봤을 때 발생하는데, 내 아내의 말을 빌자면 '사랑이 샘솟는' 기분을 경험하게 된다. 가슴 깊은 곳에서 거품이 퐁퐁 솟아나는 느낌과 더불어(그래서 사람들이 사랑이 심장에서 비롯된다고 생각하나 보다) 고개를 한쪽으로 살짝 기울이면서 과학자들이[4] '귀여움 표현'이라고 부르는 "아우우"하고 신음하고 싶은 충동을 느끼는 것이다. 사랑의 감정은 흔히 귀여운 아이나 동물과 결부되지만, 성인이 사랑을 표현하거나 유독 사랑스러운 행동을 할 때면 성인에게도 느낄 수 있다.

이런 애정 어린 감정으로서의 사랑은 사물과의 관계에서는 매우 보기 드물다. 작은 실험을 하나 해 보자. 각별히 사랑하는 어린 아이를 떠올리며 그 아이가 귀엽고 사랑스러운 행동을 한다고 상상해 보라. 그러면 가슴 깊은 곳에서 사랑이 샘솟는 것을 느낄 수 있을 것이다. 이제 당신이 사랑하는 사물에 대해 생각해 보라. 자동차나 정원, 음악, 댄싱 또는 스포츠 팀이든 뭐든 좋다. 그런 다음 어떤 기분이 느껴지는지 잘 생각해 보라. 사랑하는 것을 떠올리면 입가에 절로 미소가 피어날 수는 있지만 적어도 아이를 생각할 때처럼 사랑의 감정이 솟구치지는 않을 것이다. 만일 똑같은 사랑을 '느꼈다면' 지금 생각하고 있는 것이 귀여운 동물이나 인형, 아니면 어떤 사람의 사진일 확률이 높다. 예외 없는 법칙은 없는 법. 동물, 인형, 사진은 진짜 사람이 아니나 뇌가 그런 것들을 사람처럼 취급하기 때문이다. 이는 사랑이라는 감정이 사람과 강하게 연결되어 있고 사물로는 쉽게 이전되지 않는다는 사실을 강화한다.

사랑이라는 단어는 또 다른 의미를 지닌다. 사랑을 연구하는 학자들이 사랑은 감정이 아니라고 말할 때 가리키는 바로 그 사랑이다. 사랑이란 우정과는 비슷하고 적대관계와는 정반대에 있는 일종의 관계 유형이다. 관계로서의 사랑은 다른 인간관계처럼 수십 년간 지속될 수 있고, 좋거나 나쁜 일을 통해 더 깊어지거나 얕아질 수 있다. 그리고 감정 이상의 것들을 포함한다. 예를 들어 사랑은 사랑의 대상에게 좋은 일을 해 주고, 사랑의 대상에 대해 긍정적인 생각을 하고, (종종 무의식적으로) 사랑의 대상을 자신의 일부로 보는 것을 의미한다.

사랑이라는 관계와 사랑이라는 감정이 모두 사랑이라고 불린다는 사실은 둘 사이에 강한 연관성이 존재한다는 것을 암시한다. 이 주제에 관한 연구가 있다는 소식은 아직 듣지 못했지만, 아마도 어떤 것 또는 누군가에게 사랑이라는 감정을 느끼면 사랑이라는 관계를 맺고 싶어지는 것일 테다. 그러나 사랑 관계와 사랑 감정이 항상 일치하는 것은 아니다. 첫째, 우리는 사랑하지 않는 것에 대해서도 사랑의 감정을 느낄 수 있다. 나한테는 귀여운 새끼 고양이가 그렇다. 둘째, 모순되게 들릴지도 모르겠지만 사람은 사랑이라는 특정한 감정을 느끼지 않을 때도 사물이나 사람에 대해 사랑을 느낀다. 보통 어떤 것 혹은 누군가에게 사랑을 느낀다고 말할 때 사람들은 사랑의 대상에게 좋은 일이 생겼을 때 함께 기뻐하고, 나쁜 일이 생겼을 때는 공감하고 안타까워하며, 대상이 주변에 없을 때는 그리움을 느끼고 때로는 다시 돌아올 것이라는 기대감에 가슴 벅차하고, 특히 성적인 사랑 관계일 때에는 성욕을 느낀다.

사람들이 사랑하는 것에 대해 말할 때 사용하는 **사랑**이라는 단어는 감정보다는 이러한 관계를 가리킨다. 따라서 내가 사용하는 **사랑**이라는 단어 역시 감정을 의미한다고 딱히 언급하지 않는 이상 보통은 사랑 관계를 의미하는 것이다. 나아가 사랑이 우리가 사물과 형성할 수 있는 수많은 관계 중 하나일 뿐이라는 사실을 언급해 두고 싶다. 여기에 대해서는 보스턴대학교의 수전 포니어[5]의 연구가 유명하다.

무언가를 사랑한다는 것은 그것과 특별한 관계 유형을 맺고 있음을 의미한다. 따라서 우리는 이 관계를 주의 깊게 살펴보아야 할 필요가 있다.

양방향 관계를 만들어라

　객관적으로 볼 때 사람을 사랑하는 것은 대개 양방향 관계인 반면 사물에 대한 사랑은 일방적인 관계다. 그러나 주관적 느낌으로는 항상 그런 것은 아니다. 매슈 톰슨과 앨리슨 존슨[6]이 수행한 연구의 경우 실험 참가자의 3분의 1은 본인과 낭만적 파트너 또는 친구와의 관계, 다른 3분의 1은 서비스 제공자(예: 의사나 미용사), 그리고 나머지 3분의 1은 브랜드(예: 애플이나 코카콜라)와의 관계에 대해 묘사하는 과제를 수행했다. 그런 다음 참가자들은 'X와 나의 관계는 상호적이다'와 같은 진술에 얼마나 동의하는지 알아보는 설문에 참여했다. 이는 그들이 그러한 관계를 일방적으로 느끼는지 아니면 양방향으로 느끼는지를 조사하기 위한 것이었다. 조사 결과 사람과 사람의 관계와 사람과 사물의 관계 사이에 유의미한 차이는 **발견되지 않았다**. 사람을 사랑하는 것과 사물을 사랑하는 것 사이에 차이가 없다는 의미가 아니다. 다만 이 결과는 두 가지 관계 유형이 생각보다 많은 공통점을 갖고 있음을 시사한다. 이처럼 다소 뜻밖으로 느껴지는 결과가 도출된 이유는 두 가지다. 첫째, 같은 인간과의 사랑도 항상 양방향인 것은 아니다. 사람이 타인에 대해 애정을 느낄 때의 약 40퍼센트는 상호작용이 아니라 일방적인 생각에 불과하다.[7] 실제로 상대가 사랑에 보답하는 관계라 할지라도 상대에 대해 생각하고 애정이 샘솟는 것을 느끼는 바로 그 순간의 관계는 사실 일방향이다. 나아가 파트너에 대한 믿음과 관련된 연구에 따르면 커플은 서로 다른 두 개의 관계가 존재하는 듯 서로에 대해 각각 다른 인식을 가진다.[8]

둘째, 사물에 대한 우리의 사랑은 실제보다 더 양방향적으로 느껴질 수 있다. 사랑의 대상과 양방향적 관계를 맺고 있다는 느낌은 보통 의인화에서 비롯된다. 하버드 경영대학원 문영미 교수[9]는 컴퓨터가 사용자에게 자신에 관한 약간의 정보를 제공할 경우(예: 프로세서 속도), 사용자 역시 보답으로 개인적이고 친밀한 정보를 제공해 준다는 사실을 발견했다. 그러나 사랑의 대상이 특별히 의인화되지 않았을 때조차 사람들은 양방향적 관계를 맺고 있다고 느끼곤 한다. 의인화되지 않은 사물이라도 반응성과 정서적 위안을 제공하면 양방향적 관계를 맺고 있다는 주관적 느낌을 초래할 수 있다.

반응성

　반응성은 사람들이 서로에게 관심을 쏟고 재빨리 반응하는 것을 가리킨다. 반응성은 부부 사이에 강한 유대감을 만드는 중요한 요소이며[10] 동물 연구를 통해 쥐들 사이에서 높이 평가받는 매력으로 이어지기도 한다는 사실이 드러났다.[11] 사람들이 비영리단체를 사랑하거나 좋아하는 제품을 만드는 회사를 사랑할 때, 반응성은 고객의 관심과 요구에 대해 조직이 얼마나 빠르고 민감하게 대응하는가로 해석되기도 한다. 연구 결과[12] 나는 이런 반응성이 남성과 여성 양쪽 모두에게 중요하다는 사실을 발견했다. 그러나 마케팅 교수 알록파나 몽가의 소비자와 브랜드의 관계에 관한 흥미로운 연구[13]에 따르면 남성보다 여성이 브랜드의 반응성을 더 중요하게 여긴다. 소비자들이 조직이나 단체를 사랑하는 이유는 조직이 그들에게 반응하기 때문이다. 즉 조직에서 일하는 사람들이 소비자와 소비자의 필요에 관심을 기울이기 때문이다. 동물도 우리에게 관심을 주거나 무시하곤 한다(예를 들어 개를 키울 때 가장 좋은 점은 이들이 우리를 보면 진심으로 좋아하며 행복해한다는 것이다). 하지만 우리가 사랑하는 것들은 대부분 관심과 애정을 되돌려줄 수 없는 사물들이다. 그렇다면 이런 관계에서 반응성은 무엇을 의미할까? 한 뮤지션이 업라이트베이스를 연주한다고 치자. 베이스에 활을 대고 움직이면 현이 반응하며 진동한다. 뮤지션은 현에서 나는 소리를 들으며 손가락을 짚고 활을 움직여 다시 새로운 운율을 만들어 낸다. 이렇게 연주하는 사람과 악기가 주고받는 '대화'는 강력한 관계감을 형성한다. 한 베이스 연주자가 그의 악기에 대해 말하는 것을 들어 보자.

> 업라이트 한 대를 갖고 있어요. 정말 아름다운 물건이죠. 난 현이 진동하는 걸 느낄 수 있어요. 우린 아주 오랫동안 가까운 사이였고…, 음악을 연주한다는 건 굉장히 개인적이고도 은밀한 경험이죠. 그런 점에서 이 베이스는 내 진정한 파트너고요.

감정적 위안

우리는 머리로는 사물이 사랑을 느끼지 못한다는 것을 알지만 때로는 사랑의 대상이 우리의 애정에 보답한다는 느낌을 받곤 한다. 어떤 사람이 감정적 위안을 준다면 우리는 그들과 친밀감을 키우고 그들이 우리를 사랑한다는 표시라고 여긴다. 마찬가지로 사물이 감정적 위안을 준다면 우리는 그것이 우리를 사랑한다거나 양방향적 관계에 있다는 느낌을 받는다. 예를 들어 아이들은 동물인형에게서 마음의 위안을 얻기 때문에 애정을 되돌려받는다고 느낀다. 나이 들어 곰 인형을 졸업한 후에도 우리는 여전히 음식이나 TV, 음악, 술, 책 그리고 자연처럼 다양한 것에서 위안을 찾는다.

안정성을 느끼게 하라

사람은 때로 비판을 퍼부을 수 있지만 초콜릿칩 쿠키는 절대로 당신을 비난하거나 거부하지 않을 것이다.

나는 여자친구에게 차였을 때 사랑하는 컴퓨터에 열중하며 마음의 위안을 얻은 사람과 인터뷰를 한 적이 있다. 그는 컴퓨터는 절대로 자기를 버리고 떠나지 않는다는 장점이 있다고 말했다. 실제로 애착을 연구하는 조디 웰런과 동료들[14]은 대인관계에 불안해하는 사람일수록 브랜드와 밀접한 관계를 형성할 가능성이 높다는 사실을 발견했다.

이러한 특성은 반려동물과의 관계에서도 흔히 볼 수 있다. 내가 인터뷰한 어떤 사람[15]은 "동물은 내가 하는 일에 절대로 딴지를 걸지 않아요. 나한테 무조건적인 사랑을 주죠……. 그건 정말 커다란 만족감을 줘요"°라고 말했다. 하지만 모두가 그렇게 느끼는 것은 아니다. 나는 몇 년 전 〈디어 애비Dear Abby〉 독자 상담 칼럼에 실린 편지를 읽고 깊은 인상을 받았다. '델라웨어에 사는 래리' 씨가 자기 고양이가 옆집 사람을 너무 좋아해서 질투가 난다는 사연이었다. 그는 고양이가 옆집 사람에게는 애교를 부리며 가르랑거리지만 자기한테는 그러지 않는다고 불평하면서 고양이가 바람을 피우고 있다고 결론 내렸다. 애비는 만일 고양이가 그의 이웃과 사랑에 빠졌다면 그가 할 수 있는 일은 아무것도 없으니 그냥 현실을 인정하고 받아들이는 게 좋을 것이라 충고했다.

우리를 거부할 수 있는 것은 동물뿐만이 아니다. 외롭거나 고립감을 느끼는 사람은 미용사나 바텐더, 외판원과 친구가 되는 경우가 많다. 그런 사람들은 자신을 거부하지 않을 것이라 느끼기 때문이다.[16] 그러나 서비스 제공자와 기업, 제품들이 항상 우리의 애정을 되돌려주는 것은 아니다. 마케터는 브랜드와 제품이 더욱 매력적으로 느껴지도록 때때로 '손에 넣기 힘들어' 보이게 하는 것을 좋아한다. 가장 흔한 방법은 해당 제품이 희귀하다는 인상을 주는 것이다. 가령 상품진열대 옆에 '1인당 2개 한정' 같은 문구를 붙여 특별히 저렴한 가격에 출시되어 제품 수량이 정해져 있다고 암시하는 식이다. 또한 마케터들은 오직 '최고'만이 그들의 제품을 가질

° 내 친구 제레미 우드는 죽은 사람과의 관계도 마찬가지일 수 있다고 지적했다. 그의 농담을 인용하자면, "나랑 우리 어머니 사이는 그분이 돌아가신 뒤에 훨씬 좋아졌어."

자격이 있으며 당신은 거기 해당하지 않을지도 모른다는 인상을 주는 것도 좋아한다. 컨트리클럽과 콘도는 가입 절차를 통해 구매자를 거른다. 대학은 높은 경쟁률을 과시해 명성을 강화한다. 연구에 따르면 대학은 나이트클럽과 흡사하다. 그들의 매력은 주로 문을 통과한 사람보다 거부당한 사람들에게서 비롯되기 때문이다.

명품 매장의 직원들은 손님 대다수에게 냉담하거나 나아가 거의 무례한 태도로 응대하기로 악명 높다. 마치 "이 브랜드를 가질 수 있는 건 매우 특별한 사람들뿐인데, 당신은 그만큼 돈이 많거나 유명하지 않을 것 같네요"라고 말이다. 이런 게 얼마나 흔한 일인지 처음 알았을 때, 나는 대단히 불쾌할 뿐만 아니라 매출을 떨어뜨려 회사에 막대한 손실을 입히는 끔찍한 관행이라고 생각했다. 그러나 서던메소디스트대학교의 모건 워드와 브리티시컬럼비아대학교의 대런 달[17]은 브랜드가 매우 비싸고 '동경'의 대상일 때(거창하고 특별한 과시), 직원에게 냉랭한 대우를 받더라도 그 자체로도 브랜드가 평소 그들의 수준을 능가한다는 의미이기에 더 간절히 원하게 된다는 사실을 발견했다.

포드는 이를 극단적인 수준까지 끌어올렸다. 회사는 한정 생산되는 50만 달러짜리 포드 GT 슈퍼카를 사고 싶어 하는 이들에게 구매신청서를 제출할 것을 요구했고, 1350대의 차량에 대해 총 6500건의 신청서가 접수되었다. 만일 구매신청자가 유명하고, 소셜미디어 팔로워가 많고, 유명한 자동차 애호가이며, 자신의 차를 여러 자동차 전시회에 공개하고 투자용으로 차고에 모셔 두는 게 아니라 정기적으로 사용하기로 약속한다면 구매 승인을 받을 수 있었다.

이처럼 선택받은 소수만의 클럽에 접근할 수 있는 상품으로 가장 흔한 사례는 항공사의 상용고객 우대 제도일 것이다. 비행기를 자주 이용한다면 전용 연락번호, 짧은 대기시간, 화려한 라운지, 좋은 좌석 그리고 더 많은 상품 등 항공사와 특권 어린 관계를 맺을 수 있다. 자랑스러운 건 아니지만 시스템적으로 이런 '엘리트'가 된다는 게 솔직히 기분 좋은 일이라는 건 인정해야겠다. 한번은 항공사 실수 때문에 내 여행 가방이 심하게 찌그러져 금속 프레임이 완전히 망가진 적이 있다. 서비스 데스크에 갔더니 직원이 손상된 부분이 손잡이이고 항공사는 가방의 손잡이를 보증하지 않기 때문에 여행 가방을 보상해 줄 수 없다고 말했다. 그런데 그때 직원의 전화가 울렸다. 그가 전화를 받더니 옆 직원에게 말했다. "아무개 씨인데 여행 가방이 손상됐대요." 그러자 옆 직원이 대답했다. "그분은 '골드 등급' 회원이세요. 새 가방으로 교체해 드리세요." 나는 입을 쩍 벌렸다. 그리곤 서둘러 회원 카드를 꺼내 보여 주며 나도 골드 등급이라고 말했다. "왜 진즉에 말씀 안 하셨어요?" 서비스 직원이 말하더니 나를 데스크 뒤쪽으로 안내해 바닥부터 천장까지 고급 새 여행 가방이 쌓여 있는 창고로 데려갔다. "아무거나 마음에 드는 걸로 가져가세요." 그가 말했다.

직원이 차갑게 대하거나 자동차 브랜드가 우리를 거부하면 대상과의 관계가 더 이상 안정적으로 느껴지지 않을 수 있다. 유혹적이지만 몸에는 안 좋은 정크푸드처럼 신체적으로 해로울 때도 그렇다. 한편 사람들은 그러한 대상에게서도 편안함을 얻을 수 있다고 느낀다. 동시에 그런 사물이 해가 될 수 있다는 것도 알며, 어떤 이들은 사물과 학대적인 관계에 있다고 느끼기도 한다.

흥미롭게도, 박사과정 학생인 줄리아 허와 동료들[18]의 연구에 따르면 의인화된 과자(가령 사람 얼굴이 그려진 쿠키)는 다이어트를 하는 사람들을 유혹에 더 쉽게 굴복하게 만든다. 허의 연구에 참가한 모든 실험 참가자는 다이어트 중이었다. 일부는 '이것은 쿠키입니다'라고 적힌 쪽지와 함께 평범한 쿠키를 받았고 다른 일부는 '안녕하세요, 저는 미스터 쿠키랍니다'라고 적힌 쪽지와 함께 사람 얼굴이 그려진 쿠키를 받았다(아래 사진 참조). 참가자는 원하는 만큼 쿠키를 실컷 먹을 수 있었는데, '미스터 쿠키'를 받은 사람들이 평범한 쿠키를 받은 사람들보다 쿠키를 더 많이 먹었다. 이유가 뭘까? 미스터 쿠키를 받은 이들은 '그'가 쿠키를 먹으라고 권했기 때

안녕하세요, 저는 미스터 쿠키랍니다.　　　이것은 쿠키입니다.

문에 자신의 방종한 행동에 부분적으로 그의 책임이 있다고 느꼈다. 대부분은 무의식적으로 미스터 쿠키를 희생양으로 삼았지만 놀랍게도 몇몇 사람은 자신이 그런 선택을 한 데 대해 전적으로 미스터 쿠키를 탓했다.

늘 곁에 두는 것들의
비밀

나는 인터뷰를 할 때 가끔 사랑하는 것에 순위를 매기고 왜 그
것을 다른 것보다 더 사랑하는지 이유를 설명해 달라고 요청한다.
다음은 가장 전형적인 대답들이다. 그중에서도 가장 흔한 대답은
무엇일 것 같은가?

- A. 컴퓨터보단 전화기를 더 사랑해요. 전화기는 늘 완벽하게 작동
  하는데 컴퓨터는 가끔 말썽을 부리거든요.
- B. 컴퓨터보단 전화기를 더 사랑해요. 컴퓨터는 하루에 겨우 세
  시간 정도밖에 안 쓰거든요.
- C. 컴퓨터보단 전화기를 더 사랑해요. 케이스도 멋지고, 또 사람들
  도 늘 칭찬해 주니까요.

전부 중요한 의미가 있지만, 이 가운데 가장 일반적인 대답은 압도적으로 B다. 이는 사람들이 어떤 것에 대해 느끼는 사랑과 그것을 사용하는 데 쓰는 시간을 동일시한다는 것을 의미한다. 특이하지 않은가? 주목할 점은 한 여성이 전에는 자신의 아이팟을 사랑했으나 더는 사랑하지 않는다고 대답했다는 부분이다. 이유가 뭐냐고? 아이팟에 변화가 있었다거나 더 사랑하는 무언가를 찾았기 때문이 아니다. 그저 새 직장에 취직하게 되어 긴 통근 대신 짧은 산책을 하게 되었고, 아이팟을 사용하는 시간이 줄었기 때문이다. 사랑하지 않기 때문에 사용하지 않는 게 아니라 사용하지 않게 되었기 때문에 사랑하지 않게 된 것이다. 이게 어떤 의미일까?

내가 이 주제와 관련해 깨달음을 얻은 것은 '관계 친밀성 척도'라는 질문지를 읽었을 때였다.[19] 이는 연구자가 두 사람이 얼마나 친밀한 관계인지 측정할 때 사용하는 도구다. 예를 들어 질문지는 친구와 얼마나 가까운 관계인지 판단하기 위해 응답자와 친구가 평균적으로 하루에 얼마나 많은 시간을 함께 보내는지 묻는다. 그러자 모든 게 이해되기 시작했다. 사람들이 사랑하는 대상과 보내는 시간을 이야기하는 것은 그 관계가 얼마나 친밀하다고 느끼는지 나타내려는 것이다. 이는 하와이대학교 교수 일레인 햇필드와 리처드 랩슨[20]이 제시한 사랑의 정의를 연상케 한다. 그들은 사랑이란 "우리의 삶과 깊숙이 얽혀 있는 이들에게 느끼는 애정과 다정함"이라고 정의했다.

이 개념은 잡동사니를 처분할 때 무척 유용하다. 어떤 것을 버려야 한다는 것을 알지만 감정적 연결 때문에 힘들다면 1년 정도 눈에 보이지 않는 곳에 치워 둬라. 상호작용이 중단되면 감정적 연결도 희미해지고, 그러면 단념하기가 훨씬 쉬워진다. 우리가 사랑하는 것들은 떨어져 있다고 그리움이 더해지지 않는다. 오히려 더 무심해진다.

도덕적 의무?

사람들이 서로를 대하는 행동 방식을 규정하는 것은 인간관계의 주요한 속성 중 하나다. 예를 들어 고용주와 고용인의 관계에서 고용주가 직원에게 무급으로 일하도록 요구한다면 사회 규범에 위반되는 일이다. 하지만 친구 사이에 아무것도 공짜로 해 줄 생각이 없다면 그들은 진짜 친구가 아니다. 다양한 관계 유형 중에서도 가장 강한 의무감이 기대되는 유형은 사랑 관계다. 자신이 사랑한다고 주장하는 사람을 위해 어려운 희생을 기꺼이 감수할 의향이 없다면 그것은 사랑이 아니다.

그렇다면 이런 속성이 사물에 대한 사랑에도 해당할까? 사람들은 사랑하는 것에 대해 의무감을 느끼는가? 또는 반대로 그들의 특별한 관계를 바탕으로 자신 역시 사랑의 대상으로부터 특별 대우를 받아야 한다고 느끼는가?

이타주의와 투자를
구분하라

투자(나중에 더 많은 것을 얻기 위해 지금 무언가를 포기하는 것)와 이타주의(누군가를 돕기 위해 지금 무언가를 포기하는 것)는 다르다. 사람들은 그들이 사랑하는 것에 많은 시간과 노력, 돈을 투자한다. 내가 인터뷰한 어떤 사람은 사랑하는 베이스에 대해 "그 악기를 연주하고 함께 일하기 위해 많은 것을 희생했다"라고 말했다.[21] 하지만 이런 종류의 희생은 투자다. 미래에, 예를 들어 악기를 능숙하게 연주할 수 있게 되었을 때 지금껏 치른 희생에 대해 보상받으리라 기대하기 때문이다.

사람을 사랑할 때 우리는 그들과의 관계를 강화하고 유지하기 위해 시간과 에너지를 투자하고, 앞으로 계속해서 그 관계를 누림으로써 투자를 회수할 수 있길 바란다. 하지만 또한 우리는 보상에 대한 뚜렷한 기대가 없을 때도 타인을 위해 이타적인 희생을 한다. 이건 좋은 일이다. 부모가 매일 같이 이타적인 마음으로 자녀들을 보살피지 않는다면 아이는 결코 어른이 될 수 없을 테니 말이다. 그러나 이런 종류의 이타적 희생은 사랑하는 사물과의 관계에서는 매우 드물다. 우리는 대개 사물에 대해서는 사람과 동등한 수준의 도덕적 의무를 느끼지 않으며, 내가 보기에 이는 완벽하게 타당한 일이다. 사람을 사물처럼 취급하는 것은 비윤리적이나 사물을 사물처럼 취급하는 것은 아무 문제도 없기 때문이다. 사물을 위해 이타적 희생을 할 가능성은 사람을 위해 희생할 가능성보다는 적지만 그런 일이 실제로 가능하기는 하다. 자연환경을 보호하기 위해 관광이나 개발을 반대하는 환경운동가를 생각해 보라. 설사 그 지역을 방문하지 못하게 되더라도 그들에게는 생태계가 온전하게 유지되는 것이 훨씬 더 중요하다. 다른 흥미로운 예시는 스탠퍼드대학교의 아루나 랑가너선[22]이 제시한 것으로, 장인들이 자신이 만든 공예품을 소중히 다루어 주길 바라며 잠재 구매자에게 할인해 주는 경우다. 그들은 사랑하는 작품들이 좋은 집에 가게 하기 위해 약간의 금전적 이득을 희생한다.

충성 고객은 어떻게 생기는가

보통 낭만적 사랑은 한 사람에게만 충실한 정절을 동반한다. 브랜드에 대한 사랑도 그럴까? 적어도 인터넷에 "내 (소비자) 인생에서 가장 오랜 관계를 배신하는 초기 단계에 와 있다. 나는 애플을 배신했다" 같은 글을 올리는 사람들은 그렇게 생각하는 듯하다. 반면에 위의 글에 "'애플을 배신했다'라는 말 자체가 너무나 한심하다"라는 댓글을 남긴 이들은 사람이 아닌 물체나 브랜드에 대해서는 정절의 의무를 지킬 필요가 없다고 생각한다.

한심하든 그렇지 않든, 실제로도 많은 이가 사랑하는 브랜드와 일부일처 관계를 맺고 있다고 여긴다. 브랜드를 배신한다는 것은 둘 중 하나를 뜻할 수 있다. 어떤 이들은 경쟁 브랜드를 구매하는 것이 배신행위라고 생각한다. 또 다른 이들은 사랑하는 브랜드에 충실하다는 것은 그저 구매 시 그 브랜드를 가장 먼저 고려하는 것뿐이며 마음에 드는 물건을 찾을 수 없다면 다른 브랜드 제품을 구매해도 괜찮다고 생각한다.

파트너를 배신하고 바람을 피우는 것과 관련해 나는 한 여성이 남편이 매력적인 여성에게 눈길을 주는 것에 대해 이렇게 말하는 것을 들은 적이 있다. "그 사람 취향이 어떻든 상관없어요. 집에서 먹기만 한다면 말이죠." 기업도 충성 고객에게 이와 비슷한 태도를 보이는 것이 현명할지 모른다. 마케팅 교수 이레네 콘시흘리오와 동료들[23]은 많은 경우에 X 브랜드의 충성 고객이라고 생각하는 사람들이 Y 브랜드에 감탄하거나 샘플을 써 보는 등 가끔 '추파를 던지지만', Y 브랜드로부터 깊은 인상을 받더라도 오히려 X 브랜드에 대한 끌림이 증가한다는 사실을 발견했다.

이월효과가 소비자에게
미치는 영향

    인간이 다른 사람과 사회생활을 하기 위해 진화한 행동이 사물과의 관계에 적용되거나 혹은 그 반대인 경우, 나는 이를 '이월효과'라고 부른다. 가령 오스카 이바라, 데이비드 승재 리, 리처드 곤잘레스[24]에 따르면 사람들은 낭만적 관계에 불안감을 느끼거나 감정적 지지를 받지 못하고 있다고 느낄 때 더 나은 연애 상대를 찾아 '쇼핑'을 하고 싶어 하며, 나아가 실제 쇼핑 시에도 더 다양한 제품—낭만적 관계와는 아무 관련이 없는 물건일지라도—을 고려한다는 사실을 발견했다.

    또한 크리스티나 듀랜트 교수와 애슐리 레이 아세나 교수[25]는 가임기 여성이 호르몬 변화 때문에 주변의 매력적인 남성에게 평소보다 더 끌림을 느낀다는 사실을 밝혀냈다. 이는 다시 사물과의 관계로 이어져 이러한 여성들은 평소보다 더 다양한 제품군을 살펴보게 된다. 그러나 가임기 기혼 여성에게 결혼반지를 뺐다가 다시 끼어 보라고 요청하면 혼약의 정절에 대해 상기하게 되고, 이는 역시 쇼핑 취향으로 이어져 다양한 제품을 둘러보고자 하는 관심이 감소한다.

이러한 이월효과는 구매를 고려하는 제품의 범위뿐만 아니라 평소 매력적으로 느끼는 브랜드 유형에도 영향을 끼친다. 소비자는 종종 재미있고, 근사하고, 특이하고, 착하고, 공격적이고, 비열하다는 등 브랜드마다 독특한 '성격'이 있다고 여긴다. 이런 성격적 측면에서 브랜드는 대개 두 가지 유형으로 분류된다. 바로 착실한sincere 브랜드와 짜릿한exciting 브랜드다.[26] 소비자는 홀마크Hallmark 같은 브랜드를 착실하다고 인식하는데, 즉 이 브랜드가 따뜻하고, 다정하고, 가족 중심적이고, 보통 전통적이란 의미다. 광고에 결혼식, 가족 모임, 국기, 우는 사람들, 향수, 귀여운 아이들, 귀여운 강아지 또는 뭐든 귀여운 게 등장한다면 이 광고는 브랜드에 착실한 성격을 부여하려는 것이다. 한편 소비자는 포르쉐, 라스베이거스의 벨라지오 리조트나 카지노 같은 브랜드를 짜릿한 브랜드라고 생각한다. 다시 말해 이 브랜드는 재미있고, 젊고, 에너지가 넘치며, 때로는 반항적이라는 의미다. 광고에 빠른 속도로 질주하는 자동차와 춤추는 팝스타, 헐벗은 차림의 모델 또는 절벽에서 뛰어내리는 사람이 나온다면 이는 브랜드에 짜릿한 성격을 부여하기 위한 것이다.

이처럼 착실한 브랜드와 짜릿한 브랜드는 데이트 시장에서 만

날 수 있는 사람들의 두 가지 유형과도 일치한다. 매력적이지만 늘 믿고 기댈 수 있는 존재는 아닌 짜릿한 브랜드는 섹시한 '화끈남녀' 또는 보스턴대학교 수전 포니어의 말을 빌자면 '불장난^{fling}' 상대다.[27] 반면에 착실한 브랜드는 놓치면 안 될 '배우자감^{keeper}'이다. 심장이 미친 듯이 두근거리게 만들진 않아도 장기적 보상을 제공하는 관계인 것이다. 포니어와 그의 동료인 제니퍼 아커, S. 애덤 브라셀은[28] 소비자와 짜릿한 브랜드의 관계가 재빨리 불이 붙었다가 재빨리 시드는 불장난처럼 보이는 경향이 있음을 발견했다. 대조적으로 소비자와 착실한 브랜드와의 관계는 장기 연애처럼 시간이 지날수록 더 깊어지는 경향이 있다.

하지만 여기서부터는 조금 이상해지기 시작한다. "연인들의 다툼은 사랑을 되살린다"º라는 말이 있다. 이 말이 사랑하는 사물에도 적용될 수 있을까? 소비자가 브랜드와 좋지 않은 경험을 할 경우(예: 제품 고장이나 형편없는 고객 서비스), 착실한 브랜드와의 관계에는 금이 갈 수 있으나 짜릿한 브랜드와의 관계는 연인들의 다툼처럼 도리어 다시 활기를 북돋을 수 있다. 이는 착실한 • 배우자감 브랜드라면 애초에 문제가 발생하지 않아야 한다는 소비자의 믿음에서 기인하는 것으로 보인다. 반면에 짜릿한 • 불장난 브랜드와의 관계에서는 문제가 있다는 게 별로 놀랍지 않고, 오히려 문제가 해결되는 것이 더 놀랄 일이다. 이런 경우 사람들은 짜릿한 • 불장난

º 이 기지 넘치는 문장은 17세기의 프랑스 극작가 장 라신과 테렌티우스(희곡으로 유명한 기원전 2세기의 극작가)의 솜씨로 알려져 있다.

브랜드에 대해 문제가 아예 발생하지 않았을 때보다 문제가 발생하고 해결되었을 때 더 친근함을 느꼈다.

사람들이 짜릿하거나 착실한 브랜드와 공감하는 방식도 자신의 매력에 대해 얼마나 자신감을 가지고 있느냐에 따라 다르다. 데이트할 때 상대에게 거절당할까 봐 걱정하고 불안해하는 사람은 흔히 자신을 받아 줄 사람과 데이트를 하고 싶어 한다. 이와 일관된 결과로, 애착을 연구하는 바니사 스와미나탄과 동료들[29]은 데이트 관계에서 불안감을 느끼는 사람들이 브랜드계의 착한 남녀인 착실한 브랜드를 선호하는 경향이 있음을 발견했다. 반면에 상대방의 거절에 대해 크게 걱정하지 않는 이들은 헌신이나 친밀감을 불편해한다. 그들은 많은 헌신을 요구하지 않을 것 같은 '나쁜' 남자나 '나쁜' 여자를 선호하는 경향이 있다. 이 같은 데이트 상대에 대한 선호도는 사물에 대한 사랑에도 영향을 미쳐 이들은 브랜드계의 나쁜 남자와 나쁜 여자인 짜릿한 브랜드를 좋아하는 경향이 있다.

사회과학에 관심이 있는 독자들을 위해 한 가지 더 언급하자면, 이러한 이월효과는 휴리스틱 연구를 매우 흥미로운 방향으로 이끈다. 휴리스틱은 사람들이 의사결정을 내릴 때 사용하는 정신적인 지름길이다. 대부분은 합리적으로 올바른 선택에 근접하게 만들지만 때로는 매우 잘못된 결정을 내리게 한다. 이월효과는 사람들이 비합리적인 일을 하도록 유도할 수 있다는 점에서 휴리스틱과 비슷하다. 그러나 이월효과와 휴리스틱이 존재하는 이유는 각기 다르다. 휴리스틱은 뇌의 작업 부하를 줄이기 위한 것으로 우리 뇌의 용량이 한정되어 있기에 진화한 현상이다.[30] 반면에 이월효과는 그 배경이 다르다. 뇌의 수고를 덜기 위한 장치가 아니라, 인간의 뇌가 주로 사람을 다루기 위해 진화했고 사람에게 적합한 행동이 사물로도 이어지기 때문에 발생하는 것이다.

사랑이라는 정신적 틀이 대인관계에서 사물과의 관계로 확장될 때, 사랑의 대상과 함께하는 시간을 즐기는 것과 같은 사랑의 일부 특성은 사물이 대상일 때에도 동일하게 적용된다. 그러나 다른 특성들, 가령 상호작용 관계와 도덕적 의무를 느끼는 것과 같은 측면은 다소 다르다.

그럼에도 불구하고 사람이 사물을 사랑할 수 있는 이유는 우리의 뇌가 자연스럽게 은유적으로 사고하기 때문이다. 즉 사물과의 관계가 사람과의 관계와 완벽히 동일하지 않고 그저 비슷하기만 해도 사랑으로 간주될 수 있다는 의미다.

이러한 유사성은 부분적으로 사람에 대한 사랑이 일방적이라는 특성을 포함하고 있다는 사실에서 비롯된다. 가령 상대가 주변에 없을 때도 사랑의 감정을 느끼는 것이 그렇다. 사람에 대한 사랑과 사물에 대한 사랑이 유사한 이유는 또한 뇌가 은유적으로 사고하는 습관을 갖고 있기 때문이기도 하다. 예를 들어 앞에서 살펴본 것처럼 음악가의 악기는 뇌가—은유적으로 사고함으로써—대인관계에서 상호작용을 주고받을 때와 유사한 방식으로 반응한다. 더불어 우리가 어떤 사물을 사용하는 시간은 친밀감 수준을 의미하는 것으로 간주한다.

1장에서는 뇌가 사물을 사랑하려면 적어도 부분적으로 그것을 인간처럼 취급해야 한다는 점을 살펴보았다. 2장에서는 사물에 조금이라도 사람과 닮은 구석이 있어 뇌의 의인화 사고를 자극할 수 있다면 사물을 인간으로 취급할 가능성이 크다고 설명했다. 그러나 사람들이 사랑하는 많은 것들이 의인화와는 관련이 없다. 많은 이들이 제빵, 의류, 맥주처럼 인간처럼 생기지도 않았고 말하지도 않는 것들을 사랑한다. 다음 장에서는 뇌가 사물을 인간 또는 적어도 '인간적'인 것으로 인식하게 만드는 비의인화 방식들을 소개한다.

The
Things
We
Love

사고 싶어지는 법칙③

사람과 사람

사이를 연결하라

4

"그렇다. 바이올린에도 영혼이 있다. 다만

그것이 다른 사람에게서 비롯될 뿐이다."

— 앤 아키코 마이어스 Anne Akiko Meyers

비외탕 바이올린은 고유한 이름이 있을 정도로 특별한 악기다. 284년 된 이 바이올린은 약 1600만 달러에 팔렸을 당시 세계에서 가장 비싼 바이올린이었다. 바이올린의 소유주는 저명한 바이올리니스트인 앤 아키코 마이어스에게 비외탕을 빌려주었다. 마이어스는 이미 두 대의 스트라디바리우스 바이올린을 가지고 있었지만 한 인터뷰에서 그 바이올린을 "처음 연주한 순간 사랑에 빠졌습니다"라고 말했다.[1]

마이어스가 비외탕 바이올린을 사랑하는 가장 큰 이유는 물론 놀랍도록 다채로운 음색 때문이지만, 19세기 벨기에의 대표적인 바이올리니스트 앙리 비외탕―이 바이올린이 이름을 딴―을 비롯해 과거 이 악기를 연주한 모든 이들의 추억이 담겨 있기 때문이기도

하다. 마이어스는 이렇게 설명한다. "비외탕은 이 바이올린을 너무 사랑해서 같이 묻히고 싶어 했어요. 모든 바이올린에는 그 전의 연주자가 새겨 놓은 영혼이 담겨 있죠. 저는 이 바이올린에서 비외탕의 영혼을 느낍니다." 바이올린은 두 사람을 사슬처럼 서로 연결해 준다. 앤 아키코 마이어스↔비외탕 바이올린↔앙리 비외탕처럼 말이다. 저명한 소비자 연구자인 러셀 벨크[2]가 말했듯이 마이어스와 바이올린은 '사람-사물-사람' 관계를 형성하고 있다.

사물은 우리를 다른 사람뿐만 아니라 집단과도 연결해 준다. 이를테면 가보를 통해 가족과 연결되고 특정 브랜드의 물건을 소유함으로써 같은 브랜드를 가진 사람들과 연결되는 식이다. 문법적인 문제가 있긴 하지만 벨크가 고안한 '사람-사물-**사람**' 현상은 이런 '사람-사물-**집단**' 관계도 포함한다.

새 차를 샀는데 갑자기 어딜 가든 사방에 똑같은 모델의 자동차가 눈에 들어온 적이 있는가? 사람-사물-사람 연결기도 비슷하다. 일단 그게 존재한다는 사실을 알고 나면 지금껏 항상 그러한 것들에 둘러싸여 있었음을 깨닫게 된다.

몇 년 전 굉장히 인상적인 뉴스 기사를 접한 적이 있다.[3] 한 기자가 개발도상국의 가난한 판자촌을 지나가고 있었다. 그런데 작고 허름한 판잣집 흙바닥에 노란색의 새 고급 가죽 소파와 2인용 소파가 놓여 있는 게 아닌가. 주변 환경과 너무 어울리지 않는 모습에 기자는 호기심이 일었다. 알고 보니 그 집은 어머니를 잃은 세 형제의 집이었다. 어머니는 가게 진열장에 전시되어 있던 소파 세트를 보고 열렬한 사랑에 빠졌지만, 그것을 살 돈이 없었다. 어머니가 돌아가신 뒤 세 아들은 돈을 모아 어머니를 기리는 의미로 어머니가 사랑하던 가구를 구매했다. 이 이야기가 기억에 남은 이유는 기자가 이런 취지의 말을 덧붙였기 때문이다. "노란 가죽 소파 세트가 실은 어머니와 관련된 것이리라고 누가 짐작이나 했겠는가?"

기자의 놀라움은 충분히 이해할 만하다. 우리는 보통 사물과의 관계를 사람-사물 관계, 즉 한 사람과 한 사물이 연결된 관계로 생각한다. 그러나 내가 '벨크의 첫 번째 공리'[4]라고 부르는 것에 따르면, 사랑하는 대상과의 관계를 면밀히 들여다보면 거기에는 거의 항상 중요한 사람-사물-사람 관계가 있다. 사실 우리가 사물과 맺고 있는 관계 중 상당수가 실은 사물로 위장한 사람과의 관계다. 방금 말한 소파 이야기가 대표적이라 할 수 있다.

나는 사람-사물-사람 사슬의 중간에 있는 물체 또는 활동을 '사람 연결기'라고 부른다. "노란 가죽 소파 세트가 실은 어머니와 관련된 것이리라고 누가 짐작이나 했겠는가?"라는 기자의 수사적 질문에 대해 굳이 대답하자면 정답은 바로 사람들이 사랑하는 것에 대해 인터뷰 경험이 있는 연구자일 것이다. 사랑하는 사물에 관한 내 연구는 사람들이 특별하게 여기는 소유물에 관한 기존의 연구에서 시작되었다.[5] 실험 참가자들에게 가장 소중한 소유물이나 특별한 물건이 무엇인지 물었을 때, 그들의 대답은 주로 다른 사람들과 연결해 주는 추억거리였다. 해당 연구의 결론 중 하나는 '특별한 소유물'을 특별하게 만드는 것은 바로 사람과 사람을 연결해 주는 능력이라는 것이었다. 사람들이 집에 소장하고 있는 예술품에 관해 대화를 나눈 연구에서[6] 저자들은 놀랍게도 예술품에 대해 '프락시텔레스, 미켈란젤로, 로댕이 위대한 걸작을 만들어 낸 분야라는 등 경건하고 세련된 감성으로 접근해야 하는 신성한 기교'처럼 고상한 이야기를 하는 사람은 아무도 없었다는 말로 연구 결과를 요약했다. 그보다 사람들은 그런 작품들이 어떻게 가족이나 친구들을 떠올리게 하는지를 말했다.

내 연구에 따르면 사람들이 사랑하는 많은 것들은 대체로 사람 연결기다. 한 여성은 그의 아파트에서 사랑하는 물건들을 보여 주며 내게 이렇게 말했다.[7]

이건 할머니한테 물려받은 거랍니다. 이 단지는 원래 증조할머니가 쓰시던 거예요. 그분이 직접 만들고 손으로 그림을 그린 거죠. 솔직히 좀 못생겼다고 생각하지만 워낙 오랫동안 할머니 화장대에서 봤던 거라 그분 것으로 알고 자랐고, 그래서 늘 저절로 할머니가 떠오른답니다. 그래서 좋아하죠. 이건 내가 사랑하는 귀중품이에요. 결혼반지죠. 다른 사람들한테 선물 받은 것도 있고요. 귀걸이와 목걸이. 이건 옛날 남자친구가 준 시계예요. 이상하게도 난 아직도 이걸 사랑한답니다. 아, 그리고 이거! 내가 정말 사랑하는 것들이에요. 전부 나한테 깊은 의미가 있는 물건들이거든요. 이 작은 꽃병은 결혼 선물로 받은 거예요. 작은 난쟁이 인형은 선물로 받은 거고요. 대부분이 다 선물로 받은 거예요. 몇 개는 작년에 세상을 떠난 소중한 친구한테

받은 거고요. 그래요, 내가 이것들을 사랑하는 건 소중한 사람들과의
연결고리이기 때문이에요.

사람-사물-사람 관계는 사물에 관한 질문을 던졌더니 사람에
대한 응답이 돌아왔던 내 연구에서도 드러난다.[8]

나 이 은제 담배 케이스에 대해 말씀해 주십시오.

팸 그러려면 우리 아버지 이야기를 해야 하는데요….

나 컴퓨터는 어떤가요?

존 유럽에서 1년 정도 사귀었던 여자친구한테서 받은 건데….

나 앤티크 가구에 대해 이야기해 볼까요?

신디 우리 집은 원래 덴마크에서 미국으로 이주한 집안이거든요.

나 당신의 자동차에 대해 말씀해 주세요.

크리스 우리 부모님이…

나 스크랩북 만드는 것도 사랑하신다고요.

클레어 우리 애들이…

또 다른 연구에서 바니사 스와미나탄과 캐런 스틸리, 로히니 알

루왈리아[9]는 어떤 이들이 브랜드의 성격에 유독 큰 영향을 받는지 조사했다. 이들의 연구에 따르면, 소비자는 주변에서 자신을 사회적으로 매력적이게 보지 않을까 봐 우려할 때 불안감으로 인해 매력적인 성격을 가졌다고 생각하는 브랜드를 구매할 가능성이 크다. 이 결과는 사람들이 대인관계에서 불안감을 느낄 때 매력적인 사람-사물-사람 관계를 통해 이를 보완하고자 한다는 것을 의미하는 듯 보인다. 그러나 연구 결과 브랜드의 성격은 집안에서 사적으로 사용하는 치약이나 시계보다 신발처럼 공개적으로 볼 수 있는 제품일 때에만 영향을 끼친다는 사실도 밝혀졌다. 사회적으로 불안한 소비자가 정말로 사람을 대신해 브랜드와 사람-사물 관계를 맺고 싶었다면 혼자만 볼 수 있는 제품을 살 때도 브랜드 성격을 중요히 여겼을 것이다. 다른 사람이 주변에 있을 때만 브랜드의 성격을 중요하게 여긴다는 사실은 소비자가 제품과 사람 대신 관계를 맺으려 하는 것이 아님을 보여 준다. 이들은 그저 매력적인 브랜드를 사용하는 것을 남들에게 보여 줌으로써 인기를 얻고자 했을 뿐이다. 즉 브랜드를 통해 다른 사람과 관계를 맺고 연결되고 싶었던 것이다.

어떠한 사물이 사람 연결기의 역할을 하면 그것에 대한 감정도 변한다. 예를 들어 내가 모티 삼촌을 좋아한다면 삼촌이 준 내 생일 선물도 좋아할 것이다. 설령 내가 원했던 선물이 아니더라도 말이다. 그리고 페투니아 이모를 싫어한다면 이모가 나를 위해 특별히 골라 준 머그잔을 싫어할 것이다. 나는 이를 **사람-사물-사람 효과**

라고 부르는데, 이는 어떤 대상에 대한 감정이 그 대상과 연관된 사람에 대한 감정에 의해 좌우되는 현상을 가리킨다. 내가 인터뷰한 한 남성은[10] 아버지에게서 받은 특별한 금화를 엄청나게 자랑스럽게 여겼다고 이야기했다. 적어도 아버지가 오랫동안 바람을 피워 부모님이 이혼하기 전까지는 그랬다. 아버지에게 분노한 그는 더 이상 그 금화가 자랑스럽지 않았고 심지어 다른 사람에게 줘 버렸다. 이것이 사람-사물-사람 효과다.

3장에서 사람들이 사랑하는 브랜드를 속이고 바람을 피우고 있다고 느끼는 상황을 설명한 적이 있다. 사람들이 브랜드를 배신하는 행위를 얼마나 나쁘게 여기는지 결정하는 주요 요인은 해당 브랜드에 대한 애정을 친구들과 얼마나 많이 공유하고 있는지에 있다. 즉 친구들과 브랜드에 대한 사랑을 통해 강력하게 연결되어 있을수록 다른 브랜드를 살 때 죄책감을 느낀다.[11] 여기에 숨어 있는 논리는 브랜드와의 관계가 사람-사물-사람 관계일 때 경쟁 브랜드를 구매하는 것은 사람과의 관계에도 충실하지 못하다는 것을 의미할 수 있으며, 이는 단순히 브랜드에 충실하지 못한 것보다 훨씬 중요하다는 것이다.

브랜드에 대한 배신행위가 마치 친구를 배신하는 것처럼 느껴질 수 있다는 사실은 브랜드를 두고 바람을 피울 확률이 높은 사람들은 어떤 유형인지에 대해 흥미로운 사실을 말해 준다. 어쩌면 당신은 물질주의적인 사람일수록 소유물과 긴밀한 관계를 유지하기에 사랑하는 브랜드를 배신할 가능성이 작다고 생각할지도 모른다.

그러나 웨스턴대학교의 미란다 구드, 만수르 카미토프 및 매튜 톰슨[12]은 오히려 반대로 물질주의적 성향이 강한 사람일수록 브랜드에 대해 바람을 피울 확률이 높다는 사실을 발견했다. 이는 물질주의적인 사람일수록 대인관계가 약한 경향이 있기 때문일 수도 있다.[13] 사람들은 종종 친구를 배신하는 것처럼 느껴지기 때문에 브랜드에 대해서도 바람을 피우는 것을 거부한다. 따라서 물질주의적 성향이 낮은 사람보다 친한 친구가 적은 물질주의적 사람은 브랜드에 대한 부정행위를 피할 이유도 적다.

물질주의와 관련해, 돈에 대한 사랑은 대부분의 사물에 대한 사랑과는 다르다는 점에 주목할 필요가 있다. 사랑하는 것들이 우리를 다른 사람들과 연결해 주는 일반적인 경향과 반대로, 심리학자 시징 왕과 에바 크룸후버[14]는 돈을 사랑하는 사람일수록 다른 사람을 대상화하는 경향이 있음을 발견했다. 이는 1장에서 설명했듯이 사랑과는 상반되는 특성이다. 따라서 돈을 사랑한다면 이를 통해 다른 사람들과 연결되는 것이 아니라 따뜻하고 친밀하며 헌신적인 관계를 형성할 가능성이 감소할 수 있다.

전반적으로 우리가 사랑하는 것과 관련된 사람-사물-사람 관계는 매우 중요하다. 하지만 세 가지 주의사항이 있다. 첫째, 사람-사물-사람을 연결하는 특성 때문에 사랑받는 것이라도 사람-사물 관계의 특성을 함께 가질 수 있다. 가령 등산 전문가가 등산용 밧줄을 문자 그대로나 상징적으로나 자신을 등산 친구들과 연결해 주기 때문에 사랑한다고 하자. 이와 더불어 그는 혼자 등반할 때 목숨을 구해 주는 밧줄에게 고마움을 느낄 수도 있다. 둘째, 우리가 사랑하는 것은 종종 다른 사람과 우리를 연결해 주지만 일상생활 속에서 감정적으로 차갑고 실용적인 방식으로 관계를 맺고 있는 평범한 물건들은 그렇지 않을 수 있다. 세 번째로 대부분의 사람-사물 관계에는 많은 사랑이 수반되지 않지만, 의인화된 사물과의 사람-사물 관계는 이 규칙에서 예외일 수 있다. 뇌가 이러한 관계를 적어도 어느 정도 사람과 사람의 관계로 인식하기 때문이다.

왜 사랑하는 많은 것들이
우리를 다른 사람과 연결해 주는가?

우리가 사랑하는 많은 것들이 사람 연결기인 데에는 크게 두 가지 이유가 있다. 첫째, 사람 연결기는 관계 난로의 역할을 할 수 있다. 의인화가 관계를 따뜻하게 덥히는 역할을 한다는 것을 기억하는가? 즉, 뇌가 대개 사람일 때 느끼는 따뜻한 감정으로 사물을 생각하게 만든다는 의미다. 사물과 사람 사이에 정신적으로 강한 연결고리를 만들어도 비슷한 효과를 만들 수 있다. 당신이 사람(어머니)과 사물(어머니가 좋아하는 찻잔)을 강력하게 연결 짓고 있다고 하자. 찻잔에 대해 생각할 때 당신의 뇌는 대부분 그것을 다른 사물들과 똑같이 취급한다. 반면 어머니의 특별한 찻잔을 떠올리면 뇌는 어머니라는 사람에 대해 생각하기 시작한다. 그러면 뇌는 그 찻잔을 사람을 대하듯이 생각하게 되고 그 결과 찻잔을 사랑하게 된다.

우리가 사랑하는 것이 흔히 사람 연결기인 두 번째 이유는 사람 연결기가 되면 더욱 중요하고 의미 있는 대상이 되기 때문이다. 노인들이 지난 삶을 되돌아보며 "진짜 중요한 것에 더 많은 시간을 썼더라면 좋았을 텐데"라고 말하는 것은 보통 가족이나 친구들과 더 많은 시간을 함께 보냈더라면 좋았으리라는 의미다. 가까운 사람들은 우리의 삶을 의미 있게 만들어 주지만 우리 삶에 존재하는 대부분 **사물들**은 사소하고 피상적이다. 나쁘다는 게 아니다. 그냥 평범하다는 얘기다. 그리고 이런 평범한 것들과의 관계는 사랑이라고 부르기에는 감정적 깊이가 부족하다. 반면에 우리가 사랑하는 것들은 깊은 의미로 다가오며 그 이유는 주로 사람과 사람을 잇는 힘 때문이다. 실제로 사물이 다른 사람과 밀접하게 연결되어 있을 때, 그 사물을 잃는 것은 사람을 잃는 것처럼 느껴질 수 있다. 화재로 집을 잃은 한 여성은 이렇게 말했다.[15]

> 가장 속상한 건 다시 찾을 수 없는 추억들이에요. 인터넷에 없는 사진이나 증조할머니가 돌아가시기 전에 물려주신 담요 같은 거요. 마치 누가 죽은 기분이에요.

어떠한 사물을 사람과 연관시키면 의미가 부여된다는 사실을 보여 주는 가장 특이한 사례는 내가 인터뷰에서 들은 '목숨 걸고 도박을 하는 아기 침대의 기이한 사건'이다.[16] 인터뷰 대상자는 사람 외에는 아무것도 사랑하지 않는다고 주장하는 한 남성이었다.

나는 그가 정말로 어떤 것도 사랑하지 않는지, 아니면 단지 사물과의 관계를 설명할 때 사랑이라는 단어를 사용하는 게 싫은 건지 알고 싶었다.

그의 집에서 진행된 인터뷰에서 남자는 어린 딸을 위해 손수 만든 근사한 목재 아기 침대를 보여 주었다. 나는 그 유아용 침대의 섬세하고 복잡한 상감 세공 무늬를 보고 경탄했고, 딸을 위해 이렇게 아름다운 아기 침대를 만들고도 그것을 사랑하지 않을 수 있다는 데 놀랐다. 그는 왜 그것을 사랑하지 않는 걸까?

그에게 질문을 던졌다. "만일 이 아기 침대가 사람으로 변한다면 어떤 사람이 될까요?" 나는 그가 아기 침대를 어린 딸을 돌보는 보호자로 묘사할 것이라고 예상했지만, 틀렸다. 그는 이렇게 대답했다.

인터뷰 대상자　　여자 제임스 본드요.

나　　그 아기 침대는 어떤 취미를 갖고 있을까요?

인터뷰 대상자　　주사위 놀이, 폴로, 도박. 모르겠어요. 자기 목숨을 걸고 도박을 하는 아기 침대겠죠.

대답이 너무 이상해서 처음에는 농담인 줄만 알았다. 하지만 계속 인터뷰를 진행하던 중 모든 의문이 해소되는 순간이 찾아왔다. 예술품으로 가득한 거실에서 남성의 아내가 인터뷰에 합류한 것이다. 대부분 사람은 집에 있는 예술품이 다른 사람, 특히 그것들을 선물한 사람들과 연결해 준다고 느낀다. 그러나 이 남성은 그런 예술품들을 어떻게 갖게 되었는지 기억하지 못했다. 그러자 그의 아내가 방 안에 있는 모든 물건의 내역을 상세하게 설명하기 시작했다. 심지어 두 사람이 만나기 전 남자의 친구가 선물한 물건까지 말이다. 나는 꽤 긴 대화를 통해 아내가 이 가정에서 인간관계를 유지하고 수호하는 사람이며, 이런 예술품을 인간관계의 상징으로 여기고 있음을 알 수 있었다. 남자는 예술품을 사람 연결기로 보지 않았다. 그는 누가 무엇을 줬는지도 기억하지 못했다.

그러자 그가 왜 아기 침대에 대해 그런 말을 했는지 이해할 수 있었다. 나는 그와 아기 침대가 사람-사물-사람(아버지-침대-아기) 관계이리라 예상했기에 아기에 대한 아빠의 사랑이 침대에도 일부 스며들어 있으리라고 짐작했다. 그러나 그는 아기 침대를 단순한 물건으로만 여겼기에 아기 침대와의 관계도 사람-사물 관계에 불과했다. 그런 관점에서 요람의 깔끔하고 우아한 디자인과 다이아몬드 형태의 검은색 상감 테두리를 늘씬하고 품격 있는 제임스 본드 스타일의 멋지고 세련된 사람으로 의인화하는 것은 일리가 있었다. 아기 침대뿐만이 아니었다. 남자의 머릿속에서는 삶 속의 어떤 사물도 사람 연결기 역할을 하지 않았다. 이는 그가 아기 침대를 사랑하지 않는 이유뿐만 아니라 그 어떤 사물이어도 사랑하지 않는 이유를 이해하는 데 큰 도움이 되었다.

사람 연결기의 세 가지 유형

사람 연결기는 주로 세 가지 메커니즘을 통해 작동한다. 관계 표식, 집단 정체성 표식, 물적 지원이다.

관계 표식

사람 연결기는 사람을 특정 개인과 연결할 수도 있고(예를 들어 셀카를 통해 사진 속 다른 사람들과 연결) 더 큰 집단과 연결할 수도(고등학교 티셔츠를 통해 해당 학교에 다닌 모든 학생과 연결) 있다. 특정 개인과 연결하는 경우, 내 공동 저자인 필리프 라우슈나벨은 이런 사람 연결기를 '관계 표식'이라 부른다. 가장 흔한 관계 표식으로는 특정 사람과의 관계를 표시하는(생각나게 하는) 사진이나 선물이 있다. 사람들이 흔히 어떤 물건에 감정적 가치가 있다고 말한다면 보통 그것은 관계 표식이다. 마케팅 교수인 마샤 리친스[17]는 세 가지 유형의 사물이 초래하는 감정을 비교했다. 자동차, 비디오 게임이나 스테레오 같은 오락용 도구, 가보로 물려받은 보석이나 기념품 혹은 선물과 같은 전형적인 관계 표식이었다. 연구에 따르면 관계 표식이 감정적 가치를 지닐 확률이 가장 높고, 사랑받을 가능성도 가장 컸다. 어떤 경우에는 이런 관계 표식이 사람-사물-사람 사슬의 반대편에 있는 사람을 얼마나 그리워하는지 상기시켜 외로움의 고통을 유발하기도 했다.

가격이 2만 5000달러에서 25만 달러에 이르는 초호화 시계 제조업체인 파텍 필립은 관계 표식이 얼마나 강력한지 잘 알고 있다. 20달러짜리 디지털 쿼츠 시계가 값비싼 수제 기계식 시계보다 훨씬 더 정확한 시간을 가리키는 시대에, 파텍 필립은 소비자에게 자사 제품을 사야 하는 이유를 제공해야 한다. 파텍 필립은 20년이 넘도록 '당신은 파텍 필립을 소유한 게 아닙니다. 다음 세대를 위해 맡아 두고 있을 뿐'이라는 슬로건을 사용하고 있다. 이 회사의 광고들은 시계를 시간을 알려 주는 실용적인 도구가 아니라 세대를 이어 내려오는 부와 가족 유산의 상징으로 내세운다. 시계를 아버지와 아들, 또는 어머니와 딸의 관계를 나타내는 상징으로 제시함으로써 제품에 감성적 무게를 부여하고 어마어마한 가격표를 정당화하는 것이다.

관계 표식의 잠재적 단점 중 하나는 이런 물건들이 쌓이면 집 안이 지저분해질 수 있다는 점이다. 정리 전문가인 캐런 킹스턴은 원치 않는 물건이 있어도 도저히 버릴 수 없다는 사람들에게 "선물에 담긴 사랑은 간직하되 실제 물건을 버리라"라고 조언한다. 많은 이에게 유용한 조언이지만 말처럼 쉬운 일은 아니다. 관계 표식에는 선물을 준 사람의 사랑이 깊이 스며들어 그 둘을 분리하기가 어려울 수 있기 때문이다. 반면에 사람들은 인간관계를 정리하고 싶을 때면 그 관계를 상징적으로 표시하는 물건을 가장 먼저 버리는 경우가 많다.

집단 정체성 표식

정체성이라는 것이 전적으로 '나에 관한 것'이라 생각할지 모르겠지만 사실 정체성의 상당 부분은 집단과의 연결을 통해 형성된다. 유기농 식품을 구매하는 행동은 유기농에 대한 신념을 표현하는 것 외에도 유기농 제품을 구매하는 다른 이들과 연결해 준다. MAGA° 모자, 카우보이 모자, 후드티, 카피예°°, 히잡, 야물커°°° 등 특정 집단의 구성원임을 나타내는 모자나 머리 장식을 비롯한 많

○   도널드 트럼프의 선거 구호인 'Make America Great Again'의 약자 – 옮긴이
○○ 이랍 남성들이 머리에 두르는 천 – 옮긴이
○○○ 유대인 남성들이 쓰는 납작하고 테두리 없는 모자 – 옮긴이

은 것들도 그렇다.

우리가 사랑하는 것이 집단 정체성을 형성하는 데 도움이 된다면 우리의 고유성은 어떻게 될까? 예를 들어 시카고 컵스 팬들은 전부 다 똑같이 보이는 파란색과 흰색 저지의 물결 속에서 자신의 개성을 어떻게 지킬 수 있는가? 사랑하는 것들의 마법은 그것이 때때로 집단에 대한 소속감과 개성을 동시에 드러낼 수 있다는 것이다. 신디 챈, 조나 버거, 리프 반 보벤[18]은 고등학교 파벌에 속한 아이들이 서로를 연결해 주는 특정 스타일의 음악을 좋아하면서도 각자 좋아하는 뮤지션이 따로 있다는 사실을 지적한다. 마찬가지로 영화배우들은 모두 근사하게 차려입지만 각자 다른 디자이너의 옷을 입는다. 이는 모두 사람들이 서로를 연결하고 구별하는 신호를 보내는 방식이다.

사물을 사랑하는 것에는 좋은 점이 있다. 첫째, 열정을 공유함으로써 다른 사람들과 연결될 수 있다. HBO는 이 점을 매우 진지하게 받아들여 새 시리즈를 방영할 때마다 마케팅 전략에 반영한다. 대부분의 스트리밍 서비스는 시즌 전체를 한꺼번에 공개하는데, 이런 방식은 자기 편한 시간에 시리즈 전체를 몰아 보려는 팬들에게 편리하다. 하지만 다른 한편으로는 두 팬이 만났을 때 한 팬은 시즌 전체를 시청했으나 다른 팬은 절반만 시청했을 가능성이 크다는 의미이기도 하다. 그렇게 되면 팬들이 해당 프로그램에 대해 수다를 떨며 동질감을 느끼기가 어렵다. 이 문제를 방지하기 위해 HBO는 드라마를 대개 일주일에 한 편씩 공개한다. 이렇게 하면 대부분 팬이 같은 속도로 시리즈를 시청하면서 지난 화에 일어난 사건에 대해 이야기하거나 앞으로의 스토리를 추측할 수 있다. 이런 대화는 팬의 경험을 더욱 만족스럽게 만들어 프로그램을 계속 시청하게 만든다.[19] 또한 HBO에게 있어서도 이런 팬들의 대화는 프로그램을 시청하지 않는 사람들도 시류에 편승해 대화에 참여하게 부추기는 무료 광고의 역할을 한다.

경우에 따라서는 공통된 열정을 중심으로 공동체가 형성될 수도 있다. 할리 데이비슨 애호가 모임, 새 관찰 동호회, 뜨개질 동아리, 볼룸 댄스 동호회 등 무수한 단체를 생각해 보라. 종교도 마찬가지다. 많은 사람, 특히 종교가 없는 이들은 예배에 참여하도록 동기를 부여하는 신앙심 공유의 중요성을 간과하는 경향이 있다. 종교적 교리를 믿고 있기에 종교 단체에 가입하는 사람은 별로 없다. 사실 종교 단체에 가입하는 이유는 그곳에서 친구와 공동체를 찾았기 때문이다. 그러다 시간이 지나면 그들도 집단이 공유하는 신념을 받아들이게 되는 것이다. 20세기 초에 영향력을 떨친 사상가 랍비 모데카이 캐플런은 "소속감이 믿음보다 앞선다"라고 말했다.

기본적으로 브랜드의 팬클럽이라 할 수 있는 '브랜드 커뮤니티'에서도 유사한 과정이 발생한다. 연구에 따르면 브랜드 커뮤니티에서도 종교 단체처럼 소속감이 믿음보다 우선하는 것으로 밝혀졌다. 많은 사람이 브랜드에 관심은 있지만 아직 사랑하지는 않는 시점에서 브랜드 커뮤니티를 둘러보기 시작한다. 그러다 커뮤니티의 다른 구성원과 우정이 쌓이면 집단에 대한 소속감을 느끼게 되고

이는 브랜드에 대한 애정을 강화하여 다시 커뮤니티 내 다른 사람들과의 관계를 강화한다.[20]

'브로니 The Bronies'는 그중에서도 무척 흥미로운 브랜드 커뮤니티다. 브로니는 아동용 애니메이션 〈마이 리틀 포니: 우정은 마법〉을 깊이 사랑하는 남성들(그리고 일부 여성들)을 가리킨다. 아니, 소아성애와는 아무런 관계도 없다. 그들은 그저 이 애니메이션을 정말 정말 진심으로 사랑할 뿐이다. 이들은 정말 많다.

〈와이어드〉 매거진에 따르면[21] 애니메이션의 인기가 절정에 달했던 2012년에는 미국에만 700만~1240만 명°에 달하는 자칭 브로니가 있었다고 한다. 3~8세 여아를 타깃으로 하는 아동용 애니메이션에 왜 그렇게 많은 성인 남성이 열광하는지는 참으로 수수께끼다. 다큐멘터리 〈전혀 예상치 못한 마이 리틀 포니의 성인 팬들〉에 출연한 한 브로니는 너무도 멋지고 훌륭한 작품인데 어떻게 사랑하지 않을 수가 있느냐고 반문한다. 어쨌든 논의를 위해 〈마이 리틀 포니〉가 실제로 굉장히 훌륭한 아동용 작품이라고 가정해 보자. 그렇더라도 뭔가 단순히 멋지고 훌륭한 것 이상의 다른 요소가 있는 게 틀림없다.

내 생각에 브로니가 이 애니메이션을 좋아하는 이유는 다음과 같다. 첫째, 대부분의 브로니는 10대 중반에서 30대 중반까지 연령대가 다양하다. 내가 그 나이였을 때 남자 어른이 어린 여자애들이

° 참고로 솔직히 나는 이 숫자에 대해 회의적이다. 하지만 100만 명에 불과하더라도 엄청난 수임은 분명하다.

나 좋아하는 마법의 조랑말이 나오는 만화를 본다고 말한다면 무지막지한 놀림감이 되었을 거다. 하지만 요즘 젊은 세대는 성별 규범에 개의치 않는다는 특성이 있다. 따라서 남자가 어린 소녀용 만화를 좋아한다고 해서 반드시 부끄러운 일로 취급받지는 않는다.

둘째, 온라인 토론에서 브로니는 종종 자신들의 커뮤니티에 '사회성이 부족한' 젊은 남성들이 많다고 말한다(나 자신도 여기 해당하는 사람으로서 무례하게 굴려는 의도는 아니다). 그들에게 이 만화는 다른 사람들과 연결해 주는 역할을 톡톡히 해내고 있다. 심지어 '우정은 마법'이라는 제목에서 알 수 있듯이 이 작품은 친구를 사귀고, 타인을 받아들이고, 갈등을 해결해 나가는 내용이다. 그렇다면 작품의 주제가 그러한 관객들에게 긍정적 공감을 불러일으키는 것도 당연하다. 위의 다큐멘터리에서 노스웨스턴대학교 학생인 한 브로니는 이렇게 말했다. "이 작품은 사람들을 하나로 묶어 줘요. 우정을 쌓고… 우정에 관한 작품이 현실 세계에서도 진짜 우정을 쌓게 해 준다는 점이 정말 멋지다고 생각합니다." 또 다른 학생은 "커뮤니티가 중요하다"라고 설명했다. 세 번째 학생은 "다른 사람과 공유할 수 있다는 점이 〈마이 리틀 포니〉의 마법이죠"라고 말했다. '마이 리틀 포니'는 사람-조랑말-사람 연결기다.

그리고 세 번째로, 이 만화를 보는 것은 기존의 사회적 관습을 위반하는 행위다. 길거리 갱단을 연구하는 사회학자의 말을 빌자면 이런 탈규범적 행위는 매우 끈끈한, 대부분 남성 우정 집단을 형성하는 주요 요소다. 그러나 대부분의 브로니는 그런 갱단에 가입하기엔 너무 착하다.° 〈마이 리틀 포니〉를 시청하는 것은 아무에게 도 해를 끼치지 않기 때문에 멋지고도 반항적이라는 그들에게 어울리는 정체성을 얻을 수 있다.

사람들이 집단에 섞이기 위해 취향을 바꾸는 것을 문제라 할 수 있을까? 한때는 나도 그런 행동을 순응주의라고 비판했을 것이다. 하지만 지금은 스스로를 자유롭고 독립적인 개인으로 인식하는 동시에 취향은 주변 사람들로부터 많은 영향을 받을 수 있다는 사실을 이해한다. 책과 영화, 음악 그리고 다른 오락 분야의 취향을 발전시킬 때, 우리는 사람들이 어떤 것에 열광하는지 알게 된다. 예를 들어 친구들이 좋아하는 노래를 처음 들을 때 우리의 뇌는 그 노래의 좋은 점을 찾아내야 한다고 생각하며 귀를 기울인다. 하지만 시간이 지날수록 뇌는 '좋은 노래'의 특정 패턴과 특징을 인식하게 되고 그러면 진정으로 노래를 즐길 수 있게 된다. 이러한 과정은 취향에 영향을 미치는 유일한 요소는 아니나 확실히 중요한 부분이다. 우리의 취향에는 다른 사람의 영향과 나 자신의 고유한 관점이 혼합되어 있다. 다른 사람들에게서 얻은 부분은 우리가 그들과 연결되어 있다는 느낌이 들게 하며, 남들의 영향을 받았다고 부끄러워할 필요는 전혀 없다.

취향은 벽과 같은 역할을 할 수 있다. 담벼락의 이쪽 편에 있는

° 대부분의 브로니는 친구를 찾는 선량한 사람이지만 안타깝게도 브로니 내에는 극우 극단주의자와 신나치주의자로 구성된 소규모 급진적 하위문화도 있다. 페덱스 매장에서 총기를 난사한 대량살인범도 이 하위문화에 속한 브로니였다. 이들이 어떻게 극우 총기 문화와 〈마이 리틀 포니〉를 조화시킬 수 있는지 분석하는 것은 내 능력으로는 무리다.

사람들과는 사회적 관계를 형성하고 반대쪽에 있는 사람들과는 분리되는 것이다. 때로 우리는 다른 사람과 연결해 주는 것만큼이나 다른 사람과 분리해 주는 것들을 사랑한다. 한번은 태국 음식을 사랑하는 남성을 인터뷰한 적이 있다(미국에서 태국 음식이 아직 생소하던 시절이었다). 그는 태국 음식이 그와 함께 자란 '햄버거와 감자튀김' 취향의 사람들로부터 분리시키고 더는 그들과 어울리고 싶지 않았기 때문에 태국 음식을 사랑했다. 얼마 전 나는 자전거매장에서 한 손님이 점원에게 '스판덱스를 입고 자전거를 타는 사람들이 쓰는 것과는 정반대'의 헬멧을 찾아 달라고 말하는 것을 들었다. '스판덱스 바이커'는 흔히 부유한 자유주의자라는 고정관념이 있다. 그 고객은 가능한 그런 이미지에서 멀리 떨어지고 싶은 것 같았다. "감옥에 가는 길에 방금 트럭에서 굴러떨어진 것처럼 보이는 헬멧을 원해요"라고 말했기 때문이다.

우리와 '그들'을 구분하는 것은 정체성 형성 과정에서 매우 자연스러운 행동이다. 여기에는 인종과 계급, 스포츠 팀, 헤어스타일 등 어떤 것이든 기준이 될 수 있다. 집단 내 또는 집단 외적 관점에서 사고하는 것은 인간의 뇌가 진화 과정을 통해 발전시킨 특성으로, 주변 사람들에 대해 생각하는 일반적인 방식이다. 하지만 사람을 대할 때 집단 내 구성원과 집단 외 구성원에 대한 태도를 얼마나 달리할 것인지 조절할 수는 있다. 가령 어떤 사회에서는 대립 관계에 있는 집단이 길거리에서 서로를 살해하지만 다른 사회에서는 집단 간의 차이라고 해봤자 소속 집단에 대한 가벼운 자부심과 타

집단에 대한 호기심 정도에 그친다. 이는 다른 집단을 미워하지 않으면서도 자신이 속한 집단을 사랑할 수 있으며, 이러한 경우가 훨씬 더 일반적이라는 연구 결과와 일치한다.[22]

사회의 부가 증가하고 소비주의가 팽배해짐에 따라, 내집단과 외집단의 차이는 점점 더 우리가 사랑하는 것은 물론 우리가 소유하는 것에 의해 결정되고 있다. 우리가 사랑하는 것이 '우리'와 '그들'을 구분하는 표식이 되면 추악한 일이 발생할 수 있다. 마케팅 교수 마자 골프 파페즈와 마이클 베버랜드[23]의 연구 사례가 생각난다. 한 애플 애호가가 누군가에게 아이폰을 사지 말라고 설득했다. 그는 애플 제품을 소유하려면 멋있고 개인주의적인 혁신가여야 한다고 여겼는데, 그가 보기에 상대방은 그런 사람이 아니었기 때문이다.

좋은 소식은 취향을 공유하지 않는 이들에게 사회적 거리감을 느끼는 이런 경향이 언제든 바뀔 수 있다는 것이다. 나만 해도 10대 때 내가 좋아하지 않던 음악 장르의 팬들을 싫어했던 일을 떠올리면 움찔하게 된다. 10대 시절이 지나고 내가 싫어하던 음악 장르를 탐구하게 되자 다른 사람들이 왜 그런 음악을 좋아하는지 이해할 수 있었다. 시간이 좀 걸리긴 했지만 새로운 음악 장르의 진가를 알고 나자 나도 즐겨 듣게 되었다. 이 과정에서 아름다운 부분은 과거에는 싫어했던 음악이 팬들과 나를 갈라놓는 벽으로 작용했지만 일단 그 음악을 즐기게 되자 이를 좋아하는 다른 이들과 연결되었다고 느끼기 시작했다는 점이다.

물적 지원

우리가 사랑하는 것이 사람 연결기로 작용하는 세 번째 방법은 가장 간단하고 직접적이다. 예를 들어 다른 사람과 함께 TV를 보거나 친구들과 낚시를 가는 것처럼 실질적으로 사회적 관계를 뒷받침하는 것이다. 음식은 사람들을 한데 모으는 데 효과적이기에 모든 결혼식에는 풍성한 음식을 곁들인 잔치가 수반되기 마련이다. 한 여성은 음식이 사람들을 연결하는 능력에 대해 이렇게 설명했다.[24]

> 내가 시간을 보내는 가장 좋아하는 방법은 친구들과 같이 저녁을 먹는 거예요. 좋은 곳에서 외식을 할 수도 있지만 커다란 주방에 모여 음식을 준비하고 다 같이 앉아 몇 단계의 코스를 즐기는 거죠. 저녁 내내 테이블 주위에 둘러앉아 시간을 보내면 음식 그 자체보다 더 많은 걸 얻을 수 있죠. 하지만 우리를 한자리에 모일 수 있게 해 주는 건 바로 음식이에요.

자연은 아마도 세상에서 가장 널리 사랑받는 대상일 것이다. 자연 애호가의 전형적 이미지는 혼자 배낭을 짊어지고 산을 오르는 모습이다. 이런 고독한 모험은 뜻깊은 경험이 될 수 있지만 실제로 자연은 소규모 집단이 함께 향유하는 것이 일반적이며, 자연 사랑은 대개 자연-사람-자연 관계를 형성한다. 환경심리학자 애덤 랜

던과 동료들[25]에 따르면 사람들이 사랑하는 자연 장소를 예측할 수 있는 가장 효과적인 지표는 그 장소에서 다른 사람과의 유대감을 경험한 적이 있는가이다. 놀랍게도 이 연구에 따르면 사랑하는 장소에 대해 생각하는 것만으로도 자연과 연결되어 있다고 느낄 뿐만 아니라 인간 공동체와도 연결되어 있다는 느낌을 받는다. 나는 자연과 연결되어 있다는 느낌이 우리들 각자와 나머지 우주를 갈라놓고 있는 정신적인 벽을 허물기에 그런 일이 일어난다고 생각한다. 이는 우리에게 폭넓은 정체성을 제공하여 자연과 사람 모두와 연결되어 있다고 느낄 수 있게 해 준다.

휴대전화는 가장 널리 사랑받는 상업 제품이다. 우리가 휴대전화를 사랑하는 가장 일반적인 이유는 친구나 가족과 연결해 주기 때문이다. 필리프 라우슈나벨과 나는 친구가 많을수록, 휴대전화가 우정을 발전시키는 데 유용할수록 사람들이 휴대전화를 사랑한다는 사실을 발견했다.[26] 같은 논리를 역으로 적용하면 외로운 사람일수록 휴대전화를 사랑할 가능성이 적다.

지금까지 두 가지 관계 난로에 대해 살펴보았다. 간단히 정리하자면, 사물이 의인화되거나 다른 사람과 연결해 줄 경우 사람들은 사물과 따뜻한 감정적 관계를 형성한다. 다음 장에서는 세 가지 관계 난로 중에서 가장 중요할 마지막 관계 난로에 대해 이야기할 것이다. 또한 5장은 우리가 사랑하는 것이 우리 자신의 일부가 된다는 것이 어떤 의미인지 탐구하는 여러 개의 장 중 첫 번째가 될 것이다.

The
Things
We
Love

내가
사랑하는
것이
곧 나

5

"사랑은 두 존재가 하나인 동시에

둘이라는 역설을 성립시킨다."

— 에리히 프롬 **Erich Fromm**, 1900~1980

철학자들은 타인을 돕는 것이 왜 중요한지 설명하는 복잡한 도덕 체계를 개발했다. 그러나 배가 고프면 먹어야 한다고 설득하는 데에는 철학적 논증이 필요하지 않다. 당연히 해야 할 일처럼 느껴지기 때문이다. 당신의 자녀나 사랑하는 사람이 허기져 할 때 먹이고 싶은 마음이 드는 것 역시 그들이 거의 당신의 일부라도 되는 양 당연하게 느껴진다. 나는 여기서 '거의'라는 단어가 필요 없다고 주장하는 바이다. 우리가 사랑하는 사람과 사물은 특별한 방식으로 우리 자신의 일부가 되기 때문이다. 하지만 그게 어떻게 가능한 걸까? 어떤 물체나 활동은 왜 '저기 있는' 평범한 것에서 사랑하는 것으로 변모해 우리 정체성의 일부가 되는 걸까?

그 작동 원리를 이해하면 부수적인 혜택을 얻을 수 있다. 우리

내가 사랑하는 것이 곧 나

모두는 지금보다 조금 더 (또는 많이) 나은 사람이 되기를 열망한다. 어떤 것을 사랑하게 되면 그것을 자신의 일부로 만들고, 그로써 변화한다. 그러므로 사랑의 대상이 우리의 일부가 되는 과정을 이해하면 우리가 어떻게 지금의 우리가 되었고 앞으로 어떻게 변할 수 있을지 이해하는 데 도움이 된다.

두 사람이 사랑에 빠지면 심리적으로 하나가 된다는 생각은 문서 기록으로 남아 있는 사랑 이론 중 가장 역사가 깊다. 약 2500년 전 소크라테스는 신화적 과거에는 인간이 네 개의 팔과 네 개의 다리, 두 개의 머리를 갖고 있었지만 둘로 나뉘게 되었으며 그 결과 우리 각자가 잃어버린 반쪽을 찾아 헤매는 것이 사랑이라고 말했다. 아리스토텔레스는 신화와 관련된 흥미진진한 설명을 덧붙이지 않고 단순히 사랑이란 '두 개의 몸에 살고 있는 하나의 영혼'이라고 표현했다. 수천 년이 지난 지금도 에이브러햄 매슬로, 에리히 프롬, 시어도어 라이크 그리고 가장 최근에는 아서와 일레인 N. 아론에 이르기까지 저명한 심리학자들의 연구에서 사랑이 정체성의 융합이라는 발상을 찾아볼 수 있다.

하지만 박사과정 학생의 신분으로 사랑을 연구하기 시작했을 때, 나는 사람과 사물이 자아의 일부가 될 수 있다는 주장에 회의적이었다. 과학적이라기보다 시적인 사고방식이라는 생각이 들었기 때문이다. 그보다 더 중요한 점은 우리가 사랑하는 것들이 우리의 일부가 '아님'을 보여 주는 확실한 증거들이 있다는 것이다. 예컨대 우리는 누군가를 사랑하더라도 상대의 마음을 읽을 수가 없다. 또 사랑하는 것을 떠올리는 것만으로도 절로 손이 움직일 수는 있지만, 아무리 접시를 사랑한들 그것을 집어 들어 식기세척기에 넣는 것은 생각만으로는 불가능하다. 이런 이유로 사랑이 곧 융합이라는 생각은 내게 진지한 과학 이론이라기보다는 터무니없는 공상과학 영화 같았다. 내 마음이 바뀐 것은 이 이론이 진정으로 무엇을 의미하는지 명확히 이해한 후 이를 뒷받침하는 상당한 과학적 근거를 목격했기 때문이다.

나의 일부가 되게 만들어라

다른 사람과 사물이 자아의 일부가 될 수 있다는 생각은 틀린 것 같았다. 내게 자아란 의식, 즉 주변에 무슨 일이 일어나고 있는지 관찰하고 의식적인 결정을 내리는 머릿속의 작은 목소리였기 때문이다. 종교에서는 흔히 의식을 뇌와는 별도로 존재하며 육체가 죽은 후에도 계속 살아 있는 영혼의 일부로 여긴다. 사랑하는 사람과 사물은 ― 적어도 지금은(하지만 10장을 참조할 것) ― 우리 의식의 일부가 될 수 없다.

그러나 의식 외에도 자기개념이라는 자신의 또 다른 부분이 있으며, 우리는 이를 흔히 정체성 또는 자아상自我象이라고 부른다. 사람과 사물은 자신의 일부가 되더라도 의식의 일부가 되지는 않기 때문에 생각만으로 다른 사람의 마음을 읽거나 접시를 옮길 수는 없다. 그러나 대신 자기개념의 일부가 됨으로써 우리의 일부가 된다.

자기개념이란 내가 누구인가와 관련해 가지고 있는 모든 다양한 생각들을 가리킨다. 여기에는 '나는 키가 크다'나 '나는 예술가다'처럼 자신에 대한 믿음도 포함된다. 또한 인생 이야기를 구성하는 중요한 기억들도 포함된다. 그리고 마지막으로, 내가 '나 카테고리'라고 부르는 아주 특별한 카테고리도 포함되어 있다.

우리의 뇌는 사물을 자동적으로 범주별로 분류한다. 예를 들어 새로운 중국 음식에 대해 알게 되면 뇌는 그것을 '음식'과 '중국'이라는 카테고리에 넣는다. 또 뇌에는 나라는 카테고리도 있다. 우리의 몸, 신념, 인생 이야기처럼 자기개념에 해당하는 모든 것이 이카테고리에 포함된다. 어떤 새로운 것이 자기개념의 일부가 된다는 것은 뇌가 그것을 나 카테고리에 추가했다는 의미다.

자, 여기 제인이라는 사람이 있다. 다음 그림은 제인의 나 카테고리에 속하는 것들이다. 나 카테고리에 해당하는 것들은 자기개

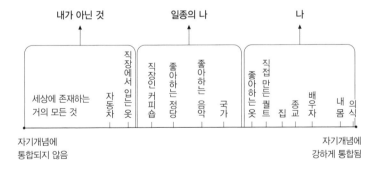

제인의 자기개념

내가 사랑하는 것이 곧 나 ✦

넘에 통합된 정도에 따라 연속선상에 배치된다.

사람들은 선천적으로 자신의 의식과 신체가 자기self를 구성하는 가장 핵심적인 요소라고 믿는다. 그 외에 자기개념에 속하는 다른 것들은 전부 선택사항이며 사람마다 천차만별이다. 이런 선택적 요소 중 일부가 다른 것보다 유독 정체성의 중심을 구성하는 데에는 여러 이유가 있다. 예를 들어 제인은 직장에서 입는 옷보다 개인적으로 좋아하는 옷을 더 자신의 일부로 여긴다. 복장 규정이 있는 커피숍에서 일하기 때문에 직장에서는 옷차림을 통해 스스로를 자유롭게 표현할 수 없기 때문이다. 하지만 일하지 않을 때는 보다 '자기'처럼 느껴지는 옷을 입을 수 있다. 또 제인은 취미로 퀼트 바느질을 하는데, 열심히 퀼트를 만들고 많은 정성을 쏟아붓기 때문에 가장 좋아하는 옷보다도 직접 만든 퀼트가 더 자기 정체성의 핵심이라고 생각한다. 더불어 제인은 신앙심이 꽤 강한 사람이다. 종교를 향한 그의 헌신은 좋은 사람이 된다는 것은 무엇인지에 대한 개인적인 가치관을 반영하고 있기에 정체성의 핵심을 구성한다.

이 다이어그램은 제인의 정체성에 속하는 것과 그렇지 않은 것 사이에 '일종의 나' 카테고리가 있음을 보여 준다. 이 일종의 나 영역은 심리학자들이 자아 주변의 '모호한 경계'라고 부르는 것을 가리킨다. 이 카테고리에 속하는 것들은 그 사람 정체성의 일부인지 아닌지가 항상 명확하지는 않다. 그러나 땅거미가 진다고 낮과 밤을 구분 못 하지 않는 듯 자기를 둘러싼 모호한 경계가 있다고 해서 '나'와 '내가 아닌 것'을 구분할 수 없는 건 아니다.

우리 뇌는 '나'라는 범주에 속하는 것들을 대단히 특이한 방식으로 처리한다. 예를 들어 뇌는 자신의 안전을 매우 중요하게 여긴다. 그래서 어떤 것이 '나'라는 범주에 추가되면 뇌는 그 사물의 안전에도 깊은 주의를 기울이기 시작하는데, 그 강도는 대상이 자기개념에 얼마나 강하게 통합되어 있는지에 따라 다르다.

어떤 것이 정체성 일부가 되는 것은 의식적인 과정이 아니므로 "이것이 내 정체성의 일부인가?"라고 자문한다면 유용한 정보를 얻을 수 있으나 100퍼센트 정확하지는 않다. 자기 준거self-referential 감정 테스트는 자기개념에 어떤 것들이 통합되어 있는지 약간의 통찰력을 얻을 수 있는 흥미로운 방법이다. 자존심, 불쾌감, 수치심, 죄책감 등은 자기 준거적 감정이다. 즉 오로지 자신의 행동이나 자신을 향한 다른 사람의 말이나 행동에 대해서만 느끼는 반응이라는 의미다. 예를 들어 우리는 모욕을 당하면 불쾌함을 느끼지만 낯선 사람이 당한 모욕에는 같은 감정을 느끼지 않는다. 잘못을 저질렀을 때 죄책감을 느끼고 잘한 일이 있을 때는 자부심을 느끼지만 낯선 사람이 똑같이 했을 때는 죄책감이나 자부심을 느끼지 않는다. 그렇다면 이번에는 당신 자녀의 담임 선생님이 당신 아이가 교실에서 아주 똑똑하고 뛰어나다고 말했다고 상상해 보라. 자부심이 드는가? 당연히 그럴 거다. 이는 당신의 자기개념에 자녀가 포함되어 있기 때문이다. 마찬가지로 응원하는 팀이 경기에서 이겼을 때, 누군가 당신이 정성을 들여 가꾼 정원을 칭찬했을 때, 손님들이 당신이 만든 저녁 식사를 맛있게 먹었을 때 당신은 자부심을 느낀다.

다른 사람이나 사물이 칭찬받았을 때 자부심을 느끼고 모욕을 당했을 때 불쾌감을 느낀다면 그 사람이나 사물은 당신의 자기개념에 깊이 통합된 것이다.

이 장의 서두를 장식한 에리히 프롬의 인용문 "사랑은 두 존재가 하나인 동시에 둘"이라는 말은 정확하며, 실은 역설적이지 않다. 두 존재는 서로를 자기개념에 통합했기 때문에 하나이며 그런데도 각자의 의식은 별개로 남아 있기에 여전히 둘이다.

사랑하는 것은 정체성의
일부가 된다

자아의 두 요소인 의식과 자기개념의 차이를 이해하게 되면 사랑이 융합이라는 개념도 이해할 수 있게 된다. 그러나 어떤 일이 가능하다고 해서 실제로 일어난다는 의미는 아니다. "우리가 깊이 사랑하는 모든 것은 결국 우리의 일부가 된다"라는 헬렌 켈러의 말을 뒷받침하는 과학적 증거는 무엇일까?

나는 학위 논문을 쓰기 위해[ˈ] 사랑하는 것들을 주제로 사람들과 인터뷰를 했다. 나는 심리학 이론에 관심이 있었고 특히 우리가 사랑하는 사람이 우리 자신의 일부가 된다는 아서 아론과 일레인 아론의 연구가 흥미로웠다. 그 이론이 사람이 아닌 사랑하는 것에도 적용될지 궁금했다. 나는 '유도 신문'을 피하고자 인터뷰 대상에게 그들이 사랑하는 것이 자기개념의 일부인지 직접적으로 묻지 않았다. 대신에 그것들이 왜 그들에게 특별한지 물었다.

놀랍게도 많은 사람이 특별한 유도나 질문 없이도 사물에 대한 사랑을 일종의 융합으로 묘사했다. 한 사람은 이렇게 말했다.

> 사람이 사랑하는 것은 내 정체성, 나 자신이라고 생각하는 것의 일부분이라 따로 떼어서 생각할 수가 없어요. 사랑하는 것에 대해 이야기하는 건 본질적으로 자기 자신에 대해 이야기하는 거죠.

하지만 이런 인터뷰는 또한 특별한 사물이 실제로 자기 정체성의 일부인지 항상 의식적으로 알지는 못한다는 사실을 우회적으로 보여 주었다. 나는 인터뷰를 끝낼 때마다 이번 인터뷰를 통해 자기 자신이나 사랑하는 것에 대해 새로이 깨달은 것이 있는지 물어보곤 했다. 인터뷰를 하기 전에는 휴대전화 같은 특정한 사랑의 대상을 자신의 일부로 생각해 본 적이 없다고 대답하는 사람들이 많았지만, 사랑하는 것에 대해 심도 있는 대화를 나누는 것만으로도 사람들은 그것이 자신의 일부임을 깨닫곤 했다. 이는 사랑이 융합이라는 발상을 뒷받침하지만 동시에 인터뷰 전에는 사랑의 대상이 자신의 일부가 아니라고 생각했던 **인터뷰 대상의 의식이 틀렸음**을 보여 준다.

인터뷰를 자세히 살펴보면 사랑하는 것이 정체성 일부임을 의식적으로는 모르고 있었더라도 사랑의 대상을 자신의 일부로 생각하고 있다는 단서를 많이 발견할 수 있었다. 가장 흥미로운 단서는 사랑의 대상을 정말로 사랑하고 있는지를 판단하는 방식이었다. 사람들은 흔히 스스로에게 "이것 없이 살 수 있을까?"라고 자문하곤 했다. 어떤 사람은 이 질문이 문자 그대로 삶과 죽음에 관한 문제가 아님을 분명히 알려 주었다. 그의 대답은 '음식이 없어도 살수 있기' 때문에 음식을 진정으로 사랑하는 게 아니라는 것이었기 때문이다.

다른 인터뷰[2]는 '이것 없이는 살 수 없다'라는 표현이 실제로 어떤 의미인지 흥미로운 단서를 제공한다.

> 글쓰기는 나라는 존재의 아주 큰 부분을 차지합니다. 전쟁 게임보다 훨씬 더요. 글을 쓰지 않으면 난 죽을 거예요. 하지만 전쟁 게임은 하지 않아도 살 수 있죠.

그가 글을 쓰지 않으면 '죽을 것'이라고 말한 이유는 글을 쓰지 못하면 육체적으로 해를 입기 때문이 아니라 글쓰기가 그의 정체성의 핵심이기 때문이다. 팝콘을 상당히 좋아하지만, 음악은 열렬히 사랑하는 한 여성의 말은 이를 더욱 명확하게 보여 준다.

> 팝콘을 먹지 않는다고 해서 내가 지금과 다른 사람이 되진 않겠죠. 하지만 음악이 없었다면 나는 죽었을 거예요…. 음악이 없었다면 지금과는 완전히 다른 사람이 되었겠죠.

여성이 죽는 것과 완전히 다른 사람이 되는 것을 동일시하고 있다는 데 주목하라. 사랑하는 것이 없어지면 그것이 더는 당신 정체성의 일부가 아니고, 따라서 이전의 당신은 더 이상 존재하지 않는다. 그러므로 '당신'은 그것 없이는 살 수 없다.

사랑이 융합적 특성을 가진다는 또 다른 증거는 '사랑의 대상이 마법의 힘으로 사람이 된다면 어떤 사람이 될까?' 같은 '투사적 질문'에서 나온다. 이런 질문은 의식적인 믿음을 넘어 더 깊은 곳에 숨은 생각과 감정을 드러내는 데 효과적이다. 사람들은 사랑하는 것을 사람으로 묘사할 때 자신의 거울 이미지로 상상하는 경향이 강하다. 이를테면 어떤 사람은 자신의 고양이를 음악, 책, 여행, 취미 정치에 대해 자신과 비슷한 취향을 가진 사람으로 의인화했다. 심지어 자기주장이 강한 성향까지도 똑같이 말이다! (하지만 자기주장이 강하지 않은 고양이를 본 적 있는 사람?) 한 여성은 이 질문에 대해 사랑하는 화분과 음악 모두 수천 살 먹은 여성일 것이라고 대답했다. 당시 그는 거의 37세였기 때문에 처음에는 일반적인 거울상 패턴에서 벗어난 것처럼 보였지만, 인터뷰 후반에 화분과 음악이 자신과 비슷할 것 같다는 말로 나를 놀라게 했다. "나는 아주 오래된 영혼이거든요. 그들도 마찬가지일 것 같아요."

사랑이 융합적임을 뒷받침하는 실험심리학 증거도 있다. 아서와 일레인 아론은 사람들이 사랑하는 사람을 자기 정체성에 포함시키는지를 광범위하게 연구한 최초의 실험심리학자다. 이들의 많은 연구가 기본적으로 같은 전략을 사용한다. 자기 자신에게는 해당하나 다른 사람에게는 해당하지 않는 것들을 찾는 것이다(예를 들어 우리는 칭찬을 들으면 자부심을 느끼지만 다른 사람이 칭찬을 들을 때에는 느끼지 않는다). 그런 다음 그것이 사랑하는 사람들에게도 똑같이 적용되는지 확인한다(가령 사랑하는 사람이 칭찬받을 때 자부심을 느낀다면 이는 그들을 암묵적으로 자신의 일부로 여기는 것이다).

연구에서 아서 아론과 동료들[3]은 학생 집단에게 10~20달러를 주며 모르는 사람과 원하는 방식으로 나눠 가져도 좋다고 말했다. 당연하겠지만 그들은 돈의 대부분을 자기 몫으로 가져갔다. 그러나 또 다른 학생 집단의 경우에는 다른 도시에 사는 친한 친구와 돈을 나눠 가질 수 있었다. 연구진은 친구에게 수표를 보내 줄 것이며, 학생이 애초에 얼마나 많은 돈을 받았는지는 친구에게 알려 주지 않을 것이라고 말했다. 즉 친구는 학생이 자기 몫으로 얼마나 가져갔는지 알 수가 없었다. 그러자 학생들은 대부분 돈을 공평하게 나누었지만, 친구에게 절반 이상을 주는 경우도 있었다. 이 간단한 연구는 가까운 사이일수록 타인이라도 자기 자신을 대하듯 대한다는 사실을 보여 준다.

우리는 기대에 못 미치는 성과를 냈을 때 종종 다른 사람이나 상황을 탓하며 변명하지만,[4] 다른 사람의 실패에 대해서는 굳이 그런 변명을 할 가능성이 훨씬 작다. 마케팅 교수 박충환과 동료들[5]은 우리가 사랑하는 것들에도 이런 현상이 나타난다는 사실을 보여 주었다. 구체적으로 말하자면, 사랑하는 제품에 문제가 생기면 우리는 단순히 실수일 뿐이라며 제품을 감싸고 변명하는 경향이 있다.

즉 우리는 사랑하는 제품을 우리 자신의 일부로 취급한다.

또 다른 특히 흥미로운 연구는 사랑하는 사람과 사물을 나 자신으로 통합하는 것이 뇌의 기본 사고에 영향을 미치는 깊고 무의식적인 수준에서 발생한다는 사실을 보여 준다. 예를 들어 사회심리학자 사라 콘래스와 마이클 로스[6]의 연구에 따르면 사람들은 과거의 성공을 실제보다 더 최근의 일로 기억하고 과거의 실패는 실제보다 더 오래된 일로 기억하는 기이한 경향이 있다. 하지만 우리는 낯선 사람의 성공과 실패는 그런 식으로 기억하지 않는다. 그러나 사랑하는 사람의 과거 성공과 실패를 생각할 때는 우리 자신에 대해 생각할 때와 똑같은 특이한 기억 편향이 발생한다.

신경과학 분야에서 최근에 발견된 증거는 사랑의 융합적 측면을 더욱 뒷받침한다. 신경과학계에서는 사람이 자신에 대해 생각할 때는 활성화되나 타인에 대해 생각할 때는 활성화되지 않는 뇌의 특정 부위가 존재한다는 사실을 오래전부터 알고 있었다. 연구자 와타누키 신야와 아카마 히로유키[7]는 관련 연구를 모두 검토한 결과 우리의 뇌가 사랑하는 사람이나 사물을 생각할 때 우리 자신에 대해 생각할 때와 동일한 활성화 패턴을 보인다는 사실을 발견했다.

이 모든 사실을 고려할 때, 나는 사랑이 융합적이라는 생각이 시적이고 낭만적일 뿐만 아니라 사실이라는 결론을 내릴 수밖에 없다. 게다가 이게 전부가 아니다.

정체성에 사물을 통합시키는
방법

자기개념에 사물을 통합하려면 뇌는 시간과 노력을 들여야 한다. 여기에는 정신적으로 여러 과정이 작용한다.

자주 생각하고 깊이 알기

사랑하는 대상에 약간 집착하는 것은 흔한 일이다. 특히 새로 맺은 관계일 때에는 더욱 그렇다. 이런 집착은 사랑의 대상을 우리의 정체성과 통합하는 기능적 역할을 한다. 사랑하는 것에 대한 강박적인 생각은 나 카테고리 내에서 대상의 위치를 강화하고 나 자신의 일부로 만들어 준다.

내가 사랑하는 것이 곧 나   ✦

"이웃집 사람이 오늘 새 차를 샀거든. 근데 과자를 먹으면서 15분이 넘게 새 차를 뚫어지게 쳐다보고 있더라고."

인터넷에서 구한 또 다른 선물. 은밀한 시간을 갖고 싶으면 차고로 가요, 제발!

나와 라지브 바트라, 릭 바고치의 연구[8]에 따르면 '마음속에 떠오르는' 것을 자주 생각하는 것은 사물에 대한 사랑에서 매우 중요한 요소다. 이는 사람들 사이의 사랑에 관한 기존의 연구 내용과도 일치한다. 예를 들어 한 연구[9]에 따르면 데이트하는 커플의 경우 파트너에 대한 사랑의 강도는 상대방의 외모나 친밀한 대화를 나누는 것보다 얼마나 자주 생각하는지가 훨씬 큰 영향을 미친다.

무언가를 사랑한다는 것은 잦은 생각뿐만 아니라 그것에 대해 많이 아는 것과도 연관되어 있다. 로맨스 소설이나 영화 속 등장인물들은 때때로 "나에 대해 아무것도 모르면서 어떻게 날 사랑한다고 말할 수 있어?" 같은 말을 하곤 한다. 사랑하는 대상에 대해 면밀히 아는 것이 얼마나 중요한지는 인터뷰에서 만난 여성의 말에서 뚜렷이 알 수 있다.[10] 처음에 그는 음악을 사랑한다고 말했다. 하지만 더 곰곰이 생각하더니 마음을 바꿔 그저 좋아할 뿐이라고 말했다.

난 음악 듣는 걸 좋아해요. 하지만 그걸 사랑의 범주에 넣을 수 있는지 생각해 보면, 아뇨. 난 그걸 사랑하지 않아요. 난 음악이 어려워요. 악기 소리를 잘 구별하지 못하거든요. 또 어떤 밴드가 어떤 음악을 연주하는지도 잘 모르고요. 그게 음악에 대해 내가 가진 문제랍니다. 음악을 이해하지 못한다는 거요.

여성은 음악을 좋아하지만 전문 지식이 부족해 심리적 거리감이 생겼고, 이는 사랑과 양립할 수 없었다.

무언가에 대해 자세히 아는 것이 어째서 사랑과 관련이 있는 것일까? 실존주의 철학자 장 폴 사르트르는 무언가에 대해 심도 있게 아는 것이 자기개념에 통합하는 방법이라고 말했다. 그러나 이 방법으로 효과를 보려면 냉랭하고 차가운 지식이 아니라 열정적이고 친밀한 지식을 갖춰야 한다. 어떤 것을 열정적이고 친밀한 방식으로 깊이 알게 되면 우리는 그것을 단순히 필요를 충족하기 위한 대상이 아니라 소중한 것으로 여기게 된다. 사르트르가 성관계를 상대방을 '아는 것'이라고 표현한 것은 우연이 아니다.

인생 이야기 속에 함께하기

작가이자 〈뉴욕타임스〉 서평란 편집자인 패멀라 폴은 작가이자 법률분석가인 제프리 투빈[1]을 인터뷰하던 중 두 사람에게 특이한 공통점이 있다고 언급한 적이 있다. 두 사람 다 읽은 책을 기록해 둔 공책인 '책에 대한 책'을 갖고 있었다. 그리고 알고 보니 또 다른 공통점도 있었다.

제프리 투빈 내 아버지는 안타깝게도 매우 젊은 나이에 돌아가셨지요. 유품 중에 이 작은 가죽 공책을 발견했는데, 아버지가 읽은 모든 책을 적어 두셨더군요. 정말 가슴 아팠던 건 아버지가 뇌종양을 앓으셨는데, 병세가 악화되면서 글씨가 점점 나빠지는 게 눈에 보였다는 겁니다. 이 멋진 유품을 계속 간직하고 있다가 한 3년쯤 지나 이런 생각을 했어요. 에라 모르겠다, 나도 같은 공책에 똑같은 일을 해야겠다고 말이죠. 수십 년이 지난 지금도 아직 그 공책을 갖고 있습니다. 내가 가장 소중히 여기는 물건이죠. 언젠가 우리 아파트 건물 다른 층에서 불이 나는 바람에 아내와 두 아이를 데리고 급히 대피했는데, 그때 내가 식구들과 우리 고양이 말고 유일하게 챙긴 게 이 공책이었어요.

패멀라 폴 그 이야기 재미있네요. 왜냐하면 내 회고록도 정확히 그런 일화로 시작하거든요. 다행히 우리 집엔 불이 아직 안 났고, 앞으로도 그러길 바라지만 만일 불이 나면 나도 아이들 다음으로 그걸 챙길 거예요.

이 '책에 대한 책'이 두 사람에게 그토록 의미 있고 소중한 이유는 무엇일까? 우리는 삶을 살아가며 마음속에 과거, 현재, 미래의 이야기를 자아내 자기개념의 중요한 부분을 형성한다. 우리가 사랑하는 것들은 그러한 인생 이야기 속에서 하나의 역할을 함으로써 정체성의 일부가 된다. 나는 인생의 중요한 순간을 기록하는 일기나 기념품, 수집품을 사랑하는 사람들한테서 이런 현상을 자주 발견했다. 처음 마련한 집이나 졸업장처럼 중대한 성취를 의미하는 트로피 역할을 하는 물건이 인생 이야기에 통합되는 것도 흔한 일이다. 예를 들어 한 프리랜서 기자는 지면에 자기 이름이 인쇄된 것을 보는 게 좋다고 말한 적이 있다. "나 자신한테 만족감이 들어요. 내가 성취한 것에 대한 구체적인 기록이니까요."[12] 내가 인터뷰한 또 다른 사람은 사랑하는 자동차에 대해 다음과 같이 말했다.[13]

> 중요한 건 차 자체가 아니라 그게 의미하는 겁니다. 학교를 졸업하려고 아등바등 애쓸 때 그 차를 봤고, 너무 갖고 싶었거든요. 내게 그 차는 꿈을 실현하는 걸 의미했어요. 학교를 졸업한 게 내가 이룬 첫 번째 목표였다면, 그 차를 손에 넣고 나니 뭐든 할 수 있을 것 같다는 기분이 들었죠.

우리가 인생 이야기에 통합하는 사랑의 대상이 단순히 과거의 사물에만 국한되는 것은 아니다. 환상 속의 소유물 역시 미래의 성취를 위한 상상의 트로피 역할을 할 수 있다. 나는 가난하게 자라 고등학교 교육밖에 못 받았지만 지치지 않는 노력으로 고급 미용

실의 매니저가 되었고 그보다 더 높이 올라가겠다는 야망을 지닌 여성을 인터뷰한 적이 있다. 인터뷰 초반에 그는 물건을 진심으로 사랑하는 것은 불가능하다고 말했다. 하지만 나중에는 언젠가 꼭 소유하고야 말겠다고 다짐한 흰색 재규어 자동차를 사랑한다고 시인했다. 그는 웃으며 이렇게 말했다. "그건 시크하고, 우아하고, 고양이처럼 달리고 가르랑거리거든요."[14] 물질적인 것은 사랑할 수 없다고 했으면서 어째서 이 차에 대해서는 사랑한다고 말할 정도로 강한 감정을 느끼는 걸까? 그 여성에게 사물을 진심으로 사랑할 수 없다는 말과 이 자동차를 진심으로 사랑하는 것 사이에는 큰 모순이 없었다. 왜냐하면 그의 마음속에서 이 자동차는 물질적인 것이 아니라 열망의 상징이었기 때문이다.

물리적 접촉

생각하는 것과 더불어 물리적 접촉이 수반되면, 사랑의 대상은 (문자 그대로는 아니더라도 적어도 은유적으로) 우리에게 스며들어 우리 자신의 일부가 된다. 예를 들어 유명인이 소유했던 물건은 그 유명인과 신체적 접촉이 많을수록 가치가 높아진다. 재클린 케네디 오아시스가 자주 사용했던 줄자는 경매에서 4만 8875달러에 낙찰됐다.[15] 반대지만 비슷한 이치로, 부정적인 유명인이나 악명 높은 빌런과의 신체적 접촉은 물건의 가치를 떨어뜨리고 이미 갖고 있던 물건도 버리고 싶게 만든다. 실제로 캐럴 네메로프와 폴 로진[16]에 따르면 사람들은 아돌프 히틀러가 입었던 스웨터라는 말을 들으면 옷을 입어 보기를 거부한다. 이는 레딧에 올라온 사연을 떠오르게 한다. 여성은 약혼자의 어머니가 허락 없이 자신의 웨딩드레스를 입어 보았고, 그 사실을 알게 된 것만으로도 결혼식에 입을 새 드레스를 사고 싶다고 털어 놓았다.

물건을 만지면 우리에게도 영향이 미친다는 사실은 의류 매장에 흥미로운 시사점을 제공한다. 마케팅 교수인 제니퍼 아르고, 대런 달, 앤드리아 모랄레스[17]는 다른 고객이 먼저 입은 적이 있다고 생각하면 그 옷을 구매할 가능성이 작아지지만 매력적인 이성異性 직원이 다룬 제품은 구매할 가능성이 크다는 사실을 발견했다. 또 이미 사용된 물건이라도 흥미로운 스토리, 즉 고객과 감정적 관계를 맺을 수 있는 이야기가 첨부되어 있으면 호감도가 높아질 수 있다. 영국 맨체스터에 위치한 옥스팜 중고 매장은 물품을 기증하는 사람들에게 기증한 물건에 얽힌 사연과 그 물건이 그들에게 어떤 의미였는지 말해 달라고 요청해 활용하고 있다. 이는 옥스팜 셀프 라이프 프로젝트의 일환으로, 앱을 사용해 물품의 바코드를 읽으면 그 물건에 얽힌 사연을 알 수 있다. 이를테면,

> 음, 제 물건은 작은 빨간색 실크 파우치예요. 방콕의 나라이라는 곳에서 샀는데, 방콕 외곽에 사시는 삼촌과 숙모 노이를 뵈러 갔을 때 제일 먼저 산 물건이죠. 내가 기억하고 있는 게 맞다면 툭툭(전동 인력

거)을 처음 탔다가 고속도로 한가운데서 거의 떨어질 뻔한 것도 이걸 사서 돌아오는 길이었을 거예요. 맞아요, 틀림없어요. 그러니까 전 그 파우치 때문에 내 목숨과 팔다리를 잃을 뻔했던 거죠.

옥스팜의 세라 파퀴는 "고객들은 흥미로운 이야기가 있는 물건에 바로 매력을 느끼죠"라고 설명했다. 이는 수익을 창출할 뿐만 아니라 사람들이 새 제품을 구입하지 않고 오래된 물건을 계속 사용하거나 재사용하게 함으로써 친환경 경제를 장려한다는 점에서 특히 옥스팜에게 매력적이다. 제품 뒤에 숨겨진 이야기를 들려 주면 '제품이 쓰레기 매립지로 가는 것을 방지'하고 '사람들이 더 오래도록 사랑하게' 만든다.[18]

왜 남성용 샴푸와 여성용 샴푸는 있는데 남성용과 여성용 세탁 세제는 없는지 궁금해한 적이 있는가? 남성용과 여성용 청바지에 서로 다른 세제가 필요하지 않다면 머리카락도 굳이 다른 샴푸를 쓸 이유가 없지 않을까? 샴푸를 성별에 따라 따로 마케팅하는 이유는 신체에 직접 접촉하는 상품이어서 개인의 정체감과 밀접한 상징적 관계를 구축하기 때문이다. 마케터는 이 사실을 아주 잘 알고 있기에 세면용품의 향기, 포장, 광고 등은 모두 제품에 특정한 특성을 부여하는 데 초점이 맞추어진다. 섹시함이나 자연스러움, 세련미, 건강, 남성성이나 여성성처럼 말이다. 많은 소비자가 성 정체성을 비롯해 자신이 원하는 정체성과 일치하는 제품에 기꺼이 추가 비용을 지불하며, 마케터는 이러한 경향을 증폭시키고 활용한다.

머리카락에 문지르는 샴푸가 정체성에 통합된다는 점을 생각하면 먹는 음식이 그보다 더 강력한 영향을 끼칠 수 있다는 사실은 그리 놀랍지 않다. "당신이 먹는 것이 곧 당신이다"라는 말은 음식이 우리 몸의 일부가 된다는 의미인 것 같지만 동시에 우리가 먹거나 거부하는 음식이 우리 정체성의 일부가 된다는 의미로도 해석할 수 있다. 우리가 물리적으로 소화할 수 있는 것은 '음식'이지만, 상징적인 차원에서는 특정 음식에 대한 거부감도 자기개념에 포함될 수 있다. 이를테면 고기를 먹지 않겠다고 결심하면 '채식주의자'는 그들 정체성의 중요한 일부가 된다. 이는 많은 종교에서 신자들에게 특정 음식을 금지하는 이유이기도 하다. 힌두교도는 쇠고기를 먹지 않고 유대인은 돼지고기나 조개류를 먹지 않는다. 무슬림은 돼지고기를 먹지 않고 자이나교도는 땅에서 나는 육류나 채소를 먹지 않는다. 이처럼 음식과 관련된 규칙은 종교를 신자의 정체성에 통합하는 매우 강력한 방법이다.

통제

도구나 자동차, 악기, 스포츠 장비 같은 것들을 직관적으로 제어할 수 있다면 이들도 우리의 일부가 될 수 있다. 예를 들어 운전에 능숙한 사람들은 '브레이크를 부드럽게 밟아서 속도를 줄이고 핸들을 오른쪽으로 돌려야지'라고 생각하지 않는다. 그저 '저기 가고 싶어'

라고 생각하면 몸이 저절로 필요한 작업을 수행한다. 자동차에 대한 이런 직관적인 통제력은 우리 몸에 대한 통제와도 유사하다. 따라서 우리는 이런 방식으로 통제할 수 있는 사물을 우리 몸의 연장선, 즉 우리 자신의 일부로 여기게 된다.

창조와 투자

신화가 실제 일어난 일이 아니라고 해서 거짓인 것은 아니며, 끊임없이 반복적으로 발생한 일이기에 오히려 진실이라는 말이 있다. 그리스 신화의 피그말리온 이야기의 경우에는 확실히 맞는 말이다. 한 조각가가 자기가 만든 여인의 조각상이 너무도 아름다워 사랑에 빠지고 만다. 이 신화 속 패턴은 사람들이 자신이 만든 것과 사랑에 빠지면서 끊임없이 반복되고 있다.

우리는 우리가 만든 것을 자신의 일부로 보는 경향이 있다. 자식이 그렇듯이 내가 탄생시켰기 때문이다. 또는 때때로 말하듯이, 그 안에 '내 많은 부분을 쏟아부었기' 때문이다. 에리히 프롬은 그의 고전적 저서인《사랑의 기술》에서 이렇게 말했다.[19]

어떤 종류의 창조적 작업이든, 창조하는 자는 자신의 외부 세계를 의미하는 재료와 결합하게 된다. 목수가 테이블을 만들고 금 세공인이 장신구를 만들고 농부가 옥수수를 키우고 화가가 그림을 그릴 때, 모든 창조적 작업에서 일하는 자와 그 대상은 하나가 되며 인간은 창조 과정에서 세상과 통합된다.

우리 각자는 스스로에게 엄청난 가치를 지닌다. 그래서 어떤 것이 우리 자신의 일부가 되면 우리는 그것 또한 가치 있게 여긴다. 연구에 의하면 사람들은 자신이 직접 디자인하거나 제작 과정에 참여한 대상을 훨씬 더 가치 있는 것으로 여긴다. 2012년 연구에서 마이클 노턴, 대니얼 모촌, 댄 애리얼리[20]는 실험 참가자들에게 종이접기를 요청했다. 그런 다음 방금 자신이 만든 종이접기에 얼마를 지불할 의향이 있는지, 다른 사람들은 같은 물건에 얼마를 지불할 것으로 예상하는지 물었다. 그들은 또한 비교 집단에게도 다른 집단의 사람들이 만든 종이접기에 실제로 얼마를 지불할 의향이 있는지 물었다. 사람들은 직접 만든 종이접기에 낯선 이들이 지불할 의향이 있다고 말한 금액의 거의 5배에 달하는 금액을 지불하겠다고 답했다. 더욱 놀라운 것은 종이접기를 만든 사람들에게 다른 사람이 그들의 작품에 얼마를 지불할 것이라고 생각하는지 물었을 때 자신이 지불한 것과 거의 같거나 어떤 경우에는 그보다 더 많은 금액을 지불할 것이라고 예상했다는 점이다.

어떤 물건에 창의력을 투자했을 때 사람들은 그것을 자신의 일부로 보는 경향이 강해진다. 반드시 창의성일 필요도 없다. 어떤 노력이든 비슷한 효과를 가져올 수 있다. 예를 들어 경영학 교수 피터 블로흐[21]는 자동차를 직접 세차하고 관리하는 사람들이 차량을

내가 사랑하는 것이 곧 나

정체성의 일부로 여길 가능성이 크다는 사실을 알아냈고, 러셀 벨크[22]는 집을 가꿀 때에도 마찬가지라는 사실을 발견했다. 유사한 패턴으로 노턴, 모촌, 애리얼리[23]의 연구는 사람들이 지시대로 물건을 조립하는 것만으로도 해당 물건에 비합리적으로 높은 가치를 부여한다는 사실을 보여 준다. 이들은 DIY 가구 소매업체의 이름을 따 여기에 '이케아 효과'라고 이름 붙였다.

당신을 바꾼다

간단히 말해 우리가 바꾸고 변화시킨 사물은 자기개념의 일부가 될 수 있다는 얘기다. 사랑의 대상이 당신을 변화시켰을 때도 똑같은 이치가 적용된다. 특히 사람들은 어떤 것이 자신의 본질을 확장하거나 성장에 도움이 될 때 그것을 자신의 일부로 보는 경향이 있다. 예를 들어 나는 운동을 좋아하고 운동이 그의 몸을 변화시키기 때문에 자신의 일부라고 여기는 남성들을 인터뷰한 적이 있다. 한 책 애호가는 책이 그의 일부인 이유에 대해 이렇게 표현했다. "책을 통해 삶을 바라보는 시각이 점점 더 넓어지지요. 말하자면 나 자신을 확장하는 것과 비슷해요."[24]

아서 아론과 일레인 아론은 사람들이 사랑에 빠지면 어떻게 예전과 다른 사람이 되는지 연구한 바 있다. 그들이 발견한 것들은 사물에 대한 사랑과도 관련이 있다. 아론 부부는 인간에게는 성장하고 발전하려는 타고난 욕구가 있다고 주장한다. 그들은 사랑에 빠지는 것이 이러한 개인적인 성장 욕구와 관련되어 있다고 믿는데, 왜냐하면 우리는 사랑하는 사람을 나 자신의 일부로 통합하기 때문이다. 심리학자 멕 패리스와 함께 한 연구[25]에서 연구진은 학생들에게 2주마다 '오늘의 나는 어떤 사람인가?'라는 질문을 던지고 바로 그 당시의 자신을 단어로 묘사하게 했다. 그 결과 연구진은 정체성의 19가지 측면을 대표하는 자기서술적 단어들을 찾아냈다. 거기에는 감정(예: '화가 난다', '행복하다'), 가족 역할(예: '아들', '딸', '형제', '자매'), 직업 등을 묘사하는 단어가 포함되어 있었다. 학생들이 자기서술적 단어를 작성할 때마다 연구진은 지난 2주일 동안 사랑에 빠지지는 않았는지 물었고, 실험 참가자들은 대학생이었기에 그건 그리 드문 일이 아니었다. 사랑에 빠진 학생들은 훨씬 다양한 단어를 사용하여 자신을 묘사했는데 이는 사랑에 빠지면 자기개념이 확장되고 넓어진다는 사실을 보여 준다.

사물과 사랑에 빠졌을 때도 마찬가지다. 한 친구는 자신이 야생동물에 관한 다큐멘터리를 좋아한다는 사실을 알고 깜짝 놀랐다고 말했다. 그는 평소에 그런 게 지루하다고 생각하던 사람이었다. "평생 내가 자연 다큐멘터리를 좋아하는 사람이라고는 생각지도 못했는데, 아무래도 그런 것 같아." 새로운 열정을 통해 자신도 몰랐던 모습을 발견하자 자기개념이 확장된 것이다.

구매와 소유

100여 년 전, 최초의 현대 연구심리학자로 꼽히는 윌리엄 제임스는 뭔가를 소유하는 것과 그것을 정체성 일부로 여기는 것 사이에 강력한 연관성이 존재한다고 지적했다. "나라고 부르는 것과 내 **것**이라고 부르는 것 사이에 딱히 명확한 선을 긋기는 어렵다. 우리는 특정 소유물에 대해 나 자신에 대해 느끼는 것과 비슷한 방식으로 느끼고 행동한다."[26] 제임스는 또한 우리가 내 몸, 내 기억, 내 나라, 내 종교, 내가 좋아하는 밴드 등 정체성의 일부에 해당하는 모든 것을 **소유물**로 간주한다고 주장했다. 그렇기에 사랑에도 '내 것이 되어 줄래?' 같은 표현이 많이 존재하는 것이다.

법적 소유와 심리적 소유는 다르다. 가령 우리는 '내 나라'라고 부르는 국가에 대해 심적으로는 소유권을 느끼지만, 그곳에 사는 사람들에게 임대료를 청구하지는 않는다. 또한 학생들은 교실에 자주 앉는 자리에 법적 소유권은 없어도 심리적으로는 내 것이라고 느끼는 경향이 있다. 사물을 정체성에 통합하는 데 있어 가장 중요한 것은 심리적 소유다. 그러나 법적 소유도 중요한데, 이는 법적 소유가 일반적으로 심리적 소유를 강화하기 때문이다. 새로운 활동을 시작하는 사람들은 종종 그런 활동에 대한 심리적 소유감을 강화하기 위해 고가의 장비나 의류를 구입하곤 한다. 이는 값비싼 비용이 드는 실수가 될 수 있다. 특정 활동을 오랫동안 사랑해 온 사람들조차 열정을 표현하는 방법으로 물건을 사거나 소유하는 데 지나치게 집착한다. 한번은 자전거 수리를 하러 갔다가 7000달러 짜리 산악자전거를 사러 온 다른 고객과 이야기를 나눈 적이 있다. 그는 이미 산악자전거를 여덟 대나 갖고 있었고 이를 보관하는 데 어려움을 겪고 있었다. 한 대 더 사서 집에 가져갔다간 아내한테 죽을 터였다. 어쨌든 그럼에도 불구하고 그는 결국 자전거를 사고 말았다. 어쩌면 강박구매 장애나 저장강박을 갖고 있었는지도 모른다(아니더라도 적어도 그분의 아내는 그렇게 생각하고 있을 것이다). 하지만 이만큼 강박적이지는 않더라도 한 번도 사용하지 않을 온갖 특별한 용품을 구매해 특정 활동에 대한 애정을 표현하는 것은 꽤 흔한 일이다.

나도 같은 문제를 겪은 적이 있어서 안다. 나는 고등학교 때부터 오디오 장비 애호가였다. 불행히도 내 친구의 말처럼 '오디오 애호가들은 결코 만족하는 법이 없고' 스테레오 장비는 가끔 어마어마하게 비싸다. 더 최악은 기술적인 부분에 너무 집착하다 보면 장비 생각에만 사로잡혀 실제 음악을 듣고 감상하는 일이 후순위로 밀려난다는 것이다. 나는 오디오 애호가로서의 성향을 억제하는 좋은 방법이 주변기기가 아닌 음악 그 자체에 의식적으로 집중하는 것임을 깨달았다. 예를 들어 나는 요즘 오디오 장비에 대한 글은 피하고 대신 음악에 관한 글을 읽는다.

경계를 허무는 경험

서로 모르던 사람들이 갑자기 끔찍한 모험에 휘말려 결국 친구나 연인으로 발전하는 영화를 자주 봤을 것이다. 어쩌면 실생활에서도 비슷한 경험이 있을지 모른다. 휴가 때 친구들과 화창한 해변에서 평온한 시간을 즐겼을 때보다 작은 재난을 함께 극복했을 때 진정한 결속의 기반을 다졌던 경험 말이다. 애덤 샌들러는 무서운 롤러코스터를 탔다가 우연히 옆자리에 앉은 남자와 '사랑에 빠지는' 유머를 자주 이야기하는데, 그런 경험을 공유하면 낯선 사람과도 유대감을 형성할 수 있기 때문이다. 아서 아론과 일레인 아론은 이런 스트레스 가득한 모험을 '경계를 허무는 경험'이라고 부른다. 이러한 사건들은 사람들 사이의 심리적 경계를 허물어 다른 사람이 자기개념 일부가 되는 것을 용이하게 만든다.

사랑하는 것에 대해 감정적으로 격렬한 경험을 했을 때도 유사한 일이 발생한다. 내 연구에서 사람들은 종종 음악이나 책 그리고 삶에서 감정적으로 힘들었던 시기를 극복할 수 있게 도와준 것들을 사랑한다고 말한다. 그들은 거센 폭풍우를 이겨 낼 수 있게 도움을 준 사물이나 활동에 감사하고 이런 사랑의 대상에 강한 유대감을 느꼈다.

이처럼 긴밀한 유대감을 형성하는 경험에는 때로 두려움이 수반된다. 한번은 공포영화를 좋아하는 한 남성과 이야기를 나눈 적이 있는데, 덕분에 나도 공포영화에 대해 달리 생각하게 되었다. 내가 왜 무서운 것을 좋아하는지 묻자 그는 이렇게 대답했다. "그냥 무서운 게 좋은 게 아니에요. 친구들이랑 같이 무서워하는 게 좋은 거죠." 남자가 공포영화를 사랑하는 이유는 공포 그 자체가 좋아서가 아니라 다른 이들과 유대감을 쌓는 경험을 공유할 수 있기 때문이었다.

워싱턴대학교의 레아 던과 브리티시컬럼비아대학교의 조안드 레아 호에그[27]는 공포영화가 친구들과 유대감을 형성하는 것은 물론 브랜드와 유대감을 형성하는 데에도 도움이 된다는 사실을 발견했다. 던과 호에그는 실험 참가자들에게 새로운 탄산수 브랜드와 몇 가지 영화 클립을 평가하게 될 것이라고 말했다. 그런 다음 각 참가자에게 탄산수 한 잔을 주고 슬프거나, 무섭거나, 행복하거나, 신나는 영화 장면을 보여 주었다. 이후 시청자들은 방금 마신 탄산수 브랜드에 얼마나 감정적인 애착을 느끼는지 평가했다. 슬프거나 행복하거나 신나는 영화 장면을 본 사람들은 탄산수 브랜드에 대한 감정적 애착이 낮은 반면 무서운 영화를 본 사람들은 놀랍도록 높은 애착 수준을 보고했다. 왜 이런 일이 일어나는 걸까? 연구진은 우리의 뇌가 무서운 상황에 빠졌을 때 주변 사람들과 유대감을 형성하도록 진화했기 때문이라고 믿는다. 힘든 시기에 친구가 옆에 있다면 유용하기 때문이다. 이런 정신적 메커니즘은 사물과의 관계에도 그대로 적용된다.

경계를 허무는 경험은 스포츠 팬들이 응원팀을 왜 그토록 깊이 사랑하는지 이해하는 데에도 도움이 된다. 스포츠심리학자 새러

내가 사랑하는 것이 곧 나

브로드벤트[28]는 스포츠가 다른 어떤 유형의 관람용 오락보다 강한 감정을 불러일으킨다고 말한다. 각 경기는 팬들이 팀과 함께 겪는 감정적으로 강렬하고 때로는 무섭기까지 한 경계를 허무는 경험이다. 따라서 스포츠 팀은 팬의 자기개념에서 매우 큰 부분을 차지하게 되며, 그래서 팬들은 소파에서 일어난 적도 없으면서 "우리가 이겼다" 또는 "우리가 졌다"라고 말하는 것이다. 아내가 TV로 축구 경기를 보는 남편에게 "가끔 당신은 나보다 축구를 더 사랑하는 것 같아"라고 말하는 만화를 본 적이 있다. 그러자 남편은 이렇게 대답한다. "적어도 하키보단 당신을 더 사랑해." 하지만 이건 그냥 만화일 뿐이다… 그렇겠지?

기억하겠지만, 관계 난로는 사물에 대한 냉랭하고 실용적인 관계를 따뜻하고 감정적 애착이 넘치는 관계로 바꾸는 정신적 메커니즘이다. 지금까지 세 가지 관계 난로에 대해 살펴보았다. 의인화는 사물을 사람으로 위장하고, 사람 연결기는 당신과 사랑의 대상 그리고 다른 사람 사이에 일련의 정신적인 연결을 형성하며, 자기통합은 사랑의 대상을 매우 중요한 사람인 자신의 일부로 만든다. 세 가지 중에 가장 중요하고 보편적인 것은 자기통합인데, 그 이유에 대해서는 곧 설명하겠다. 이어지는 세 개의 장에서는 우리가 사랑하는 것들이 우리 자신을 형성하는 다양한 방식을 다룬다.

그것들
안에 있는
나

6

"사랑은 다른 사람 안에서 나를 발견하고

그것을 인식하는 즐거움이다."

– 알렉산더 스미스 Alexander Smith, 1829~1867

1950년, 네슬레의 미국 내 네스카페 인스턴트 커피 판매 실적은 실망스러웠다. 네슬레가 미국 여성들에게 네스카페 커피를 구입하지 않는 이유를 조사했을 때는 맛 때문이라는 대답이 압도적이었다. 그러나 블라인트 테스트에 의하면 1950년 당시 대다수가 마시는 다른 형편없는 커피에 비해 네스카페의 맛은 꽤 괜찮은 평가를 받았다. 그렇다면 대체 진짜 이유가 뭘까?

네슬레는 소비자심리학자인 메이슨 헤어에게 문제의 원인을 규명해 줄 것을 의뢰했다.[1] 헤어는 네스카페를 거부하는 여성들이 거의 항상 "인스턴트 커피는 맛이 없어서 안 먹어"라고 말하며 이를 철저히 이성적인 행동으로 여기고 있음을 발견했다. 하지만 여성들의 감정을 더 깊이 파고들자, 헤어는 이들이 인스턴트 커피 구매자를 게으르고, 낭비벽이 심하고, 체계적이지 못하고, 무엇보다 불행한 결혼 생활을 하고 있는 이들이라고 은연중에 깔보고 있음을 알게 되었다. 행복한 결혼 생활을 하는 여성이라면 남편을 위해 기꺼이 시간을 내어 '진짜' 커피를 내려 줄 것이라고 말이다. 소비자로서 우리는 (커피와 같은) 어떤 것들을 아주 단순한 이유로(맛이 나쁘다) 좋아하거나 싫어할 것이라고 잘못 생각하는 경향이 있다. 하지만 **정체성 문제**, 즉 특정 유형의 사람이 되고자 하는 욕구(이 경우에는 게으르고, 낭비벽이 심하고, 체계적이지 못하고, 결혼 생활에 실패한 사람이 되지 않는 것)는 우리가 생각하는 것보다 더 무엇을 사고 무엇을 사랑하는지에 아주 큰 영향을 미친다.

처음 소비자 행동을 공부하기 시작했을 때, 나는 연구진이 너무도 자주 사람들의 취향을 그들이 추구하는 정체성으로 설명하려 하는 것을 보고는 놀랐다("이 여성은 애국적인 보수주의자임을 보여 주기 위해 픽업트럭을 몰고, 이 남성은 친환경 진보주의자라는 것을 보여 주기 위해 전기자동차를 운전한다"). 나도 정체성이 얼마나 중대한 영향을 끼치는지 알지만 일부 연구자는 거기에 약간 집착하는 듯 보였다. 그러나 나중에 직접 연구에 뛰어들게 되자 그들이 정체성이라는 주제에 과도하게 초점을 맞추는 게 아님을 알게 되었다. 연구진은 그저 실제로 소비자에게 동기를 부여하는 요인을 발견하고 보고한 것뿐이다(비록 소비자 자신은 부분적으로밖에 인지하지 못하고 있을지라도). 서양 문화의 역사를 깊이 알게 되자 더욱 많은 것들이 이해되기 시작했다.

사물과 낭만주의의
상관관계

오늘날 우리의 삶에서 물건은 과거 어느 때보다도 커다란 역할을 차지하고 있다. 지금과 같은 상황을 초래한 변화는 1760년경 산업혁명과 함께 시작되었다. 섬유 산업에서 시작된 산업혁명은 의류 가격을 급격히 낮췄고 결국에는 모든 제품의 가격 하락으로 이어졌다. 이해하기 쉽게 비교하자면 산업혁명 기간의 직물 가격은 디지털 혁명 때 컴퓨터 램 가격보다도 더 빠르게 하락했다. 산업혁명이 발발한 당시 경제학자 애덤 스미스는 한때 부유층의 전유물이었던 리넨 셔츠가 이제는 저임금 노동자들에게 사회적 필수품이 되었다고 언급했다.[2] 산업혁명이 진행되면서 집은 소유물로 채워졌고 물건은 사람들의 삶에서 점점 더 큰 역할을 하게 되었다. 이런 현상은 상류층에서 먼저 발생했으나, 이제 물건은 세계에서 가장 빈곤한 이들을 제외하고는 모든 이들의 삶에 스며들어 있다. 이누이트족이 눈을 뜻하는 다양한 단어를 갖고 있다는 진부한 이야기를 들을 때마다 나는 왜 우리가 온갖 종류의 옷, 자동차, 가전제품, 상점에 대해 그토록 많은 단어를 가졌는지 이누이트가 의아해하는 모습을 상상하곤 한다.

그러나 산업혁명은 단순히 소유물이 넘치는 것 이상의 변화를 가져왔다. 부의 증가는 거대한 문화적 변화로 이어졌고 개인주의를 점진적으로 증가시켰다. 그 이유가 뭐냐고? 개인주의란 결국 내적 욕망이 시키는 대로 하는 것과 가족과 친구, 사회, 종교 또는 전통이 시키는 대로 하는 것 사이에 선택해야 할 때 내적 욕망을 따르는 것을 의미하기 때문이다. 또한 돈이 많을수록 타인이 우리에게 미칠 수 있는 영향력이 줄기 때문에 다른 사람이 내게 원하는 것을 무시하고 나만의 내적 욕망을 따르는 개인주의적 성향이 되기 쉽다. 이에 대한 증거로 많은 연구에 따르면 (1)어떤 사회에서나 부유한 이들이 가난한 이들보다 개인주의적인 성향이 더 강하고[3] (2)부유한 국가가 가난한 국가보다 개인주의적인 성향이 더 강하며[4] (3)부유한 국가가 시간이 지나면서 점점 더 부유해질수록 개인주의적인 성향도 짙어진다.[5]

이러한 변화는 매우 강력하나 또한 점진적이다. 유럽과 북미에 오늘날과 같은 개인주의 문화가 정착하기까지는 수백 년이 걸렸다. 유럽에서는 산업혁명이 경제 성장으로 이어지면서 개인주의로의 변화가 초기에는 낭만주의라는 사회운동의 형태를 띠었다. 이

운동은 우리 각자의 내면에는 "진정한 자기"°가 있고, 따라서 '우리 자신을 찾아야'(즉 진정한 내가 누구인지 찾아내야) 하며, 부모와 공동체 또는 사회적 관습에 도전하는 한이 있더라도 내면의 자기self에 충실한 삶을 살아야 한다고 주장했다. 이런 사회적 움직임은 엄청난 영향력을 발휘하여 역사학자들은 1800~1850년을 낭만주의 시대라고 부른다.

내면의 진정한 자기에 대한 낭만주의적 사고는 결혼 풍습에도 지대한 영향을 끼쳤다. 젊은 낭만주의자들은 결혼 상대를 선택하는 데 있어 부모의 의견을 따르는 게 아니라 사랑이야말로 올바른 배우자로 인도하는 내면의 목소리라고 주장했다. 사랑을 바탕으로 결혼 상대를 결정해야 한다는 생각이 낭만주의 시대에 널리 퍼지면서 구애하는 커플 간의 사랑을—짐작하겠지만—낭만적 사랑이라고 부르게 되었다. 그러나 내면의 자기에게 충실해야 한다는 개념은 단순히 결혼 풍습에 영향을 미치는 데 그치지 않았다.

우리의 정체성에 큰 영향을 미치는 요소들을 생각해 보라. 사는 곳, 친구, 직업, 종교, 성별, 사랑하는 사람, 옷 입는 방식, 결혼 상대 등등. 낭만주의 시대 이전에는 여기 해당하는 모든 것이 개인의 통제권 밖에 있었다. 대다수 사람은 제한된 성 역할을 따랐고, 태어난 곳 근처에 살았으며, 종교와 음식, 음악과 의복도 공동체의 전통을

° 앞으로는 이 개념을 일반적으로 부르는 이름인 '진정한 자기'라는 용어를 사용할 것이다. 하지만 그렇다고 해서 내가 우리 각자가 항상 귀 기울여야 하는 하나의 참된 자기가 있다는 낭만주의적 사고방식에 동의하는 건 아니다. 현실은 그보다 더 복잡하다.

그것들 안에 있는 나   ✦

따랐다. 그들은 또한 가업을 잇고 부모가 허락하거나 선택한 사람과 결혼했다. 그러나 오늘날 특히 서구 사회(그리고 점점 더 많은 비서구 사회)에서 이런 요소들은 모두 우리가 선택할 수 있고, 선택해야 하는 것들이 되었다.

낭만주의 운동은 이 같은 결정을 하게 해 주었을 뿐 아니라 결정을 내리는 **방법**에 대한 철학을 발전시켰다. 낭만주의는 내면에 충실해야 한다고 주장한다. 따라서 사물에 대한 낭만적 사랑은 성적이거나 심지어 열정적인 사랑을 말하는 것이 아니다. 어떤 대상을 사랑한다는 것은 그것이 자신의 내면을 반영한다고 여기는 것이다.

많은 사람이 사랑은 낭만적이라는 고정관념에 빠진 나머지 다른 방식의 사랑이 존재한다는 사실을 깜박하곤 한다. 사랑은 사물이나 사람에 대한 내적 욕망을 따르는 게 아니었나? 아니, 모든 사람이 그런 것은 아니다. 나는 싱가포르에서 한 여성과 인터뷰한 적이 있다. 그는 중요한 사교 행사에서 입은 드레스를 사랑한다고 말했는데, **드레스를 입은 모습은 마음에 들지 않았지만 그 순간 진짜 '자기'가 된 것 같았기 때문이라고 했다.**[6] 그는 옷에 대한 취향보다 가족을 사랑하고 돕는 것이 자신의 정체성에 훨씬 더 중요한 부분이라고 설명했다. 그 사교 행사에서 모친의 친구들은 어머니에게 딸이 얼마나 예쁘고 얼마나 훌륭한 안목을 가졌는지 칭찬했고, 그것은 어머니에게 자부심을 느끼게 해 주었다. 여성이 보기에 그의 참된 자기는 부모님을 사랑하고 공경하고 가족의 명예를 드높이는 사람이었다. 그 드레스는 여성이 그러한 정체성을 구현하는 데 도움을 주었기 때문에 겉모습에 대한 내면의 감정과는 상관없이 드레스는 '그 자신'이었다.

이 여성은 연구원 헤이즐 마커스와 기타야마 시노부[7]가 '상호의존적 자기개념'이라고 부르는 것의 완벽한 예시다. 이들의 연구에는 집단주의 문화에서 일반적으로 개인의 취향과 믿음이 아니라 다른 사람과의 관계(가족, 친구, 직장 등)에 의해 자신의 진정한 정체성이 정의된다는 풍부한 증거가 담겨 있다. 나는 그것이 사실임을 의심하지 않는다. 하지만 경제적으로 성공한 아시아 문화권에서 인터뷰를 하며[8] 이 지역에서도 사랑에 대한 낭만적이고 개인주의적 생각이 점점 더 대중화되고 있다고 의심하게 되었다. 이는 부의 급격한 증가와 함께 다른 모든 곳과 마찬가지로 개인주의가 확산되었기 때문일 수도 있고, 서양 문화의 영향 때문일 수도 있다.

역사학자들은 낭만주의 시대의 쇠퇴 시기를 1850년경으로 잡지만 내면의 자기에게 충실한다는 낭만주의의 핵심 사상은 결코 쇠퇴하지 않았다. 내면의 진정한 자기에 대한 믿음은 이후 모든 시대에서 계속해서 강화되었다. 예를 들어 페미니즘은 여성의 역할에 대한 전통적 사고와 상충하더라도 여성은 진정한 자신이 누구인지 성찰하며 어떻게 살고 싶은지 파악해야 한다는 기본 사상에 뿌리를 두고 있다. 오늘날 성소수자 운동이 대성공을 거둔 것은 사회적으로 허용되는 전통적인 생각보다 자신의 진정한 성적 정체성이 가리키는 대로 따르도록 독려했기 때문이다. 지난 240년 동안 내면의 자기를 찾고 추구하는 것의 파괴적 위력은 여러 차례 입증된 바 있다. 진부하게 들릴지 모르겠지만 '요즘 애들'은 전통을 거부하고 원하는 대로 행동하며 살아간다.

자기 프로젝트

내면의 자기에 따라 살아야 한다는 생각이 점점 인기를 얻고 있는 것은 전반적으로 좋은 일이다(모든 좋은 일이 그렇듯 너무 지나칠 수도 있지만). 직업과 배우자, 종교적 관습 및 정치적 소속을 선택할 수 있는 사회에 사는 사람들은 그러한 결정이 주로 전통과 가족 또는 기타 출생 환경에 따라 좌우되는 전통적인 사회에 사는 사람들에 비해 더 행복한 경향이 있다.[9]

그러나 내면의 자기에 따라 살 자유를 갖는다는 것은 한편으로 우리에게 거대한 인생 프로젝트라는 무거운 짐을 지운다. 자기가 어떤 사람이 되고 싶은지 결정하는 것만 해도 어려운데 심지어 이마저 프로젝트의 첫 번째 단계일 뿐이다. 그다음에는 비전을 현실로 만들어야 한다. 내면의 자기를 **실제** 자신으로 만드는 것, 즉 **자기**

그것들 안에 있는 나   ✦

실현을 해야 한다. 이것이 바로 우리가 인생 전반에 거쳐 추구하는 **자기 프로젝트**다.

현대 개인주의 문화에서는 우리의 거의 모든 행동이 내면의 자기를 표현하는 것이기에 자기 프로젝트는 우리 삶의 모든 측면에 스며들어 있다. 예를 들어 셔츠를 사는 것 같은 일상적인 일을 할 때도 우리는 그 옷이 단순히 내 몸에 맞을뿐만 아니라 내 정체성과도 일치할 것인지 자문해야 한다. "이게 정말 나일까?" 우리의 삶은 정체성을 변화시키거나 미세하게 조정하는 일련의 선택들로 이루어져 있다. 직장을 바꿔 볼까? 새집으로 이사할까? 교회에 나가 볼까? 아니면 교회에 나가지 말까? 픽업트럭을 살까 아니면 전기 자전거를 살까? 새로운 취미를 가져 볼까? 채식주의자가 되는 건 어때? 선택은 무궁무진하다.

자기 프로젝트는 우리 삶의 모든 측면에 영향을 미칠 뿐만 아니라 평생 지속된다. 1950년대에 심리학자 에릭 에릭슨**Erik Erikson**은 서구 문화가 점점 더 내면에 충실하도록 강조함에 따라 청소년들이 어려움을 겪고 있다는 사실을 발견했다. 그래서 그는 청소년들이 겪는 일을 설명하기 위해 '정체성 위기'라는 용어를 만들었다. 오늘날 중장년층은 성인이 된 후에는 정체성 고민이 줄어들긴 해도 완전히 사라지지는 않는다는 것을 안다. 심지어 종종 은퇴 후에 이를 새로운 정체성을 시작할 기회로 여기는 경우도 많다.

우리 현대인은 소유물과 해야 할 일의 바다에 둘러싸여 정체성을 파악하고 창조해야 하는 상황에 직면해 있다. 영리한 동물인 인간은 여러 단서를 조합해 자신의 정체성을 정의한다. 내가 진정 누구인지 정체성을 정의하는 것이 우리가 좋아하는 것에 큰 영향을 미치는 이유도 그 때문이다.

나를 발견하게 할
마법 나침반

영화 〈캐러비안의 해적〉에서 잭 스패로우 선장은 소유자가 가장 원하는 것을 가리키는 마법의 나침반을 갖고 있다. 자기 프로젝트에 참여 중인 모두에게 진정한 정체성을 알아내는 것은 우리가 가장 절실히 열망하는 것 중 하나다. 사물과 사랑에 빠지는 경험은 우리가 진정 누구인지 조금 더 자세히 알려 주며, 따라서 어떤 면에서 사랑하는 것들은 우리의 가장 큰 열망인 우리가 진정 누구인지를 알려 주는 마법 나침반과도 같다.

5장에서 나는 우리가 무언가를 창조할 때 그 안에 자신을 쏟아붓는다고 말했다. 이와 반대로 무언가를 시도하고 그것을 사랑한다는 것을 알게 되었을 때 우리는 그 안에서 자신을 **발견하게** 된다. 마야 샹카르는 뛰어난 인지과학자가 되기 전에 클래식 바이올리니스트로서 유망한 경력을 쌓았다. 그는 한 인터뷰[10]에서 "바이올린을 연주하면서 얻은 가장 큰 축복은 무언가와 사랑에 빠지고 열정을 쏟는다는 것이 어떤 느낌인지 알 수 있었다는 점"이라고 말했다. 그러한 열렬한 사랑 덕분에 그는 사랑하는 활동을 통해 진정한 자신을 찾을 수 있었다. 그의 말을 빌자면 "'자신에 대한' 추구를 함으로써 '자신의' 자질과 특성을… 볼 수 있지요." 안타깝게도 바이올리니스트로서의 꿈은 왼손 부상 때문에 끝나고 말았지만 샨카르는 사랑하는 일을 한다는 것이 어떤 느낌인지 이미 알고 있었기에 다시금 열정에 불붙이고 바이올린을 통해 발견한 것과 같은 자질을 이끌어 낼 새로운 대상을 찾기 시작했다. 그는 이렇게 말했다. "'사랑하는 것에 대한' 새로운 탐구를 통해 '새로운 활동이' 똑같은 자질을 이끌기를 바라는 겁니다." 그는 결국 인지과학과 사랑에 빠졌고, 그 분야의 슈퍼스타가 되어 오바마 대통령의 백악관 과학기술정책실에서 사회 및 행동과학 수석 고문을 역임한 후 구글 행동과학분석팀의 초대 팀장이 되었다.

직관적 끌림과 첫눈에
반한다는 것

사람들은 종종 사랑하는 것과 관련해 첫눈에 사랑에 빠진 것 같은 직관적 끌림, 또는 '바로 이거다!'라는 느낌을 받는다. 1장에서 집을 보러 갔다가 바로 사랑에 빠진 여성을 기억하는가? 또 다른 여성도 비슷한 경험을 털어놓았다.[11]

> 내가 아주 어렸을 적 '빅토리아 시크릿'에서 나온 물병자리 보디로션이 있었어요. 내가 그 세계와 관련해 가지고 있는 가장 처음의 기억인데요. 이렇게 생각한 게 기억나요. '난 물병자리야.' 그리고 이건 모든 별자리 시리즈 중에서도 내가 제일 사랑하는 향이고. 그러니까 난 그게 물병자리라는 걸 알기도 전에 알았던 거죠. 그게 날 위한 거고 다른 사람들도 안다는 걸.

조금 더 가벼운 형태긴 하지만 우리는 쇼핑을 할 때도 이와 비슷한 경험을 자주 한다. 예를 들어 진열된 신발을 보고 그냥 쓱 지나치는데 갑자기 그중 한두 켤레가 눈앞으로 쿵 하고 다가오면서 '바로 이거야!'라는 느낌과 함께 빨리 신어 보라고 재촉하는 기분이 드는 것이다. 이런 본능적 끌림은 그것이 진정으로 우리 자신의 일부라는 기분이 들게 한다. 그 사물을 통해 나 자신의 일부가 드러나는 듯한 느낌을 받는 것이다.

내적 보상과 화학작용

정직하고 사회적으로 성공한 사람과 데이트를 해도 그다지 즐겁지 않다고 생각해 보라. 이런 경우에는 상대방을 존중하더라도 사랑한다고는 말할 수 없을 것이다. '화학작용'이 없기 때문이다.

사랑하는 사물에게서도 이와 유사한 화학작용을 느낄 수 있다. 어찌 보면 신기한 일이긴 하지만 어쨌든 화학작용의 핵심은 사랑의 대상과 함께 보내는 시간의 즐거움으로 귀결된다고 할 수 있다. 화학작용은 심리학자들이 **내적 보상**이라고 부르는 것에서 비롯되는데, 이는 다른 사람과 상호작용을 하거나 어떠한 대상을 사용하거나 혹은 어떤 활동을 할 때 경험하는 좋은 감정(예: 즐거움, 재미, 자신감)을 가리킨다. 예를 들어 노래를 부를 때 행복한 기분이 든다면 그 감정이 해당 활동의 내적 보상이다. **내적**^{intrinsic}이라는 단어는

'내부'를 뜻하는 라틴어에서 유래했다. 노래를 부를 때 경험하는 즐거움은 그 활동 자체에서 비롯된 본질적 요소다. 반면에 외적 extrinsic이라는 단어는 '외부'라는 의미의 라틴어 단어에서 유래했으며 외적 보상은 활동의 외부, 즉 금전적 보상처럼 활동과는 별개로 존재하는 동기를 가리킨다. 외적 보상의 가장 흔한 두 가지 유형은 돈과 사회적 인정이다. 다시 말해 우리는 돈을 받기 때문에 또는 다른 사람들을 기쁘게 하거나 감명을 주고 싶어서 좋아하지도 않는 일을 하는 경우가 많다.

내적 보상은 사랑에서 특히 중요한 요인이다. 내가 인터뷰한 남자는 프린스 테니스 라켓을 무척 사랑했으나 도시바 노트북은 좋아하는 수준에 그쳤다.[12] 이유가 뭘까? 테니스 라켓은 그에게 내적 보상을 주었다. 즉 그는 라켓으로 테니스 치는 것을 좋아했다. 하지만 노트북은 외적 보상을 제공했다. 다시 말해 컴퓨터를 사용한 결과물은 좋았지만, 컴퓨터를 사용하는 경험 자체가 즐겁지는 않았다.

사람들이 사랑하는 대부분 사물이 내적 보상과 외적 보상을 함께 제공한다. 예를 들어 자동차는 운전하는 것이 재밌고(내적 보상), 시간에 맞춰 출근을 할 수 있게 해 준다(외적 보상). 하지만 어떠한 사물을 사랑하는 이유를 설명할 때 사람들은 내적 보상에 대해서는 저절로 80퍼센트 이상의 시간을 소요하는 반면 외적 보상에 대한 언급 시간은 10퍼센트 정도에 그쳤다.[13] 아마도 사랑의 대상이 그 이상의 외적 보상을 제공할지언정 자신이 그것을 사랑하는 이유와는 큰 관계가 없다고 여기기 때문일 것이다.

사람들이 외적 보상이 사랑과 밀접하게 연관되어 있지 않다고 생각하는 이유는 "나를 사랑하는 건가요, 아니면 그저 날 이용하는 건가요?"라는 익숙한 질문과 관련이 있다. 예를 들어 한 여성이 자기 운동화를 좋아하긴 하지만 사랑하지는 않는 이유를 설명한 적이 있다.[14] 그는 운동화의 품질이 뛰어나다고 생각하나 그것을 신고 운동을 하는 것은 좋아하지 않았다(내적 보상을 느끼지 못함). 그가 진정으로 사랑하는 것은 건강한 몸매를 얻는 것이고 그는 거기서 보상을 얻었다. 운동화는 그저 건강한 몸을 가꾸는 데 유용한 도구일 뿐 그가 진정으로 아끼거나 사랑하는 게 아니었다. 따라서 사랑과 '단순한 이용'에 관한 위의 질문과 관련해 답하자면, 오로지 외적 보상만 있을 때 우리는 해당 대상을 그저 이용하는 것이라고 느낀다.

내적 보상은 자기가 하는 일을 사랑하거나 사랑하지 않는 이유와도 연관성이 많다. 인터뷰에서 일하는 것이 즐겁고 일에서 깊은 의미를 느낀다고(내적 보상) 말하는 사람들은 대개 자기 일을 사랑한다고 말했다. 설령 보수가 적더라도 그들은 종종 이렇게 말했다. "나는 이 일을 사랑해요. 다만 보수가 조금만 더 좋으면 좋겠어요."[15] 반면에 높은 보수를 받아도 일을 즐기지 않는 사람들이 자기 일을 사랑한다고 말하는 경우는 한 번도 없었다.

그렇다면 급여와 같은 외적 보상은 사랑을 초래하지 않는다고 생각할 수도 있지만, 실은 그렇게 간단한 게 아니다. 흥미로운 점은 내적 보상이 외적 보상을 '검증'할 수 있다는 것이다. 간단히 비유하자면 서류에 '내적 보상'이라고 적힌 체크박스가 있고, 박스를 선택하면 외적 보상이 뭔가를 사랑할 수 있는 추가 조건으로 활성화되는 것과 비슷하다. 위에서 '내 일을 사랑하지만, 보수가 조금만 더 좋으면 좋겠다'라고 말한 사람은 만족스러운 급여를 받을 경우 자기 일을 더욱 사랑하게 될 것이다. 외적 보상은 내적 보상을 **대체할 수는 없으나** 내적 보상을 **강화할 수는 있다.**

영화 〈크레이지 리치 아시안〉에서 여주인공은 한 남자와 사랑에 빠졌는데 나중에 남자친구가 엄청난 부자라는 사실을 알게 된다. 에고, 부러워라. 이 상황에서 돈은 연인 관계에 수반되는 외적 보상이다. 만일 여주인공이 남자친구가 부자라는 사실을 처음부터 알았다면 '내가 정말 그를 사랑하는 걸까, 아니면 돈 때문에 그를 이용하는 걸까?'라고 궁금해했을 수도 있다. 하지만 그는 사랑에 빠졌을 당시, 남자친구가 부자라는 사실을 몰랐기에 자신의 사랑이 오롯이 남자친구만을 향한 것이라고(내적 보상) 확신할 수 있다. 그가 부자라는 것을 알게 된 덕분에 더 좋은 상황이 된 것뿐이다. 어떤 것을 통해 강한 내적 보상을 얻고 있다면 어찌 보면 이는 사랑을 검증하는 것이다. 여기에 외적 보상까지 추가되면 사랑은 더욱 깊어진다.

내적 보상과 진정한 자신

사랑에서 내적 보상이 중요한 두 번째 이유가 있다. 데이트 상대와 화학작용이 느껴지면 두 사람이 서로 잘 맞는다는 의미인 것처럼, 사물과 교감할 때 즐거움을 느낀다면 대상이 진정한 나 자신에게 잘 맞는다는 것을 뜻한다.

낭만적 사랑을 연구하는 심리치료사 너새니엘 브랜든[16]은 '심리적 가시성' 즉 '다른 사람의 반응을 통해 나 자신을 볼 수 있는 능력'이 두 사람 사이에 사랑을 형성하는 기본적인 동기부여 요소라고 결론지었다. 심리적 가시성은 글쓰기를 사랑하는 이유에 관한 다음 사례처럼 사물을 향한 사랑에 동기를 부여할 수 있다.[17]

나한테 있는지도 몰랐고 말로는 절대 표현할 수 없는 단어와 표현,

아이디어를 발견할 때마다 끊임없이 놀라고, 간질간질한 느낌과 함께 기분이 좋아지는 걸 느껴요. 그게 종이 위로 튀어나오는 게 보일 정도죠. 내가 글쓰기를 사랑하는 것도 그래서인가 봐요. 전에는 있는지도 몰랐던 내 안의 무언가를 간질이거든요.

이 여성은 글을 쓸 때 자신이 알지도 못했던 어휘와 생각들이 종이 위에 저절로 나타난다고 말한다. 그가 사랑하는 활동은 자기표현의 과정일 뿐만 아니라 진정한 자신을 발견하는 과정이기도 하다.

내가 조라고 부르는 남성과의 인터뷰는 이런 자기 발견의 과정이 내적 보상과 외적 보상을 구분하는 것과 얼마나 밀접하게 연관되어 있는지를 보여 준다. 조는 록밴드에서 활동하는 전문 뮤지션인데, 밴드의 공연에는 춤도 포함되어 있다. 인터뷰할 때 춤에 대해 이야기하는 사람들은 대부분 춤을 정말 사랑했다. 하지만 조는 예외였다. 그는 자신이 왜 공연용 춤을 좋아하지 않는지 설명했다.[18]

조 내가 춤을 시작한 이유는 음악이나 코미디, 다른 모든 일을 시작한 이유와 똑같아요. 사람들한테 깊은 인상을 심고 싶었고, 사람들이 나를 칭찬하고 좋아해 주길 바랐거든요. 실제로 어느 정도는 성공했고요. "정말 멋졌어요. 정말 좋았어요"라는 말을 들으니까요. 하지만 이 일을 하면서 알게 된 건 그래 봤자 공허함이 채워지지 않는다는 거예요. 사람들이 다가와서 내 춤이

그것들 안에 있는 나   ✦

마음에 든다고 할 때마다… '그건 내가 아니야'라고 반응하게
되죠.

나　'당신'이 아니라니 무슨 뜻이죠?

조　그러니까 말하자면, 누군가 당신 차 때문에 당신을 좋아한다고
말하는 거랑 비슷해요. 데이트하는 여자가 "자기의 멋진 차가
정말 좋아"라고 하는 거랑 비슷하다고요. 음, 그러면 "꺼져! 당
장 꺼져!"가 되는 거죠. 진짜 나하고는 상관이 없는 거예요.

　　조가 춤을 추는 데에는 외적 동기가 있었기 때문에(춤 자체의 즐
거움이 아니라 다른 사람에게 깊은 인상을 남기고자 하는 욕구), 원하던
긍정적 반응을 얻었을 때도 그는 그것이 자신의 진정한 자아를 향
한 것이 아니라고 느꼈다.

'원자력 사랑': 둘 다 가질 수 있어

"원자력 사랑"이라니, 끔찍한 로맨스 소설 제목이나 1970년대 디스코 노래 제목처럼 들린다는 건 안다.° 하지만 이건 사물에 대한 열정을 일으킬 수 있는 강력한 현상의 적절한 비유다.

오늘날 우리는 자신이 어떤 사람이 되고 싶은지 결정할 수 있고 또 결정해야 한다. 만일 서로 상충하는 듯 보이는 두 가지 이상의 정체성에 끌린다면 어떤 사람이 될지 결정하는 일은 더욱 어려워진다. 예를 들어 만화 〈캐시Cathy〉의 작가인 캐시 기즈와이트[19]의 이야기를 들어 보자.

° IMDb에 따르면 〈원자력 사랑(Atomic Love)〉은 2003년에 제작된 단편 애니메이션으로 '한 여성과 기계가 우주 감자튀김을 나눠 먹는 우주적 사랑'에 관한 이야기라고 한다.

내 인생 최고의 선물은 열 살 때 크리스마스 선물로 받은 신부 인형과 전동 기차였어요. 누구한테도 갖고 싶다고 말한 적이 없는 물건이었죠. 하지만 그건 내 비밀스러운 욕망과도 같았어요. 왜냐하면 이 정반대의 두 가지 물건 모두 나 자신이었고, 내가 사랑하는 것이었으니까요. 전동 기차는 겉으로 보이는 내 모습이었어요. 난 기계랑 관련된 거라면 다 좋아했거든요. 내가 남자애였으면 좋겠다고 바랄 정도였으니까요. 그리고 신부 인형은 겉으로 드러나지 않은 내 낭만적인 부분이었죠. 엄마랑 같이 인형 옷을 만들면서 보내는 시간처럼요.

좋든 나쁘든 나의 이 두 가지 측면은 내 거의 모든 창작활동의 원동력이 된 '정신병적' 갈등을 일으켰어요. 〈캐시〉를 보면 이 만화가 애초에 이런 갈등에서 시작되었다는 걸 알 수 있죠.

여기서 기즈와이트는 전형적인 정체성 갈등을 이야기하고 있다. 그에게는 '나 자신과 내가 사랑하는 것'이라는 '정반대'의 두 가지 모습이 존재했다. 따라서 그는 정체성 갈등을 겪었는데, 그의 생각에는 사내아이 같은 정체성과 여성스러운 정체성이 서로 양립할 수 없었기 때문이다.

이런 정체성 갈등을 해결하는 몇 가지 만족스럽지 못한 방법이 있다. 첫 번째 나쁜 방법은 사내아이 같은 말괄량이와 여성스러운 소녀 둘 중 하나만 선택하고 다른 하나는 버리는 것이다. 두 번째로 나쁜 선택은 두 정체성 사이에서 절충점을 찾는 것이다. 예를 들어 기즈와이트는 말괄량이와 여성스러운 소녀의 중간 정도에 해당하는 성중립적 페르소나를 발전시킬 수도 있었다. 그러나 이런 식의 어중간한 타협을 하다 보면 서로 상충하는 정체성에서 각각 좋은 점을 잃기 쉽다. 이보다는 낫지만 그래도 이상적이지는 않은 옵션이 '나는 복수複數다' 같은 접근 방식을 사용해 자신에게 여러 개의 상충하는 정체성이 있다는 사실을 인정하고 그냥 살아가는 것이다. 많은 사람이 하나의 정체성을 포기하거나 어중간한 타협을 하기보다는 이쪽을 선호하지만 이건 부분적인 해결책일 뿐이다. 사람들은 일관되고 이해하기 쉬운 정체성을 좋아하기 때문이다.[20]

우리가 진정으로 원하는 것은 두 가지 정체성을 모두 유지하되 갈등을 느끼지 않을 방법을 찾는 것이다. 예를 들어 기즈와이트가 더 이상 갈등을 겪지 않고 100퍼센트 사내아이 같은 말괄량이와 100퍼센트 여성스러운 소녀가 모두 될 수 있다면 어떨까? 사람들은 보통 둘 중 하나를 선택하기보다 두 가지를 모두 가질 수 있는 선택지를 원한다. 기즈와이트가 기차와 인형 선물을 좋아한 이유는 두 정체성 **모두**를 향해 나아갈 수 있게 도왔기 때문이다. 그의 경우에는 이렇게 두 가지 정체성을 모두 뒷받침하기 위해 두 가지 선물이 필요했다. 하지만 이 두 가지 정체성이 충돌하지 않는 새로운 사고방식을 나타내는 하나의 사랑의 대상을 찾을 수 있다면 어떨까? 그럴 수만 있다면 정말 좋을 것이다.

이는 실제로 가능하며, 나는 그것을 '원자력 사랑'이라고 부른다. 원자핵 반응이 발생하면 원자의 여러 요소를 묶고 있던 장력(긴장력)이 풀리면서 어마어마한 힘이 방출된다. 마찬가지로 원자력 사랑에서는 한 사람의 정체성에서 서로 충돌하던 부분들 사이의 긴장이 와해되면서 강렬한 감정적 힘이 생성되어 강렬한 사랑이 피어난다.

인터뷰에 참가한 팸이라는 여성은 상류 세계의 구세대적 여성성을 중시하도록 자랐다. 그는 런던 하이드파크 근처에서 자랐고 '외교관 자녀들과 함께' 학교에 다녔는데 덕분에 상류층 사회에 발을 들여놓을 수 있었다.[21]

> 부모님이 가을 시즌, 그러니까 데뷔탕트 무도회에 초대받는 건 드문 일이 아니었어요. 부모님은 저녁때 저를 데리고 외출하곤 하셨죠…. 베이비시터를 믿지 않으셨거든요.

팸의 부모님은 상류층으로서의 정체성을 강조하고 그런 생활 방식에 맞는 선물을 주었다. 팸은 런던 데뷔탕트에 참가하는 사람이라는 정체성을 내면화했지만, 그 후의 삶은 그런 것과는 거리가 멀었다. 인터뷰 당시 팸은 시카고에서 집값은 저렴하지만 힙한 동네에 살면서 영화음악 작곡가로 성공하려고 노력하고 있었다. 그의 주된 정체성은 진보적이고, 보헤미안적이고, 예술적이고, 지적이라고 묘사할 수 있을 것이다. 하지만 그는 기억 속에 남아 있는 상류층 사회의 이미지를 완전히 버리고 싶지도 않았다. 그는 과거의 삶과 현재의 삶을 조화시킬 방법을 찾고 싶었다.

팸에게 도움을 준 것은 그가 사랑하는 1950년대와 1960년대의 루사이트 핸드백 컬렉션이었다. 나는 팸을 만나기 전까지는 그런 핸드백에 대해서는 들어 본 적도 없었다. 그러나 루사이트는 처음 등장했을 때만 해도 고급 소재로 간주되었고 명품 핸드백을 만드는 데도 사용되었다고 한다. 팸이 처음으로 갖게 된 핸드백은 어머니가 선물로 준 것이었다. "어머니가 아주 아름다운 핸드백을 주셨어요. 아버지와 첫 데이트 때 들고 간 거였는데, 근사한 광택이 나는 검은색 샤넬 백이었죠." 나중에 그는 이런 스타일의 핸드백을 모으기 시작했다. 핸드백 컬렉션은 팸의 예술적이고 보헤미안적인 정체성과도 완벽하게 어울렸다. 가방들은 우아하고, '남들과 확연히 구분되는 다른' 것이었으며, 자선 바자회 같은 곳에서 싸게 구할 수 있었다. 놀랍게도 이 가방들은 팸의 어린 시절 상류사회의 여성스러움과 성인이 된 후의 예술적이고 보헤미안적인 페미니즘을 어느 쪽도 타협하지 않고 완벽하게 표현할 수 있었다. 그가 이 가방들을 사랑하는 것도 당연하다.

내가 인터뷰한 또 다른 여성 신디는 네브래스카에 있는 목장에서 자랐다.²² 하지만 나중에 시카고로 이주해 성공한 회사 중역이 되었는데, 그는 트랙터를 몰며 여름을 보낸 시골 목장주라는 자신과 도심지 고층 건물에 사는 세련된 도시 여자라는 자신 사이에서 정체성의 갈등을 겪었다. 신디는 목장에서 가져온 가족 가보인 소박한 앤티크 가구를 깊이 사랑했다.° 다행스럽게도 도시 친구들 사

°   58쪽에서 신디가 이 가구에 대해 한 말을 볼 수 있다.

이에서도 이런 스타일의 앤티크 가구가 유행했고 많은 친구가 신디처럼 개인적인 관계는 없을지 몰라도 비슷한 가구를 소유하고 있었다. 신디가 이 가구를 사랑하는 이유는 목장 출신이라는 정체성을 유지하면서도 동시에 세련된 도시적 정체성을 강화할 수 있기 때문이었다.

마지막 예로 싱가포르와 환태평양 지역의 사업가들 사이에 롤렉스나 그와 비슷한 시계가 얼마나 인기를 끌고 있는지 생각해 보자. 이 사업가들은 정체성 갈등에 직면해 있다. 이들 대부분은 중국계이고 중국의 전통적인 유교적 가치관에 따르면 좋은 사람은 근면하고 인내심이 깊고 자기희생적이고 미래를 위해 현명하게 투자한다. 많은 중국인 사업가들이 이런 가치를 반영하는 정체성을 구축하기 위해 노력한다. 그러나 다른 한편으로 연구[23]에 따르면 집단주의 문화에서는 성공을 통해 명예를 드높이는 것을 서구 문화에서보다도 더 중요하게 여긴다. 자신이 성공했음을 가장 설득력 있게 보여 줄 방법은 값비싼 지위의 상징을 착용하는 것이다. 하지만 이는 검소한 투자자라는 정체성과 외적으로 드러나는 부자라는 정체성 사이에 긴장감을 조성한다. 그렇다면 성공한 사업가는 어떻게 해야 할까?

롤렉스나 1만 달러 이상의 그와 유사한 시계는 동아시아 및 동남아시아의 대표적 국가인 싱가포르에서 큰 인기를 끌고 있으며, 이 지역은 가장 큰 명품 시계 시장이다. 그 이유는 이런 명품이 사람들에게 정체성 갈등에 대해 양립 가능한 해결책을 제공하기 때문이다. 내가 상대방이 차고 있는 롤렉스에 대해 언급할 때마다 그들은 항상 정말 좋은 투자였다고 대답했다.[24] "맞아요, 큰돈을 썼죠." 그들은 이렇게 말했다. "하지만 벌써 가격이 올랐어요." 싱가포르에서는 롤렉스 시계가 믿을 만한 투자라는 믿음이 널리 퍼져 있다. 롤렉스를 차지 않아 오히려 눈에 띄었던 한 남성은 사람들이 롤렉스가 얼마나 좋은 투자인지 강조하며 그에게도 사라고 자주 권한다고 말했다. 롤렉스가 좋은 투자라는 믿음은 상충하는 두 가지 정체성을 조화시킬 수 있게 해 준다. 그들이 보기에 1만 달러짜리 시계를 구매하는 것은 사치품에 돈을 낭비하는 향락주의가 아니다. 오히려 장기적으로 좋은 결정을 내린 현명한 투자이며 동시에 자신의 재정적 성공을 과시하고 그에 따르는 명예도 얻을 수 있는 행위다.

그것들 안에 있는 나

광고에 숨어 있는 정체성

　우리는 제품에 대해 별 정보를 전달하지 않는 광고를 자주 본다. 가령 고급 향수 광고가 그렇다. 합리적으로 생각하면 향수 광고에서 가장 중요한 정보는 향수의 향일 것이다. 그러나 대부분의 고급 향수 광고는 어떤 향기가 나는지 설명하지 않는다. 그저 고도로 양식화된 표정의 아름다운 모델이 다른 아름다운 모델과 열정적으로 포옹하거나, 파리의 거리를 걷거나, 열대 우림 한가운데 서 있을 뿐이다. 도대체 왜 이러는 걸까?

　교실에서 토론하다 보면 학생들은 그런 광고가 존재한다는 것 자체가 세상에 바보들이 가득하다는 증거라고 말한다. 그들이 보기에 이런 광고는 사람들에게 '이 제품을 사면 마법처럼 신기하게 이 모델처럼 변할 수 있답니다'라고 속삭이고 있고, 그런 말에 속아 넘어갈 사람은 바보들뿐이다.° 하지만 향수 회사들이 계속 이런 광고를 만들고 있는 걸로 보아 많은 이들에게 효과가 있는 게 확실하다. 그러므로 이 세상은 바보들 또는 적어도 속아 넘어가기 쉬운 소비자들로 가득 차 있는 게 분명하다.

학생들 주장의 문제점은 잘못된 전제에서 출발한다는 것이다. 이런 광고는 판매량을 늘리기 위해 이 제품이 마법의 미용 지팡이라는 사실을 설득할 필요가 없다. 겉보기와 달리 이 광고는 소비자를 물리적으로 변화시키는 내용이 아니다. 그렇다면 사실은 어떤 내용일까?

〈뉴욕타임스〉의 린 허쉬버그[25]는 뛰어난 패션 디자이너 톰 포드에게 패션쇼 직전에 무슨 생각을 했느냐는 질문을 던졌다. 허쉬버그의 말에 따르면 포드는 "패션계 언론과 구매자 그리고 소비자가 모델들의 옷을 보고 '나도 저런 삶을 살고 싶다'라고 생각하길" 바랐다. '옷'이 아니라 '삶'을 원하길 바랐다고 말한 데 주목하라. 앞에서 나는 셔츠를 사는 것이 단순히 몸에 맞는 옷을 찾는 게 아니라 자신의 정체성에 맞는 무언가를 찾는 것이라 말했다. 이런 향수 광고를 비롯한 수많은 유사한 광고의 목적은 소비자가 특정한 삶을 영위하고, 따라서 특정한 정체성을 가진 특정한 유형의 사람과 브랜드를 연관 짓게 하는 것이다. 광고의 모델은 그 정체성을 표현

° 현실은 이보다 더 심하다. 이런 광고 사진에는 엄청난 메이크업과 세심한 조명, 컴퓨터 후보정까지 들어가 있어 실제 모델을 만난다고 해도 당신은 그를 알아보지 못할 것이다. 이런 제품은 '당신'을 광고 속에 나오는 사람처럼 만들기는커녕 심지어 광고에 출연한 모델들조차 광고 속 인물처럼 만들지 못한다. 그걸 가능케 하는 건 편집과 보정뿐이다.

하는 것에 지나지 않는다. 이런 광고의 함축적 메시지를 평범한 언어로 표현하면 다음과 같을 것이다.

> 안녕하세요, 소비자 여러분. 이 멋지고 아름다운 사람들을 좀 보세요. 이들이 어떤 사람일지 상상해 보세요. 어떤 삶을 살고 있을지 상상해 보세요. 저희 브랜드는 여러분이 그런 정체성을 창조하고 표현할 수 있게 도와드릴 수 있답니다. 아뇨, 여러분이 저렇게 아름다워질 거라고는 약속할 수 없어요. 부자가 될 거라고 약속할 수도 없고요. 하지만 그럼에도 여러분은 저런 유형의 사람이 될 수 있고, 어쩌면 벌써 그런 사람인지도 모르죠. 만약 그렇다면 저희 브랜드는 바로 '당신'이랍니다!

이러한 광고로 제품을 판매하려면 소비자가 광고를 보고 브랜드와 광고에 묘사된 인물을 의식적으로 연관 지어야 한다. 소비자가 광고를 보고 '저들은 나와 같은 부류의 사람이야'라고 생각하면 그 브랜드도 자신에게 적합하다고 생각할 것이다.

이러한 유형의 광고는 특히 고가 제품에서 쉽게 찾을 수 있다. 최고급 브랜드는 다수에게 저렴한 제품을 판매하는 것이 아니라 소수에게 값비싼 제품을 판매한다. 그리고 이를 위해서 잠재 고객에게 단순히 좋은 제품 이상의 무언가를 제공해야 한다. 시중에 더 저렴한 가격에 구할 수 있는 좋은 제품들이 넘쳐나기 때문이다. 따라서 그들은 고객이 **사랑**할만한 요소를 제공해야 한다. 무언가를 사랑하게 만드는 주요 동인 중 하나는 자기 정체성의 일부로 보는 것이기에, 고급 브랜드는 이런 광고를 사용해 브랜드가 목표 고객이 성취하고자 하는 정체성 일부라는 인식을 구축한다.

6장에서는 우리 사회가 산업혁명 이후 풍요로워지면서 사람들이 자신의 정체성을 정의하는 선택의 폭이 넓어졌음을 이야기했다. 정체성을 선택하고 형성하려면 노력이 필요하며, 이는 곧 자기 프로젝트가 된다. 청년기처럼 인생의 어느 시점이 되면 우리는 자기 프로젝트에 대해 더 많이 생각하게 된다. 이 프로젝트는 우리의 주된 관심사는 아니더라도 우리가 하는 모든 일의 기저에 존재한다.

또한 어떤 것을 단순히 외적 보상을 얻기 위한 도구로만 본다면 그것과 사랑에 빠지기는 힘들다. 무언가를 사랑하려면 내적 보상을 주는 것으로 인식해야 하며, 이는 우리가 그것과 상호작용하는 과정을 즐긴다는 사실을 의미한다. 내적 즐거움이 중요한 이유는 해당 대상이 내면에 있는 진정한 나와 일치한다는 신호로 간주하기 때문이다. 특정 대상에서 느끼는 즐거움은 그에 대한 사랑에도 매우 중요한 역할을 한다. 그렇다면 여기서 한 가지 의문이 든다. 왜 어떤 것은 다른 것보다 유독 더 즐거운 것일까?

The
Things
We
Love

즐거움과
몰입

7

"취향은 논쟁의 대상이 아니다."

– 라틴 속담

중국 전통 음식을 요리하는 사람들은 보통 고기와 생선 요리에 주재료 전체(때로는 눈과 생식기까지 포함해)를 사용하려고 노력한다 ("낭비하지 않으면 부족할 일도 없지"라는 우리 어머니 말씀처럼). 일부 중국 요리는 전형적인 서양 음식에는 쓰이지 않는 전갈 같은 재료를 사용하기도 한다. 미국과 중국 사이의 여행이 비교적 드물던 시절, 미국을 여행하며 미국 최고의 레스토랑에 수없이 들른 중국 유명 요리사들의 인터뷰를 들은 적이 있다. 그들 대부분이 서양 음식을 진지하게 맛본 것은 그때가 처음이었다. 가장 인상적이었던 것은 그들이 레어 스테이크를 먹는다는 생각 자체를 역겨워했다는 점이다. 미국식 중국집이나 중국에서 먹은 소고기 요리를 생각해 보면 확실히 그들은 소고기를 보통 잘게 썰어 완전히 익혀 먹는다. 나는 항상 다른 문화권의 음식 중 내 입맛에 맞지 않는 게 있다는 것을 알았지만, 그제야 비서양인들도 내가 좋아하는 음식을 똑같이 역겨워할 수 있다는 사실을 깨달았다. 이는 보다 광범위한 현상의 예시 하나일 뿐이다. 우리의 취향은 우리한테는 당연히 즐거워서 왜 그것을 좋아하는지 궁금하지 않지만, 다른 사람들의 취향은 너무 이상해 보여서 어떤 설명도 이해가 가지 않을 때가 있다. 두 경우 모두 우리는 왜 나와 다른 사람들이 어떤 것은 좋아하고 어떤 것은 좋아하지 않는지 잘 이해하지 못한다.

그래서 흔히 '취향에는 이유가 없다'라고들 한다. 다시 말해 누군가 노란색을 좋아하고 어떤 사람이 파란색을 좋아하는 이유는 너무 무작위적이고 불가해하기에 이를 이해하려고 노력하는 것 자체가 쓸데없는 일이란 얘기다. 하지만 나는 그 말에 동의하지 않는다. 취향의 이유를 밝히는 것은 나와 다른 사회과학자들이 생계를 위해 하는 일이다. 7장과 이후 이어지는 장에서는 특정 대상에 대한 선호도는 보편적인 반면, 다른 것에 대한 선호도는 사람마다 큰 차이가 있는 과학적 이유에 대해 간략히 설명할 것이다. 또한 어떤 사물이나 활동의 특성이 어떤 이들에게는 즐겁지만 다른 어떤 이들에게는 불쾌한 이유에 대해서도 논한다.

생애주기에 따른 취향의 변화

취향이 형성되고 평생에 걸쳐 변화하는 방식은 예측 가능한 패턴을 따른다.

유아기 및 아동기: 단순한 쾌락

고양이는 단맛을 느낄 수 없다. 설탕 한 그릇을 주면 짜증을 내며 멀리 가 버릴 것이다. 하지만 지방의 맛은 좋아하도록 설계되어 있기에 기름에 절인 정어리를 주면 집사를 영원히 사랑할 거다. 음, 영원히는 아닐 수 있지만 적어도 먹이를 다 먹을 때까지는 당신을 사랑할 거다. 무슨 말인지 알겠지.

고양이 친구들처럼 우리도 생존과 번식에 유리한 것들을 즐기도록 설계되어 있다. 인간의 경우에는 달콤한 음식, 섹스, 숙면, 추운 날씨에 밖에 나갔다가 따뜻한 방에 들어오는 것 등이 있다. 나는 이를 '단순한 쾌락'이라고 부른다. 이런 단순한 쾌락은 유전적으로 프로그램되어 있기에 우리는 태어날 때부터 단순한 쾌락을 주는 것 대부분을 좋아한다.

사람들이 초콜릿이나 마사지 같은 단순한 쾌락과 어떤 관계에 있는지 이해하기 위해 사랑의 다양한 특성에 관한 열세 개 질문으로 구성된 우리가 사랑하는 것들 퀴즈(24쪽)를 다시 한번 떠올려 보자. 어떤 대상에 대한 감정이 '진정한 사랑'으로 인정받으려면 열세 가지 문항 거의 모두에서 높은 점수를 받아야 한다. 단순한 쾌락은 일반적으로 '큰 즐거움을 준다' 항목에서 높은 점수를 받는다. 그러나 여기서부터 우리와 단순한 쾌락의 관계는 보통 두 가지 패턴 중 하나를 따른다.

첫 번째 패턴은 잠재적 사랑의 대상이 주는 단순한 쾌락은 좋아하지만 '내가 어떤 사람인지 심오한 진실을 말해 준다'나 '내 삶을 더욱 의미 있게 만들어 준다'와 같은 문항의 점수는 낮은 경우다. 단순한 쾌락에서 즐거움을 느끼긴 해도 사랑이라고 부르기엔 너무 얄팍하거나 피상적이라고 여기는 것이다.

두 번째 패턴은 단순한 쾌락을 주는 것이 곧 사랑이라는 것이다. 이 경우 사랑의 대상은 '큰 즐거움을 준다'와 정체성에 관한 문항 모두에서 높은 점수를 얻는다. 예를 들어 걸스카우트 쿠키를 사랑하는 사람은 쿠키의 맛이라는 단순한 쾌락과 걸스카우트로서 자신의 경험과 관련된 좋은 추억 덕분에 쿠키를 사랑하는지도 모른다. 이런 연합 작용은 쿠키를 더 의미 깊은 것으로 만들며, 따라서 사랑할 만한 가치를 부여한다.

또 다른 단순한 쾌락은 목표를 달성하거나 원하는 것을 얻었을 때 느끼는 기쁨이다. 이는 마침내 걷는 법을 알게 된 아주 어린 아이들에게서도 발견할 수 있다. 내 친구 스콧 포스터는 영화감독 크시슈토프 비에츠비츠키°와 이야기를 나눌 기회가 있었는데, 감독은 사랑받는 영화를 만드는 비결은 관객들이 정말로, 진심으로, 간절하게 원하는 것을 만든 다음 **그것을 제공하는 것**이라고 말했다. 예를 들어 액션 영화의 앞부분 90퍼센트는 주인공이 악당을 물리치길 바라는 관객들의 마음을 최고조로 끌어 올린다. 마찬가지로 로맨스 영화를 보는 관객들은 두 주인공이 둘 사이를 가로막는 장애물을 극복하고 사랑을 이루기를 간절히 원하게 된다(대체 왜 두 사람이 서로에게 찰떡이란 걸 깨닫지 못하는 거야?) 두 장르 모두 관객은 영화가 끝나기 직전에야 원하는 것을 얻게 된다. 이런 영화들은 보통 결말을 예측할 수 있기 때문에 여기서 감독의 능력은 보통 피할 수 없는 클라이맥스 장면에 대한 관객의 열망을 끌어올릴 창의적인 방법을 찾아내는 데 있다.

좋아하는 영화, 음악, 취미, 스포츠 등 우리에게 즐거움을 주는

° 내 친구는 어떤 영화든 외계인을 등장시키면 더 좋아진다는 내 의견도 언급했는데 놀랍게도 그 뒤에도 대화가 계속 이어졌다고 한다.

것들은 대부분 개인과 문화에 따라 달라진다. 반면에 추운 겨울날 따뜻한 방에 들어가는 것과 같은 단순한 쾌락은 다르다. 가장 기본적인 형태로 자연스럽고 선천적이며, 문화적으로 보편적이기 때문이다. 달콤하고 기름진 음식처럼 우리에게 즐거움을 주는 것은 너무나 당연해 보이기 때문에 자연스럽고 선천적이라 생각할 수 있다(그래서 그런 음식을 좋아하지 않는 사람들은 무슨 문제가 있는 건 아닌지 의아해한다). 하지만 사실은 그런 음식을 즐기는 것도 타고난 게 아니라 어릴 적부터 좋아하는 법을 배웠기 때문이다.

예를 들어 내 요리사 친구인 아멜리아 래퍼포트는 딸의 성대한 결혼식 피로연을 준비하러 보스턴에 있는 고급 호텔을 찾은 남성의 이야기를 들려준 적이 있다. 그 호텔은 초콜릿케이크로 유명했는데, 손님은 웨딩케이크를 결정하기 위해 케이크를 조금 먹어 보았다. 손님은 케이크가 맛있다고 생각했지만, 이상하게도 마음에 들지 않았다. 요리사가 다른 레시피를 시도해 보았으나 이번에도 손님은 "왠지 이게 아닌데"라는 반응을 보였다. 요리사는 손님을 만족시킬만한 케이크를 찾을 수 없을지도 몰라 걱정이 되기 시작했다. 후에 장을 보던 중, 요리사는 문득 그 손님이 시판 케이크 믹스로 만든 케이크를 먹으며 자랐다는 사실을 깨달았다. 그래서 이번에는 손님에게 케이크를 어떻게 만들었는지 말하지 않고 던컨 하인즈 케이크 믹스로 만든 케이크를 준비했다. 손님의 반응은 "완벽해요!"였다. 그게 바로 그가 원하던 케이크였다.

이 이야기에서 어린 시절 시판 케이크 믹스로 만든 케이크를 먹으며 취향을 발전시킨 사람은 음식 전문가가 아니라 평범한 아버지다. 하지만 어렸을 때 함께 자란 것을 좋아하는 경향은 전문가에게도 나타날 수 있다. 한 뉴스 기사가 생각난다. 음식 평론가들이 수십 가지 다른 브랜드의 케첩을 맛보는 블라인드 테스트에 참여했다. 우승자는 미국에서 시장점유율이 가장 높은 케첩 브랜드인 하인즈였다. 한 심사위원은 "그게 가장 케첩 맛이 났어요"라고 말했다. 당연히 그랬을 거다! 음식 평론가들 모두 하인즈 케첩을 먹으며 자랐을 테니까. 그러니 어른이 되어 블라인드 테스트에 참여했을 때도 "바로 이 맛이야"라고 느꼈을 것이다.

어린 시절에 평생의 입맛이 결정되는 과정은 생애 초기까지 거슬러 올라간다. 예를 들어 산모가 먹는 음식은 모유의 맛에 영향을 미친다. 생물심리학자 줄리 메넬라와 동료들[1]은 모친이 모유 수유 전에 당근처럼 단단한 음식을 먹었다면 아기도 그런 고형 음식을 잘 먹는 경향이 있음을 발견했다(이는 '엄마가 만들어 주던 것과 같은'이라는 표현에 완전히 새로운 의미를 부여한다). 메넬라의 연구는 이 원리를 한 단계 더 발전시켜 여성이 임신 중에 당근 주스를 마시면 태아가 자궁에서 당근 맛을 경험한다는 사실을 발견했다. 여성이 출산 후 당근 주스를 마시지 않을지언정 몇 달 후 아기는 고형식을 먹기 시작할 때 당근 맛을 잘 받아들일 것이다.

생애 초기에 발생하는 취향의 각인은 음식에만 국한되는 게 아니다. 예를 들어 많은 아이가 부모가 좋아하는 음악 스타일을 좋아한다. 어린 시절부터 자주 듣기 때문이다. 어떤 사람들은 이런 생애 초기의 음악 취향이 평생 유지되는 반면 다른 사람들은 그렇지 않다. 어른이 되어 새로운 것을 즐기기 시작하면서 생애 초기의 경험이 이야기의 끝이 아니라 시작이 되기 때문이다.

청소년기부터 성인 초기: 새로운 취향 습득

우리의 입맛이 유전자와 어린 시절의 경험에 의해서만 결정된다면 우리는 평생 텔레토비를 보고 치킨 너깃이나 먹으며 살아야 할 것이다. 하지만 다행히도 우리가 성장하면서 취향도 함께 성장한다.

10대가 되면 또래 친구들과 보내는 시간이 늘고 가족과 지내는 시간이 줄기 시작한다. 청소년기에는 다양한 종류의 새로운 음악, 영화, 음식, 게임 등을 접하고 사랑에 빠지는 새로운 것들을 발견하여 취향이 확장되고 강화된다.

이런 새로운 시도를 하는 와중에 우리는 가족과 구분되는 나만의 정체성을 확립하기 위해 노력한다. 음악이나 옷, 비디오 게임, 헤어스타일, 휴대전화처럼 어느 정도 스스로 통제할 수 있는 것에 집중하고 이것들을 통해 우리가 속한 또는 소속되고 싶은 사회 집단을 표현한다. 이 시기에는 탐색 대부분이 또래 집단 내에서 이뤄진다. 새로운 것을 함께 발견하면 집단 내 결속과 유대감이 강화된다. 음악 선호도를 연구하는 신경과학자 데이비드 로젠[2]은 그러한 과정이 이 시기에 친구들과 특히 강한 유대감을 형성하는 이유라고 주장했다.

사실 이런 탐색 단계는 내가 이 책을 쓰게 된 계기와도 관련이 있다. 고등학교 시절에 나는 지역 클럽에서 재즈를 연주하는 음악적으로 조숙한 친구들이 몇 명 있었다. 나도 그들과 함께 어울리면서 재즈를 들었다. 처음에는 무의미하고 규칙성도 없는 소리처럼 느껴졌지만, 점차 무작위적인 음의 집합이 아니라… 음, 그러니까 음악처럼 들리기 시작했다. 그러면서 나는 사람들이 무언가를 좋아하게 되는 과정에 매료되었고 자동차와 클래식, 컨트리 음악, 미술, 미식축구, 수많은 음식과 음료 등 온갖 종류의 것들을 의식적으로 좋아하도록 노력하면서 그 과정을 계속 실험해 보았다. 그렇게 새로운 것들을 배워 나갈 때마다 나는 취향이 어떻게, 그리고 왜 바뀌는지에 주목하게 되었다.

첫 번째 실험 중 하나는 자동차를 좋아하는 법을 배우는 것이었다. 나는 원래 자동차에 관심이 없었다. 하지만 수백만 명의 사람들이 자동차를 사랑하는 걸로 보아 내가 뭔가를 놓치고 있는지도 모른다는 생각이 들었다. 시작은 자동차의 각기 다른 외관을 식별하고 마음에 드는지 판단하는 것이었다. 이 과정을 즐기게 되는 데에는 시간이 그다지 많이 걸리지 않았다. 어떤 차가 보기 좋고 그 이유는 뭔지 나만의 세세한 의견도 갖게 되었다. 하지만 자동차를 이해하려면 보는 것만으로는 부족했다. 역시 직접 몰아 봐야 아는 법이다. 나는 아버지가 자동차를 사주시기로 한 척 자동차 판매점을 돌아다니며 스포티한 모델들을 시승해 보기 시작했다. 저렴한 브랜드에서 시작해 BMW와 포르쉐에 이를 때까지 말이다.° 나이가 들면서 영업사원들에게 거짓말을 하는 데 약간의 죄의식이 들었고, 얼마 안 가 굳이 거짓말을 할 필요가 없다는 것을 알게 되었다. 대리점이 한가한 시간에 영업사원에게 "차를 살 생각은 없지만, 이런저런 모델이 궁금해서 운전해 보고 싶네요"라고 말하면 직원은 내 면허증을 복사한 후 키를 건네주었다. 그 결과 지금까지도 나는 자동차를 사랑한다(이제 이 책에 수록된 자동차와 관련된 모든 예시가 이해될 것이다). 그리고 사람들이 특정한 것을 좋아하는 이유와 취향이 어떻게 발전하는가를 향한 관심은 이 책을 탄생시킨 연구로 이어졌다.

중년 및 그 이후: 타성에 젖은 자동 반응

20대가 되면 사람들은 대개 어른스러운 취향을 갖게 된다. 내 생각에는 초콜릿케이크에 차가운 우유만큼 잘 어울리는 것도 없다. 하지만 고급 레스토랑에 간다면 나는 아마 커피를 주문할 거다. 우유는 문자 그대로 어린 시절의 맛이고 세련된 성인들이 모이는

° 지금 생각해 보면 대학생 시절 고가의 자동차를 시승할 수 있었던 것도 실제로 내가 부모님으로부터 좋은 차를 선물 받는 학생들이 많이 다니는 대학교의 백인 학생이었다는 영향이 컸을 것이다.

곳에서는 적절하지 않기 때문이다.

10대에 시작되는 탐색 단계는 30~40대까지 이어질 수 있다. 하지만 중년에 가까워질수록 새로운 것을 받아들이는 열린 마음은 급격히 둔화한다. 신경과학자 로버트 M. 새폴스키[3]는 더 이상 새로운 취향을 발전시키지 않는 경향이 이 시기에 일어나는 뇌의 신체적 변화와 관련이 있다는 사실을 밝혀냈다. 1980년대 후반 미국 요리에 일본 스시가 도입되었을 때 새폴스키는 그의 이론을 시험할 수 있는 훌륭한 환경을 확보했다. 그는 스시가 들어왔을 때 39세 이상인 사람은 그 음식을 거의 좋아하지 않았지만, 38세 이하의 사람들은 열렬한 스시 애호가가 되는 경우가 많다는 사실을 알게 되었다.

왜 그토록 많은 사람이 자신이 어렸을 때 유행한 음악이 최고라고 확신하는지 궁금해한 적이 있는가? 새폴스키는 평생 사랑에 빠질 음악 유형을 처음 들었을 때 대부분이 스무 살 미만이었음을 알아냈다. 또 새로운 스타일의 음악을 처음 들었을 때 35세 이상이라면 그 음악을 좋아하지 않을 확률이 95퍼센트 이상이다("그건 음악이 아니라 소음일 뿐이야!"). 이는 음악 스트리밍 사이트인 디저Deezer의 연구에서도 확인되었는데, 해당 연구에 따르면 새로운 음악을 발견하는 최고 연령은 24세이고 대부분이 30세 전후에 새로운 음악을 발견하는 것을 중단한다.

나이 든 사람들은 종종 새로운 음악이 싫은 이유가 그냥 그 음악이 별로이기 때문이라고 주장한다. 물론 젊은 시절 듣던 음악은 당신 생각만큼 좋았겠지만, 지금 우리는 온갖 새로운 것으로 가득한 세상에 살고 있다. 음악을 예로 들긴 했지만, 이는 거의 모든 형태의 예술 및 오락 분야에도 똑같이 적용된다.

음악 천재가 탄생하는 데에는 타고난 재능과 양육 환경이 모두 영향을 미친다.[4] 음악적 재능에는 유전적 요소가 존재하고 어떤 이들은 참으로 놀라운 수준의 재능을 타고난다. 전 세계 인구의 선천적 음악 능력의 평균 수준이 약간 증가했을 수는 있다. 이에 대한 근거는 음악적 재능이 개인의 전반적인 IQ와 긍정적 상관관계를 지니고 있으며, 평균 IQ가 100여 년 전 처음 측정된 이래 꾸준히 증가해 왔다는 데 있다. 이런 현상을 플린 효과라고 한다.[5] 그러나 보수적으로 말하자면 음악적 재능이 증가하고 있다기보다 거의 동일하게 유지되고 있다고 가정해야 할 것이다. 지구의 인구가 증가 중이고 음악적 천재가 될 유전적 능력을 지닌 인구 비율도 거의 동일하게 유지되고 있기에 결과적으로 음악적 재능이 뛰어난 사람의 수가 증가했다고 판단하는 것이 타당하기 때문이다.

그러나 음악 천재가 되려면 유전(타고난 재능)뿐만 아니라 훈련(양육)도 필요하다. 바흐나 모차르트 같은 음악 천재들은 타고난 재능을 갖추고 있었을 뿐만 아니라 음악가 집안에서 자라 음악에 대한 집중 교육을 받았다. 콜로라도대학교의 유전학자 힐러리 쿤과 그레고리 캐리는 쌍둥이의 음악적 능력을 연구한 결과, 개인의 유전적 특성과 성장 환경 모두 음악 능력에 영향을 미치나 그보다 환경이 더 중요하다는 결론을 내렸다.

오늘날은 역사상 그 어느 때보다도 천재 뮤지션을 배출하는 데 유리한 사회 환경을 갖추고 있다. 예를 들어 탄탄한 음악 교육을 받는 것은 타고난 음악적 재능을 키우는 데 매우 중요한데 오늘날에는 과거 어느 때보다도 정규 음악 교육이 광범위하게 이뤄지고 있다. 그뿐 아니라 이제는 여성들도 이런 교육을 받을 수 있다.

하지만 뛰어난 유전적 소질과 최고 수준의 교육만으로는 충분하지 않다. 뮤지션이나 작곡가들은 여전히 그들의 작품을 악보나 음원으로 출판하고 배포해야 한다. 오늘날의 거대한 글로벌 음악 산업은 정부와 비영리단체의 지원을 받아 과거보다 훨씬 많은 전 세계 사람들의 음악을 녹음하고 배포한다. 더 좋은 점은 이제 평범한 사람들이 직접 전문가 수준의 오디오 녹음을 할 수 있게 되었다는 것이다. 빌리 아일리시가 집에서 오빠가 노트북으로 제작한 앨범으로 그래미상을 다섯 번이나 수상했다는 점으로도 이는 충분히 입증된다.

천재적인 음악적 재능을 가진 이들이 점점 많아지고 과거에 비해 이런 재능을 키울 수 있는 환경이 조성되고 있다는 점을 생각하면 왜 훌륭한 신곡이 부족하지 않은지 알 수 있다. 하지만 우리의 음악적 취향은 청년 시절에 결정되는 경향이 있고 음악 스타일은 항상 변화하기 때문에 중년 이상의 사람들은 시간이 지날수록 음악의 질이 떨어지는 것처럼 느끼는 것이다.

나이가 들어도 사랑할 수 있는 새로운 것들을 계속 찾아다니면 삶이 조금 더 풍요롭고 흥미로워진다. 나아가 평생에 걸쳐 새로운 것을 배우면 알츠하이머나 치매에 걸릴 확률도 줄어든다. 하지만 중년 이후 새로운 취향을 익히려면 익숙함에 안주하려는 경향을 상쇄하기 위해 약간의 '수동 덮어쓰기'가 필요하다. 특히 새로운 것을 시도했다가 마음에 들지 않는다면 익숙해질 때까지 계속 시도해야 할 필요가 있다. 자녀들이 낯선 음식을 먹게 하려고 애쓸 때도 항상 그렇게 하지 않는가. 청소년도 취향을 넓히기 위해 같은 시도를 하지만 대개는 사회 환경 속에서 자연스럽게 발생하기 때문에 의식적으로 노력할 필요는 없다.

취향을 개발하기 위해 여러 번 시도하는 것은 새로운 것에 반응하는 일반적인 패턴이다. 예를 들어 옷을 생각해 보자. 새로운 스타일을 처음 봤을 때는 이상하고, 흉하고, 약간은 민망하게 느껴진다. 하지만 여러 번 거듭해서 보다 보면 마음에 들기 시작하고 심지어는 사서 입기 시작할 수도 있다. 그러다 시간이 지나면 다시 마음이 바뀌어 그 스타일을 좋아하지 않게 되고 예전엔 대체 무슨 생각으로 그런 걸 입었는지 의아해하기도 한다.

이러한 현상을 '유행 주기**fashion cycle**'라고 한다. 유행 주기는 광고의 영향을 받지만 광고가 만들어 내는 것은 아니다. 또 패션에만 국한되는 것도 아니다. 예를 들어 아기 이름을 잭슨이라고 지으라고 권장하는 광고는 없었지만, 1999년에는 연간 여덟 명이었던 이 이름은 2009년에는 그해 태어난 아기 중 2000명 이상이 이 이름을 가질 정도로 급격히 인기를 얻었다.[6] 같은 기간 동안 미스티라는 여자아이 이름은 유행이 지나고 인기가 떨어져 연 1700명에서 연

14명까지 줄어들었다.[7] 그렇다면 유행 주기는 마케팅도 없이 어떻게 시작되는 것일까? 이 질문에 답하려면 몰입과 반복 경험의 본질을 이해해야 한다.[o]

○   다음에 설명하는 이론은 유행 주기의 여러 원인 중 하나에 불과하다.

재미, 몰입, 사랑을 활용하라

3장에서 다른 사람에게 옥시토신에 기반한 사랑을 느끼는 것은 흔한 일이지만 사물에 비슷한 애정을 느끼는 것은 흔하지 않다고 설명한 바 있다. 하지만 사물을 사랑하는 것은 매우 감정적인 경험이며, 종종 이런 감정에는 강렬한 재미와 즐거운 활동에 대한 완전한 몰입이 수반된다. 심리학자 미하이 칙센트미하이는 인생에서 가장 즐겁고 매력적인 경험들을 연구했다. 그는 이러한 절정 경험peak experience을 '몰입 상태flow'라고 불렀고, 그의 이론은 '몰입 이론'이라 불린다. 몰입 상태는 '절정 경험' 또는 '무아지경'이라고도 하는데 이런 용어는 몰입이 드문 경험이라는 느낌을 준다. 최고로 강렬한 수준의 몰입은 실제로도 그렇다. 그러나 일반적인 수준에서 우리는 이런 몰입을 꽤 자주 경험하며 보통은 그러한 상태를

'즐겁다' 또는 '재밌다'라고 표현한다.

　몰입은 우리가 어떤 것을 즐기는 이유들 중 하나일 뿐이다. 하지만 사물에 대한 사랑을 이해하는 데 대단히 중요한 것이기도 하다. 칙센트미하이의 몰입에 대한 기본 이론은 이를 확장하고 다양한 방식으로 개선한 일부 학자들을 통해 한층 더 발전하였다. 나는 이 이론을 우리가 사랑하는 것들에 적용하여 약간 더 다듬어 보았는데, 다음은 몰입 이론에 대한 나의 해석이다.

　한 피아니스트가 곡을 연주한다고 치자. 세로축은 이 곡이 얼마나 도전적인지, 즉 곡의 난이도를 나타낸다. 가로축은 피아니스트의 기술 수준을 의미한다. 초보 피아니스트가(낮은 기술)이 매우 어려운 곡(높은 도전)을 연주하게 되면 반복적인 실패를 거쳐 다이어

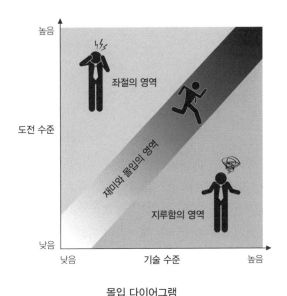

몰입 다이어그램

그램의 좌측 상단 모서리인 **좌절의 영역**에 도달하게 된다. 반대로 훌륭한 피아니스트(높은 기술)가 초보자를 위한 곡을 연주하면(낮은 도전) 다이어그램의 우측 하단 모서리, 즉 **지루함의 영역**에 머무른다.

활동이 너무 쉬우면 우리 뇌의 상당 부분이 사용되지 않는다. 이렇게 남는 여분의 지적 능력은 쓸데없는 생각이나 공상을 만들어 내고 따라서 지금 하는 일에 집중하지 못하고 주의가 산만해진다. 옛날에 피아노 바가 있는 레스토랑에서 일할 때 실제로 이를 목격한 적이 있다. 이 레스토랑에 고용된 피아니스트의 업무는 배경 음악에 어울리는 조용하고 단순한 곡을 연주하는 것이었다. 하지만 그는 더 도전적인 음악을 좋아했다. 내가 그에게 "바트, 음악이 정말 멋지네요"라고 말하자, 그는 이렇게 속삭였다. "그래? 하지만 내 손은 자동으로 움직이고 있는걸. 네가 나한테 그 말을 하기 전까지 내가 무슨 곡을 치고 있는지도 몰랐어."

이번에는 피아니스트가 자신의 실력에 꼭 맞는 곡을 연주하고 있다고 생각해 보자. 집중력을 요할 만큼 어렵지만 충분한 주의만 기울이면 근사하게 연주할 수 있는 곡이다. 이렇게 되면 피아니스트는 다이어그램을 대각선으로 가로지르는 **재미와 몰입의 영역**에 위치하게 된다.

몰입의 영역에서 우리는 단순히 기분이 좋아지는 것 이상의 경험을 한다. 어려운 도전 과제를 마주하면 몸에는 활력이 넘치고 정신이 각성한다. 과제를 성공적으로 완수하려면 집중력을 온전히 쏟아야 하기에 불필요한 생각, 걱정도 떠오르지 않는다. 실제로 뇌가 너무 집중한 나머지 평소에 시간의 흐름을 인식하는 기능까지 투입된다. 시간을 제대로 가늠할 수 없어 어느새 시간이 쏜살같이 흘러간 것 같다.

사람들은 때때로 일은 쉬울수록 좋다는 오해를 한다. 하지만 몰입 이론에 따르면 자신의 기술 수준에 못 미치는 쉬운 활동은 지루하다. 미네소타대학교의 마리아 로다스와 카를로스 토렐리[8]는 서로 다른 두 집단에게 새로운 종류의 젤리를 맛보게 하는 실험을 통해 이를 입증했다. 한 집단은 손으로 젤리를 먹었고 다른 집단은 젓가락으로 젤리를 먹었다. 젓가락으로 젤리를 먹는 경험은 조금 더 도전적이었기 때문에 더 재미있고 흥미로웠고, 따라서 젓가락을 사용한 사람들은 손가락을 사용한 사람들보다 젤리를 더 좋아하게 되었다.

2019년 전 세계 비디오 게임 산업은 영화와 음악 산업을 합친 것보다 두 배 이상 높은 수익을 올렸다.[9] 이런 성공을 거둘 수 있었던 것은 비디오 게임이 플레이어를 몰입시키는 데 탁월한 능력을 지녔기 때문이다. 게임은 몬스터를 물리치고, 같은 색의 타일을 정렬하고, 글자를 단어로 배열하는 등 일련의 도전 과제를 제시한다. 훌륭한 게임 디자인의 비결은 플레이어의 뇌가 지루하지 않을 만큼 어렵되 좌절하지는 않을 정도로 어렵지 않은 몰입 영역에 머무르게 하는 것이다. 비디오 게임의 가장 큰 장점은 플레이어의 실력이 향상됨에 따라 게임도 같이 어려워지기 때문에 도전 과제가 항상 재미있는 수준을 유지할 수 있다는 점이다. 이를 위해 비디오 게임 회사는 게임을 플레이하는 이들을 연구하여 플레이어의 실력이 향상되는 속도와 게임 난이도가 적절한 균형을 이룰 수 있게 한다. 게임 회사인 밸브 코퍼레이션[10]은 이를 한 단계 더 발전시켜 플레이어에게 집중력과 감정적 반응을 감지할 수 있는 신경 센서를 머리에 착용하게 한다. 이 글을 쓰는 시점에서 그렇게 수집한 정보는 평범한 소비자가 게임을 즐길 수 있도록 게임을 세밀하게 조정하는 데 사용된다. 그러나 우리 중 많은 이가 평범한 게임 소비자라고는 할 수 없기에 회사는 이런 신경 센서를 활용해 게임을 플레이하는 경험을 개개인에게 맞추는 방법도 함께 연구 중이다. 이를테면 센서가 장착된 헬멧을 착용하면 헬멧이 플레이어의 두뇌 활동을 모니터링해 플레이어가 몰입 상태를 유지할 수 있도록 난이도를 조절하는 식이다.

게임의 난이도를 플레이어의 기술 수준과 일치시킨다는 기본 아이디어는 오래전부터 존재했었다. 예를 들어 시간이 갈수록 점점 어려워지는 고전적인 카드 게임이 있다. 흔히 볼 수 있는 어린이용 카드 게임 '워war'는 아주 단순하나 속임수를 쓰는 기본 원리를 가르친다. 이 게임이 지루해질 때가 되면 '유커euchre'라는 조금 더 복잡한 게임을 배울 수 있다. 그다음은 '스페이드와 하트spades and hearts', '휘스트whist' 그리고 마지막으로 '브리지bridge' 순으로 점점 어려워진다. 수준에 맞는 게임 상대를 선택하거나 골프처럼 실력자에게는 핸디캡을 부여해 게임의 도전 수준을 조절할 수도 있다. 그러나 이런 접근 방식 중 무엇도 플레이어의 기술 수준과 최적의 난이도를 맞추는 비디오 게임에는 비할 수 없다.

대부분의 직업이 비디오 게임보다 재미없는 이유

자신의 일을 사랑하는 사람은 종종 업무 시간 대부분을 몰입 상태로 보낸다. 그러나 우리 중 많은 이는 여기 해당하지 않는다. 직업이나 비디오 게임이나 모두 특정한 기술을 사용해 도전 과제를 해결해야 한다는 공통점을 지니는데 몰입할 수 있는 일은 왜 그렇게 적은 것일까?

첫째, 비디오 게임은 도전 과제의 난이도를 개인의 기술 수준에 맞추는 데 매우 뛰어나다. 하지만 직장에서 우리는 종종 좌절감을 느낄 정도로 어렵거나 지루할 정도로 쉬운 과제를 부여받는다.

둘째, 몰입 이론에는 종종 간과되는 측면이 있다. 우리는 명확한 목표가 있고, 신속하고 이해하기 쉬우며, 정확한 피드백을 제공하는 활동을 할 때 즐거움을 느낀다. 비디오 게임은 목표가 명확하고 성과가 점수에 정확히 반영되며, 잘 해내는 즉시 점수가 올라가는 것을 확인할 수 있다. 하지만 직장에서는 성공하려면 무엇을 해야 하는지 명확하지 않은 경우가 많다. 게다가 성과가 정확하지 않게 측정되기도 한다. 설령 성과 평가가 정확하더라도 1년에 한 번 정도로 매우 드물게 이뤄진다.

셋째, 우리는 일반적으로 직장에서보다 게임에 더 장난스럽고

'재미를 추구하는' 태도로 접근한다. 생각해 보면 대부분 게임은 같은 색의 타일 세 개를 나란히 정렬하는 것처럼 엉뚱한 일이 태반이다. "바보 같아. 난 그런 거 안 할 거야"라고 말할 수도 있지만 우리는 게임과 암묵적인 거래를 한다. 게임이 우리에게 재미를 제공하는 대신, 우리는 우스꽝스러운 과제에도 관심을 가지고 진지하게 취급하기로 동의하는 것이다. 어쩌면 어떤 사람들은 게임을 할 때처럼 재미를 추구하는 태도로 접근한다면 직장과 가정에서의 일도 아주 즐겁게 즐길 수 있을지도 모르겠다.

예상치 못한 곳에서 발견하는 몰입

몰입 이론이 유용한 이유는 독서와 식사, 영화 감상, 미술 감상, 음악 감상 등 다양한 활동에서 얻는 즐거움을 설명할 때 도움이 되기 때문이다. 몰입 상태에 들어가려면 현재 하는 활동이 어느 정도 도전적이어야 하고 그것을 해결하기 위해 기술을 사용해야 한다. 그렇다면 도전 수준을 먼저 살펴보자.

피아노를 치거나 스키를 탈 때 난이도에 따라 도전에 직면하고 성공 여부가 기술 수준에 달려 있다는 사실은 명백하다. 하지만 식사나 영화 감상, 음악 감상 등 우리가 즐기는 많은 것들이 특별히 어려워 보이지는 않는다. 또한 활동을 즐기는 정도가 우리의 기술 수준에 따라 달라진다는 것도 그리 확실치 않다. 하지만 이런 활동도 나름대로 도전적이며 이를 즐기는 것은 도전에 얼마나 능숙하게 대처하는지에 달려 있다.

이 같은 활동의 가장 핵심적인 도전이 바로 이해력이다. 이해력은 뇌가 다양한 감각 자극(예: 냄새, 소리, 빛의 패턴)을 수용하여 일관되고 의미 있는 경험으로 변환할 때 발생한다. 영화를 볼 때 화면 위 직사각형 모양이 집이라는 것을 인지하고 등장인물이 누구인지 알고 줄거리를 따라가는 능력도 여기 해당한다. 음악을 들을 때 이해한다는 것은 소리를 단순한 소음의 모음이 아닌 **음악**으로 받아들이는 것이다.

세상에 대한 경험은 주변의 물리적 세계에 대한 정신적 모델이다. 뇌가 이런 정신 모델을 형성하는 것은 직소 퍼즐을 푸는 것과 비슷하다. 감각기관을 통해 수용되는 모든 시각, 청각, 촉각, 후각, 미각 정보는 개별적인 퍼즐 조각이고, 뇌는 이것들을 조립해 일관적인 현실 모델을 수립한다. 또한 뇌는 약간의 예측을 하고 예측의 정확성을 확인함으로써 해당 모델의 정확성을 지속적으로 검증한다.

예를 들어 계단을 내려갈 때 뇌는 발이 다음 계단에 닿아야 할 시점을 예측한다. 발이 올바른 타이밍에 단단한 바닥에 닿으면 뇌는 모든 것이 정상이라고 인식하지만, 한편 의식은 이런 예측이 이뤄지고 있다는 사실조차 인지하지 못한다. 혹시 아무 생각 없이 계단을 내려가다가 계단의 수를 잘못 센 적이 있는가? 당연히 바닥에 닿을 거라고 예상하면서 발을 앞으로 내밀었는데 아무것도 닿지 않았던 적은? 이처럼 뇌의 예상과 다른 일이 벌어지면 뇌는 경보를

울리고 온몸에 충격이 퍼지게 된다.

아니면 물인 줄 알고 음료를 한 모금 마셨는데 기대보다 훨씬 강하고 충격적인 맛을 느낀 적은? 뭔지 알고 마셨을 때와는 완전히 다른 느낌일 것이다. 어렸을 때 주방에서 빵 굽는 어머니 옆에서 몰래 초콜릿 한 조각을 깨물었다가 그게 '제빵용 초콜릿'이라는 끔찍한 쓴맛 나는 물질임을 깨달았을 때가 기억난다. 그때 느꼈던 어마어마한 충격은 지금까지도 내게 생생하다. 이런 충격은 뇌가 앞으로 일어날 일에 대해 무의식적으로 계속 예측하며 그 과정에서 예상치 못한 일이 발생했을 때만 의식의 표면으로 드러난다는 사실을 말해 준다.

길을 걷거나 이를 닦는 것 같은 일상 활동을 이해하는 것은 별로 어렵지 않기에 오히려 그런 활동은 지루하게 느껴질 수 있다. 책이나 음악, 영화 같은 오락거리의 기본 기능 중 하나는 뇌에 일상 활동보다 더 도전적인 자극을 제공하는 것이다. 영화를 보며 이해하는 것은 상당히 도전적이기 때문에, 뇌의 활발한 활동을 요하고 때에 따라서는 지루함의 영역에서 벗어나 몰입에 빠져들 수도 있다. 즐거움의 형태는 대상을 이해하기가 얼마나 어려운지에 따라 각기 다르다. 가령 평범한 공식을 따르는 영화는 따라가기가 별로 어렵지 않지만, 장르의 관습을 깨트리는 파격적인 영화는 조금 더 도전적이다.

우리는 보통 미술 전문가가 르네상스 회화를 능숙하게 이해하는 한편 비전문가는 그렇지 못한다고 생각한다. 반면에 TV 프로그램 같은 오락거리를 즐길 때는 특별한 기술이 필요하지 않다고 생각한다. 그러나 어느 날 오후, 두 살과 네 살배기 내 아이들이 〈텔레토비〉를 시청하고 있는 모습을 보고 나는 문득 TV 시청도 숙련된 훈련이 필요한 활동이라는 사실을 깨달았다. 아이들은 네 캐릭터가 원을 그리며 서로를 쫓아다니다가 다 같이 부딪쳐 쓰러지는 모습을 보며 즐거워했다. 텔레토비들은 이 동작을 몇 번이고 계속해서 반복했다. 그게 에피소드 내용의 전부였다. 나 역시 그것이 몰입 이론의 얼마나 좋은 예시인지 생각하느라 지루함을 잊어버렸다. 미취학 아동의 TV 시청 기술은 매우 낮다. 〈텔레토비〉는 미취학 아동의 발달 수준에 맞게 아주 단순하게 설계되었다. 〈텔레토비〉의 도전 수준은 아동의 기술 수준과 일치하기 때문에 아동들을 몰입하게 한다. 반면에 어린아이들은 좋아할지 몰라도 도전 수준이 너무 낮아 성인 시청자들을 지루하게 만드는 것으로도 유명하다.

몇 년 후 아이들과 〈로 앤 오더〉 에피소드를 같이 보게 되었을 때는 상황이 역전되었다. 합리적인 사람이라면 이 시리즈가 과연 좋은 프로그램인가에 대해 의견이 갈릴 수 있지만 45분 동안 경찰 드라마와 변호사 드라마를 모두 볼 수 있다는 점에서 내용이 꽉꽉 차 있는 프로그램이라는 데에는 이견이 없을 것이다. 〈로 앤 오더〉는 굉장히 빠르게 진행되는데, 세세한 사항은 건너뛰고 이런 프로그램이 보통 어떻게 진행되는지 시청자가 이미 알고 있는 지식을 바탕으로 직접 빈칸을 채우게 한다. 그래서 비슷한 프로그램을 본 적이 없다면 내용을 따라가기가 다소 버거울 수 있다. 당시 내 아이들은 경찰 드라마를 본 적이 별로 없었기 때문에 무슨 일이 일어나고 있는지 이해하는 데 필요한 배경지식이 전무했다. 그래서 이 프로그램의 도전 수준은 아이들의 이해력을 훨씬 능가했고 아이들을 좌절감의 영역에 빠트렸다. 불행히도 아이들은 내게 질문 세례를 퍼부어 좌절감을 줄이려고 노력했다. 아이들의 질문에 대답하면서 동시에 드라마 내용을 이해해야 한다는 도전은 내 기술 수준을 훨씬 넘어서는 일이었기 때문에 나 역시 좌절감의 영역으로 추락했다.

몰입 이론은 우리가 끌림을 느끼는 것이 왜 때때로 달라지는지 이해하는 데 도움이 된다. TV와 음악 그리고 다른 형태의 오락거리를 감상하는 우리의 기술은 계속 변화한다. 예를 들어 피곤하면 기술이 떨어지기 때문에 피곤한 밤에는 집중력을 요하는 진지한 드라마에서 정신적 노력이 덜 드는 가벼운 드라마로 취향이 바뀔 수 있다. 또 술도 기술을 감퇴시킨다. 유커는 브리지의 쉬운 버전이기 때문에 '어린이용 브리지'라고도 불린다. 하지만 대학 캠퍼스에서 음주 후 심야 게임으로 유명하다는 사실을 생각하면 '음주 브리지'라고 불러야 할지도 모르겠다.

또 다른 예로 심포니 홀에서 음악을 듣는 것과 댄스 클럽에서 음악을 듣는 것을 비교해 보자. 심포니 홀은 모든 사람이 연주자를 마주 보고 앉아 있고, 움직거리는 옆 사람이나 대화 소리에 방해받지 않고 음악 감상 기술을 최대로 발휘할 수 있게 설계된 곳이다. 이와 대조적으로 댄스 클럽은 음악 감상 능력을 떨어뜨린다. 사람들은 대화를 나누고, 시시덕거리고, 춤을 추고, 다른 사람을 훔쳐보

느라 주의가 산만하다. 아무리 카페인을 섭취해도 늦은 밤에는 뇌가 피곤할 수 있고 술이나 기타 약물 덕에 기분 좋게 멍해 있을 수도 있다. 이 모든 것이 결합해 클럽을 찾은 사람들의 음악 이해 능력을 일시적으로 저하시켜, 비교적 단순하고 반복적인 음악을 즐기게 만든다. 단순하고 반복적이라고 해서 댄스 클럽 음악이 나쁜 것은 아니다. 오히려 클럽에서 즐기기에는 적합한 음악이다.

도전적으로 만드는 요소

어떠한 활동이나 사물을 더욱(또는 덜) 도전적으로 만들고 싶다고 하자. 정확히 어떤 부분을 바꿀 것인가? 이를테면 마라톤의 경우, 언덕이 많은 코스가 평평한 코스보다 더 어려울 게 분명하다. 하지만 다른 많은 사물과 활동들, 특히 도전 대부분이 이해 영역에 있는 오락거리의 경우는 명확하지 않다. 내 발견에 따르면 사물과 관련된 도전은 주로 네 가지 요소와 관련되어 있다. 복잡성과 미묘함, 자극의 강도, 그것을 즐기는 데 필요한 전문 지식이다.

복잡성 〈텔레토비〉가 〈로 앤 오더〉보다 이해하기 쉬운 이유 중 하나는 덜 복잡하기 때문이다. 많은 캐릭터와 여러 스토리라인이 있는 프로그램은 여러 악기가 동시에 다른 파트를 연주하는 교향곡처럼 복잡하다. 예를 들어 내가 좋은 치즈를 좋아하는 이유도 복잡성 때문이다. 보통 요리에 다양한 맛을 담으려면 많은 재료를 조합해야 한다. 하지만 좋은 치즈는 그 자체만으로도 다양하고 독특한 맛을 담고 있다. 뇌는 어떤 것이 복잡할수록 이해하기 어려워한다. 즉 감상하는 것 자체가 도전적이라는 얘기다.

복잡성이 이해를 어렵게 만들기 때문에 마케터는 사람들이 각별히 신경 쓰지 않아도 쉽게 이해할 수 있도록 광고를 복잡하지 않게 만든다. 하지만 그렇다고 너무 단순해서 지루해도 안 된다. 내가 읽은 여러 TV 광고의 복잡성을 분석한 연구는 장면 전환의 횟수, 색상의 밝기, 특색 있는 음악, 내러티브의 명확성 등 광고의 이해도에 영향을 미치는 요인을 파악하고 각 요소 간의 연관성과 소비자가 광고를 이해하고 기억하는 수준을 통해 광고가 흥미를 끌 만큼 복잡하나 혼란스러울 만큼 복잡하지는 않은 '공식'을 풀어냈다.

미묘함 적절한 복잡성과 함께 미묘함의 요소가 추가되면 감상은 더욱 도전적인 일이 된다. 예를 들어 등장인물의 감정을 직접적으로 묘사하는 소설은(예: "제인은 새러의 아이들을 데리러 가야 한다는데 화가 났다.") 대사를 통해 인물의 감정을 유추해야 하는 소설(예: "네 애들 보는 거야 항상 반갑지." 제인은 말했다. "하지만 미리 알려 줬더라면 더 좋았을 텐데.")보다 더 이해하기 쉽다.

치즈는 복잡성뿐만 아니라 미묘함에 있어도 아주 좋은 예시다. 치즈 사이언스 툴킷 Cheese Science Toolkit 의 전문가들은 치즈의 풍미를 주로 47가지로 구분한다. 처음 치즈의 맛에 대해 배울 때는 과일,

꽃, 효모, 그리고 '농가'처럼 가장 일반적으로 분류되는 풍미를 배운다. 그러다 전문 지식이 쌓이면 미묘한 차이도 구분할 수 있게 되는데 예를 들어 단순한 꽃이나 과일 향이 난다고 말하는 게 아니라 정확히 어떤 꽃이나 과일 향인지 말할 수 있게 되는 것이다. 조금 입맛 떨어지게 하는 예시를 들자면 말 담요, 땀에 젖은 양말, 고양이 오줌 같은 미묘한 배경 맛의 차이도 구분할 수 있다(참고로 이 중 어떤 것도 진짜 말 담요나 땀에 젖은 양말, 고양이와는 아무 관련도 없으니 안심하시길).

자극의 강도　하바네로 고추, 공포영화, 초고속 롤러코스터처럼 아주 강렬한 자극을 주는 것들도 있다. 이런 경험은 대개 아이들에게는 너무 극단적으로 느껴지지만, 시간이 지나고 나이가 들면 우리는 강한 향신료나 빠른 롤러코스터처럼 자극적인 경험을 즐기게 된다.

자극의 강도와 미묘함은 상반된 것처럼 보일 수 있지만 실제로는 자주 함께 나타난다. 예를 들어 고급 레스토랑의 음식은 강한 맛과 미묘한 맛이 복잡하게 결합된 경우가 많다. 이런 미묘함과 강렬함의 조합은 그 음식을 완벽하게 감상하기 어렵게 만든다.

자극 감각이 너무 적으면 즐길 거리가 적어 지루하지만 반대로 감각이 지나치면 불쾌하거나 고통스러울 수 있다. 사람마다 생각하는 적절하고 즐거운 자극 수준은 모두 다르며, 여기에는 유전적 요인이 크게 작용한다. 유전적으로 자극 욕구가 높은 이들은 다양한 것을 좋아하고 새로움을 갈망하는 외향적 경향을 가진 반면, 자극에 대한 욕구가 낮은 이들은 무언가 좋은 것을 찾았을 때도 '뭐가 좋은지 아는 데' 그치는 내향적 경향이 있고 다양한 것에 대한 욕구도 그다지 크지 않다. 자극 욕구가 높은 이들은 또한 약물 중독 문제를 겪을 위험이 크고 ADHD가 있을 확률이 평균 이상이다.

비정상적으로 강렬한 경험을 좋아하는 듯 보이는 사람들도 있으나 이는 착각일 수 있다. 예를 들어 남성은 여성보다 평균적으로 더 시끄러운 음악을 좋아한다.[11] 따라서 많은 사람이 남성이 시끄러운 음악이라는 주관적 경험을 여성보다 더 좋아한다고 여긴다. 하지만 평균적으로 남성은 여성보다 청각이 덜 민감해 여성과 동일한 주관적 경험을 얻으려면 볼륨을 높여야 할 가능성이 크다. 나와 내 아내의 음식 취향 차이도 이런 원리에 기반한다. 나는 아내의 섬세한 미각이 부럽다. 나는 상대적으로 미각이 둔한 편이라 강한 맛이 나는 음식을 좋아한다. 하지만 이건 내가 아내보다 특별히 더 강렬한 자극을 원해서가 아니다. 그저 아내와 똑같은 경험을 하려면 더 강한 향신료가 들어간 음식이 필요할 뿐이다.

습관화 또한 사람들이 원하는 강도에 영향을 미친다. 무언가 습관화되었다는 것은 단순히 시간이 지남에 따라 거기에 익숙해졌음을 의미한다. 즉 원하는 효과를 얻으려면 점점 더 많은 자극이 필요해진다는 뜻이다. 사람들이 중독성 약물에 습관화된다는 표현을 들어 봤을지 모르겠다. 하지만 사람이 습관화될 수 있는 것은 그뿐만이 아니다. 예를 들어 휴대전화를 처음 구매했을 때는 전화벨 소리가 너무 커서 깜짝깜짝 놀라지만 시간이 지날수록 점차 둔감해진다.[12] 향수나 콜로뉴를 뿌렸을 때 주변 사람들이 향이 상당히 강하다고 느낄 때도 당사자는 향이 약하다고 느낄 수 있다.

나는 친구 데이비드 옵스필드와 함께 라스베이거스에 갔다가 습관화의 놀라운(그리고 다소 비극적인) 사례를 접한 적이 있다. 데이비드는 처음 만난 사람과도 마음을 터놓고 대화를 나눌 수 있는 신기한 능력이 있는데, 어느 날 우버를 타고 가던 중 운전기사와 대화를 나누었다. 알고 보니 이 우버 운전기사는 미국이 가장 최근에 치른 전쟁에 참전해 많은 전투를 목격한 경험이 있었다. 그는 전투 경험의 강렬함에 습관화되어 감정적으로 무감각해지고 말았다. '뭐라도 느낄 수 있는' 유일한 방법은 낙하산 없이 스카이다이빙을 하는 것이었다. 그는 숙련된 스카이다이버인 옛 전투 동료와 함께 비행기를 타고 높은 고도까지 올라갔다. 그가 먼저 비행기에서 낙하산 없이 뛰어내리면 잠시 후 낙하산을 갖춘 친구가 그를 따라 뛰어내린다. 우버 운전자가 몸의 각도를 조절해 하강 속도를 늦추고 있으면 낙하산을 맨 친구가 그가 땅에 닿기 전에 붙잡아 주곤 했다. 그는 오로지 '살아 있다는 걸 느끼기 위해' 6개월에 한 번 정도 이런 일을 한다고 말했다.

가장 흔한 예로는 단것을 먹을수록 미각이 둔해져 원하는 맛을 얻기 위해 점점 더 음식에 설탕을 많이 첨가하는 것을 들 수 있다. 나는 미뢰의 민감성을 회복하기 위해 한 달 동안 모든 감미료를 끊은 적이 있다. 그러자 과일이 전보다 훨씬 달콤하게 느껴졌고 많은 포장 음식이나 식당 음식은 역겨울 정도로 달게 느껴졌다. 음식의 자연적인 단맛을 충분히 즐길 수 있었지만, 이 세상은 단 음식을 피해 다니기가 너무 어려웠다. 결국 내 미각이 예전의 무딘 상태로 돌아가는 데에는 그리 오래 걸리지 않았다.

단맛의 습관화는 문자 그대로 우리를 죽이고 있다. 식당과 포장 식품 회사들은 그들의 제품이 경쟁사보다 약간만 더 달기만 하면 고객들이 좋아한다는 사실을 발견했다. 회사들이 경쟁사보다 '더 달게' 만들기 위해 노력하면서 식품에 첨가되는 설탕량이 점차 증가하기 시작했다. 그 결과 영양학자 엘리즈 파월은 미국 성인의 2010년 설탕 섭취량이 1977년에 비해 평균 30퍼센트나 증가했음을 밝혀냈다.[13] 이는 주로 우리가 디저트라고 생각하지 않는 음식에까지 설탕이 첨가되고 있기 때문이다. 다음 예시를 읽으면서 각각의 음식에 봉지에 든 설탕을 숟가락으로 퍼서 집어넣는 모습을 상상해 보기 바란다. 베이크드 빈즈 통조림 한 컵에는 약 5티스푼의 설탕이, 그래놀라 한 컵에는 약 7티스푼의 설탕이, 향이 첨가된 저지방 요거트 한 컵에는 약 12티스푼의 설탕이 첨가되어 있다. 이 문제는 빵보다 케이크에 높은 세율을 부과하는 아일랜드 정부가 서브웨이 빵에 설탕이 너무 많이 함유되어 있어 법적으로 케이크에 해당한다는 판결을 내렸을 때 큰 뉴스가 되었다. 처음 그 사실을 알게 되었을 때 내 반응은 "진짜로? 하지만 서브웨이 빵은 별로 안 단데"였다. 하지만 곰곰이 생각해 보면 그게 바로 문제라는 걸 알 수 있다.

우리의 미각이 둔감해졌기 때문에 음식에 들어간 그 많은 설탕은 실제로 맛을 즐기는 데 그다지 도움이 되지 않는다. 하지만 존스홉킨스병원의 심장병전문의 치아디 E. 은두멜레에 따르면 이렇게 첨가된 설탕은 '체중 증가의 중요한 원인'[14]이며 유타대학교의 연구에 따르면 당뇨병 발병률 증가의 주요 원인이기도 하다.[15] 식품 생산 업체들이 경쟁사보다 더 달콤한 제품을 만들기 위해 경쟁하는 가운데 우리 중 일부는 죽고, 많은 사람이 다치고, 모두의 의료비가 증가하고 있다.

전문 지식의 필요

복잡성과 미묘함 이외에도 전문 지식이 필요해지면 즐기고 몰입하는 것이 더 어려워질 수 있다. 몇 년 전 야구를 사랑하는 친구에게 야구를 '땅따먹기 체스'라고 부르며 놀린 적이 있다. 놀랍게도 그는 수긍하며 바로 그 체스 같은 전략 때문에 야구를 사랑한다고 말했다. 팀의 전략적 선택에 대해 궁리하고 연구하는 것은 대부분 야구 팬에게 큰 즐거움이다. 나는 야구를 사랑하게 된 계기에 대해 한 여성과 인터뷰한 적이 있다.[16] 그는 마이너리그 야구선수와 데이트를 하게 되어 함께 컵스 팀의 경기를 보러 갔다고 한다. 경기를 관람하던 도중 남자는 2루에 주자가 있고 투수가 오른손잡이이고 다음 타자가 왼손잡이이기 때문에 다음 타자가 타석에 들어서면 모든 수비수가 여러 방향으로 각자 조금씩 위치를 이동할 것이라고 설명해 주었다. 여성은 그 말을 믿지 않았다. 그러나 놀랍게도 타자가 타석에 들어오자 수비수들이 데이트 상대가 예상한 대로 움직이기 시작했다. 여성은 야구와 관련해 자신이 아는 것보다 훨씬 더 많은 것이 존재함을 알게 되었고 더 자세히 알고 싶다는 호기심이 일었다. 전문 지식이 쌓이자 그가 야구를 감상하는 기술도 야구 자체만큼이나 복잡한 수준에 이르렀다. 여성은 이제 경기에서 무슨 일이 일어나고 있는지 완벽하게 이해할 수 있었다. 그러자 야구에 푹 빠지고 말았다. 나처럼 야구를 전혀 모르는 문외한은 지루함을 느끼지만, 지식이 쌓이면 결국 몰입의 경지에 도달하게 되고 그렇게 되면 야구는 굉장히 매력적으로 다가오게 된다(어쨌든 그렇다고 들었다).

야구와 마찬가지로 와인도 전문 지식이 있어야 제대로 즐길 수 있다. 한번은 단골 와인 가게에 갔는데 주인이 신이 나서 20달러짜리 프랑스산 레드와인을 추천해 주었다. 평소 마시던 와인보다 조금 비쌌지만 주인이 워낙 열성적으로 권하길래 '안될 건 뭐람?'하고 받아 들었다. 와인은 맛있었다. 그러나 주인이 왜 그렇게까지 호들갑을 떨었는지를 이해할 수가 없었다. 그래서 다음번에 가게에 들렀을 때 나는 주인에게 와인이 "그저 그랬다"라고 말했다. 그러자 그는 그 와인이 독특한 풍미의 와인으로 유명한 프랑스의 특정 지역에서 생산된 특별한 것이라고 설명했다. 그 지역에서 생산되는 와인은 보통 50달러 이상인데 내가 마신 와인은 그중에서도 대표적인 제품인데도 가격이 20달러에 불과하단다. 미리 알았더라면 더 좋았을 텐데. 그 와인을 온전히 즐기려면 생산 지역에 대해 알아야 했다. 즉 와인에 대한 배경지식이 있어야 했다는 얘기다.

'미리 설명을 들어야 와인을 즐길 수 있다면 사실 와인의 맛은 별로인데 그냥 세련된 사람처럼 보이려고 좋아하는 척하는 거 아닌가'라고 생각할지도 모르겠다. 그런 생각은 일종의 미적 형식주의다. 어떤 것을 훌륭하게 만드는 요소가 그 자체에 내재해 있어야 한다는 믿음이다. 예를 들어 형식주의자들은 훌륭한 그림의 요소는 모두 캔버스 위에 있기에 화가나 그림의 역사적 맥락에 대한 정보는 무의미하다고 주장한다. 나도 한때는 이런 주장에 동의했기에 이게 얼마나 설득력 넘치게 다가오는지 안다.

하지만 나는 사람들이 실제 생활에서 어떤 것을 즐기는지 알게 되면서 미적 형식주의를 거부하게 되었다. 예를 들어 스포츠를 사랑하는 사람들은 경기장 밖의 삶을 포함해 선수들에 대해 많은 것을 알고 싶어 한다. 형식주의자들은 경기장 안에서 일어나는 일만 중요하게 여기기 때문에 이를 스포츠와는 무관한 그저 가십으로 여길 수 있다. 하지만 그건 무관한 게 아니라 '유관한' 가십이다. 선수들을 인간적인 관점에서 이해할 수 있다면 경기장 내에서 일어나는 일에 대해서도 복잡하고 미묘한 이해가 가능해진다. 또 이는 스포츠 팬과 팀 사이의 사람-사물-사람(이 경우에는 팬-팀-선수) 관계를 강화하여 경기 관람을 더욱 의미 있는 경험으로 만든다. 스포츠 팬에게 경기를 관람하는 즐거움이 더해지더라도 선수들 정보를 캐어서는 안 된다고 말하는 것은 지나치게 관념적이고 융통성 없는 일일 것이다. 마찬가지로 진지한 미술 애호가들이 왜 특정 작품을 사랑하는지에 관한 이유를 들어 보면° 캔버스 위 그림과 작품이 그려질 당시 예술가의 삶과 당대의 사회상이 모두 어우러져 있다. 순수한 형식주의적 접근법으로 작품이 어떻게 창조되었는지 그 뒷이야기를 무시한다면 사람들이 예술을 사랑하는 이유 중 상당 부분이 사라지게 된다. 그게 대체 무슨 재미가 있겠는가?

반복, 기술 그리고 즐거움: "또 해봐! 또 해봐!"

앞에서 몰입을 이야기하면서 새로운 스타일이 인기를 얻었다가 시간이 지나면 시들해지는 유행 주기에 대해 언급한 바 있다. 아래 다이어그램을 보면 그러한 현상을 이해하는 데 도움이 될 것이다.

이 장의 앞부분에서 초보 피아니스트(낮은 기술 수준)이 매우 어려운 곡(높은 도전 수준)을 연주하면 좌절 영역에 빠지게 될 것이라고 설명했다. 좌절감을 해소하는 방법은 두 가지다. 덜 도전적인 곡으로 바꾸거나 기술을 향상시키는 것. 263쪽 다이어그램은 좌절한 피아니스트가 이 두 가지 접근법을 결합할 때 어떤 일이 발생하는지를 보여 준다. 먼저 전문가 수준의 쇼팽 에튀드 대신 덜 어려운

° 비전문가가 자기 집 거실에 걸린 그림을 이야기할 때와는 다르다. 그런 경우, 만일 작가와 개인적 친분이 있다면 그들은 처음부터 끝까지 작가에 대해서만 이야기한다.

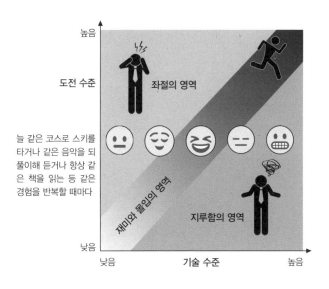

몰입과 반복 경험 다이어그램

곡으로 바꾼다. 그래서 다이어그램의 얼굴 그림들이 높은 도전 수
준과 낮은 도전 수준 사이에 있는 것이다. 그런 다음 덜 어려운 곡
을 반복적으로 연습하여 기술을 향상시켜야 한다.

　다이어그램에서 볼 수 있듯이 처음 새로운 곡을 연주할 때는 기
술 수준보다 너무 도전적이기 때문에 좌절 영역에 머물러 있다. 그
러나 여러 번 연주하다 보면 실력이 향상되어 몰입 영역으로 이동
하게 된다. 하지만 곡을 완전히 익힌 후에도 반복해 연주한다면 실
력이 계속 향상되는 바람에 지루함 영역에 빠지게 된다. 이것이 유
행 주기의 기본 패턴이다. 처음에 새로운 것을 접하면 경험을 반복
할 때마다 점점 더 좋아지지만 일단 정점에 이르고, 그 시점이 지나

면 반복할 때마다 관심이 떨어지기 시작하는 것이다.

피아니스트가 곡을 연습할 때마다 연주 실력이 향상되는 것은 쉽게 알 수 있다. 하지만 음악을 듣거나 영화를 볼 때마다 같은 일이 일어난다는 사실은 종종 간과하기 쉽다. 피아니스트가 연습을 통해 실력이 향상됨에 따라 새로운 곡에 대한 즐거움이 증가했다가 감소하는 것처럼, 음악을 듣는 우리의 즐거움도 음악을 이해하는 뇌의 능력이 연습을 통해 향상됨에 따라 증가했다가 감소한다.

이런 기본 과정을 알면 책과 영화, TV 프로그램, 연극 또는 농담의 형태로 이야기를 들었을 때 어떤 일이 발생하는지 이해할 수 있다. 하지만 대부분의 이야기는 사람들이 한 번만 들을 것이라는 가정하에 작성된다. 즉 작가는 이야기의 도전 수준을 대부분 사람이 한 번만 들어도 몰입 영역에 들어갈 수 있게 설정한다. 이야기를 읽거나 들을 때 가장 중요한 핵심 도전은 등장인물이 다음에 무슨 일을 할지 예측하는 데 있다. 즉, 전에 책을 한번 읽었다면 두 번째 읽을 때는 도전 수준이 낮아지기 때문에 보통은 다시 읽지 않는 것이다. 하지만 항상 그런 것만은 아니다. 위대한 문학작품이 위대한 이유는 풍부한 복잡성과 미묘함을 지녔기 때문이다. 이야기가 어떻게 끝나는지 알아도 새로 발견할 것이 무궁무진하기에 두 번째나 세 번째 읽을 때도 재미를 느낄 수 있다.

지금까지 시간이 지날수록 질리거나 지루해지는 일반적인 상황을 이야기했다. 하지만 좋아하는 TV 프로그램을 수십 번이나 되풀이해서 보는 사람은 어떨까? 그들은 왜 싫증을 내며 다른 것으로 갈아타지 않는가? 몰입은 우리가 사물을 통해 얻는 즐거움의 원천 중 하나지만 유일한 것은 아니다. 우리는 행복한 감정 기억을 떠올리는 것을 좋아한다. 예를 들어 내가 인터뷰한 한 남성은 자신이 피자를 사랑하는 이유를 이렇게 설명했다.[17]

> 피자는 최고예요. 내가 제일 좋아하는 음식이죠. 어렸을 때부터 쭉 사랑해 왔고요…. 네 살 때 처음으로 피자를 먹고 영화 〈킹콩〉을 봤던 기억이 아직도 생생하게 남아 있어요. 그때부터 피자는 나한테 매우 중요한 음식이 됐죠.

오랫동안 좋아했던 것은 과거의 경험을 떠올리고 행복한 감정 기억을 즐기게 해 준다. 어떤 이들에게는 감정 기억으로 인한 즐거움이 익숙한 것을 반복하는 지루함을 보상하기에 충분할 수 있다.

음악과 이런 긍정적인 연상작용과 관련해, 나는 최근에 꿩도 먹고 알도 먹을 방법을 발견했다. 먼저 내가 제일 좋아하는 옛날 노래를 혁신적인 방식으로 편곡한 커버곡을 찾는다. 예를 들어 K.D. 랭은 내가 제일 좋아하는 곡 중 하나인 닐 영의 〈애프터 더 골드 러시After the Gold Rush〉를 멋지게 커버했다. 나는 고등학교 때 영의 오리지널 버전과 사랑에 빠졌고 이와 관련된 긍정적인 추억도 많다. 수년이 지난 지금 K.D. 랭의 커버곡은 이런 긍정적 기억을 불러일으키는 즐거움을 주지만 동시에 워낙 원곡과는 편곡이 너무 달라 반복해서 들을 때마다 흥미롭다.

긍정적인 감정 기억은 그런 기억이 없다면 불쾌하다고 여길 수 있는 것을 사랑하게 할 만큼 강력할 수 있다. 예를 들어 얼마 전 나는 한 남성이 신선한 타르 냄새를 좋아한다는 이야기를 들었다. 왜냐하면 그 냄새는 친구들과 함께 롤러 블레이드를 타던, 아스팔트가 갓 깔린 거리를 떠올리게 하기 때문이다. "특히 햇빛이 매우 뜨겁고 바닥이 지글거릴 때면 타르 냄새를 맡을 수 있죠."[18] 냄새를 처리하는 뇌 영역은 감정에서도 큰 역할을 하는 둘레계(변연계)이기 때문에 냄새는 감정 기억을 촉발하는 강력한 능력을 지닌다. 후각을 연구하는 패멀라 돌턴의 설명에 따르면 냄새는 감정 기억 시스템을 활성화한다. 따라서 냄새에 의해 촉발된 기억은 마치 그 시간으로 돌아간 것처럼 느끼게 한다.[19]

긍정적 감정 기억을 유발하는 것들은 색상을 포함해 우리의 선호도에 영향을 끼친다. 심리학자 스티븐 팔머와 캐런 슐로스[20]의 연구에 따르면 다양한 색상에 대한 선호도는 뇌가 해당 색상과 관련해 연상하는 것들을 얼마나 좋아하는지에 큰 영향을 받는다. 가령 미시간 주립대와 오하이오 주립대 미식축구팀은 치열한 라이벌이기 때문에 오하이오 팬들이 빨간색(그들의 팀 컬러)을 좋아하고 파란색(미시간 주립대 컬러)을 싫어하는 한편, 미시간 팬들이 파란색을 좋아하고 빨간색을 싫어한다는 사실은 그다지 놀랍지 않다. 하지만 진정 놀라운 것은 이런 원칙이 일상생활에서 굉장히 광범위하게 적용된다는 것이다. 가령 사람들이 노란색을 좋아하는 것이 바나나를 좋아하는 것과 관련 있는 것처럼 말이다.

이 장에서는 혼자 있을 때든 다른 사람과 함께 있을 때든 동일한 방식으로 작용하는 개인적인 수준의 '몰입'에 대해 살펴보았다. 다음 장에서는 사람들이 자기 일을 사랑하는 이유에 대해 계속 살펴보면서 집단 간의 상호작용이 어떻게 사랑하는 대상을 결정하는 데 영향을 미치는지에 초점을 맞춘다.

The

Things
We
Love

그것이
우리에게
말해 주는

것

8

"민족은 사랑하는 대상에 대한 공통의 합의로

 묶여 있는 합리적인 존재들의 집합체다."

 — 성 아우구스티누스의 《신국론The City of God》 19권 24장

사람이 사랑하는 것들은 그 사람의 성격에 대한 단서를 알려 준다. 예를 들어 심리학 교수인 옴리 길라스와 동료들[1]은 사람들이 타인이 신고 있는 신발을 바탕으로 어떤 판단을 내리는지 연구했다. 그 결과 그들은 앞코가 뾰족한 신발을 신은 사람은 그렇지 않은 사람에 대해 평균적으로(그리고 올바르게) 덜 친절하고 덜 순응적으로 보인다는 사실을 발견했다(예: '좋은 인상'이라는 성격 특성에서 낮은 점수). 또한 정치적으로 진보적인 대학생은 '히피'라는 고정관념이 있으며, 이런 고정관념에 따라 진보적 학생은 다른 학생들이 매력적이지 않다고 생각하는 신발을 신을 확률이 더 높았다(물론 그들 자신은 편안하다고 표현하는 걸 좋아할 테지만).

신발은 심지어 어린 시절 부모님과의 관계에 대한 단서를 제공해 줄 수도 있다. 어린 시절 부모와 깊은 유대감을 형성하지 못한 이들은 남들이 자신을 거부할 것이라는 불안감, 즉 애착 불안을 발달시킬 수 있다. 그래서 이들은 다른 사람들에게 부정적으로 비칠까 봐 흠집이 나거나 해진 신발을 피하려 든다. 내가 인터뷰한 한 여성은 사람을 옷차림으로 평가해서는 안 되지만 "신발은 예외"[2]라고 말했다. 별다른 유도 질문을 하지 않았음에도 그는 닳거나 해진 신발을 신고 다니는 것은 도덕성이 낮다는 분명한 신호라고—어머니에게서 배웠다고—순순히 털어놓았다. 그날 인터뷰를 하러 평소 애용하던 신발을 신지 않고 '전문가'답게 차려입은 게 얼마나 다행이었는지 모른다.

라이프스타일 집단의 의미

마케팅 업계에서는 사람들이 소유한 물건이나 하는 행동에 따라 '라이프스타일 집단'°이라는 것으로 분류한다. 라이프스타일 집단은 고등학교 때 끼리끼리 몰려다니던 소위 패거리나 파벌―운동선수, 약쟁이, 범생이 등등―을 더 크게 확장한 개념이라 할 수 있다. 라이프스타일은 사고방식이나 취향이 비슷한 집단끼리 어울리는 사람들의 하위문화다. '여피족'이나 '축구맘' 같은 말도 특정한 라이프스타일 집단을 일컫는 마케팅 전문용어에서 비롯되었다. 라이프스타일 집단 분류 체계인 '모자이크**Mosaic**'에서는 미국 시민들을 영 시티 솔로(도시 지역에서 활동적이고 활기찬 생활양식을 영위하

° 생활양식 집단, 또는 라이프스타일 세분화라고도 한다.

그것이 우리에게 말해 주는 것   ◆

는 청년 및 중년 독신자), 플로리싱 패밀리(풍요로운 중년층 가족과 부유한 수입으로 편안하고 활동적인 생활양식을 누리는 커플) 등 71개 집단으로 세분화하고 있다.[3]

세분화된 이름은 잘 몰라도 어떤 사람들이 어떤 집단에 속하는지는 쉽게 알 수 있다. 프리우스를 모는 사람이나 픽업트럭을 모는 사람처럼 상징적인 제품과 연관된 라이프스타일 집단의 경우에는 특히 그렇다. 물론 이런 제품을 사용하는 사람 중에 고정관념과 일치하지 않는 이들도 많다. 하지만 마케터들이 수억 달러를 들여 라이프스타일 집단을 연구하는 이유는 집단에 속한 이들 사이에 통계적으로 근본적인 유사점이 있고 이를 바탕으로 그들이 무엇을 구매할지 예측할 수 있기 때문이다.

71개의 라이스프타일 집단을 구분하는 모자이크 같은 체계는 마케터에게 유용할지는 몰라도 대부분 사람에게는 그저 혼란스러울 뿐이다. 이 장에서는 깊은 이해를 돕기 위해 다른 접근법을 시도해 보겠다. 미리 정의된 여러 유형의 사람들을 나열하는 게 아니라 라이프스타일 집단을 구분 짓는 가장 중요한 원칙을 설명하는 것이다. 특정 라이프스타일 집단에 속하는 이들은 같은 것을 사랑하는 경향이 있기에, 구성원들 사이의 차이점을 이해하면 사람들이 사물을 사랑하는 이유에 대해 더 깊은 통찰력을 얻을 수 있다. 간단히 말해 이 장에서는 특정 라이프스타일 집단에 속하거나 같은 것을 사랑하게 하는 '경제 자본'과 '문화 자본'이라는 사람들의 두 가지 중요한 차이점에 대해 설명할 것이다.

경제 자본과 문화 자본을 이해하면 이 책의 두 가지 주제를 이해할 수 있다. 첫째, 취향이란 때때로 설명할 수 없을 정도로 불가해하게 보이지만 우리가 어떤 것을 사랑하는 데에는 예측 가능한 이유가 있다. 둘째, 우리의 취향은 은밀하고 개인적이나 다른 사람의 영향을 많이 받는다.

그것이 우리에게 말해 주는 것

사회적 지위와 소비자 지위

나는 때때로 닳아빠진 신발을 신을 뿐만 아니라 자동차는 고장 날 때까지 써야 한다는 구시대적인 생각을 가지고 있다. 이런 가치관에 따라 한때는 주행거리가 약 36만 킬로미터나 되는 15년 된 자동차를 몰기도 했다. 그 망할 녀석은 심지어 고장도 나지 않았다. 그보다 더 나쁜 것은 심하게 망가지거나 한 부분도 없는데 얼마나 오래됐는지 연식이 그대로 드러났다는 것이다. 솔직히 고백하자면 가끔은 그 차가 조금 부끄러웠다.

한번은 지위의 상징에 대해 강의할 때 내 차를 예시로 사용하는 실수를 저질렀다. 자기 비하 유머랍시고 학생들에게 가끔 대학교 주차장에 차를 세우면 학생이 전부 나보다 더 좋은 차를 모는 것을 보고 기분이 상하기도 했다고 털어놓았다. 오랫동안 교단에 서면서 내가 그런 형편없는 소비자 지위에 대해 공개적으로 시인할 줄은 몰랐다는 듯 학생들이 그토록 경악하는 표정을 짓는 것은 그 이전도 그 이후로도 단 한 번도 본 적이 없다.

그건 마치 어린 자녀를 둔 부모가 기저귀를 가는 데 너무 익숙해진 바람에 사람들에게 그런 이야기가 대체로 환영받지 못한다는 사실을 깜박하고는 저녁 만찬 자리에서 가장 최근에 있었던 기저귀 갈기 대모험의 생생한 묘사를 늘어놓는 것과 비슷하다. 나도 그 부모들처럼 사람들의 사회적 지위에 대해 너무 자주 생각하는 나머지 특히 고등교육을 받은 사람들 사이에서 사회적 지위에 대해 걱정하는 것이 일종의 TMI라는 사실을 깜박할 때가 있다. 하지만 설사 많은 이들이 자신의 사회적 지위에 대해 걱정한다는 사실을 인정하고 싶지 않아 할지라도, 남들이 우리를 어떻게 생각할지 궁금해하는 것은 매우 정상적인 인간 심리다. 그리고 앞으로 설명하겠지만 다른 사람에게 존경이나 존중받고 싶은 욕구는 우리가 어떤 사물과 사랑에 빠질지에 영향을 미친다. 사회학자들은 사회적 지위에 대해 논할 때 흔히 그들 용어로 자본이라 부르는 것을 중심으로 설명한다. **자본**은 주로 돈을 가리킬 때 사용되지만 사회과학자들[4]—특히 프랑스 사회학자 피에르 부르디외[5]—은 평판과 친구를 비롯해 필요할 때 의지할 수 있는 모든 자원을 자본이라 지칭한다. 자본에는 여러 유형이 있으나 여기서는 경제 자본(돈)과 문화 자본(지성과 교양, 미덕으로 사람들에게 깊은 인상을 남기는 것)에 초점을 맞추도록 하겠다. 이런 관점에서 볼 때 인생은 우리가 말하고 행동하고 소유한 것에 따라 경제 자본 점수와 문화 자본 점수를 얻는 경쟁적인 지위 게임이다.

경제, 문화적 자본은 사랑하는 것들을 통해 우리가 어떤 사람인지 드러내는 주된 방법의 하나다. 사람들은 값비싼 물건을 소유하고, 고소득 직장에 다니고, 화려한 파티를 주최하고, 자선단체에 거액을 기부하여 경제 자본 점수를 얻는다. 이 목록은 시간이 흐르면서 안정적으로 정착되었으나 적어도 한 부분에 있어서만큼은 큰 변동이 있었다. 부^富가 세습되는 귀족 작위나 최소한 지주 가문과 관련이 있을 때, 부유층은 여가 시간을 과시하여 그들의 경제 자본 수준을 암시했다. 경기가 사흘이나 닷새까지 지속되는 크리켓 같은 스포츠가 발명된 것도 그로 인한 결과다. 그러나 오늘날에는 재산이 사업이나 개인의 재능에서 비롯되기 때문에 부유할수록 바쁜 경향이 있다. 따라서 현대에는 부유한 사람들이 바빠 죽겠다고 투덜대는 일이 흔하며 이는 그들을 원하는 곳이 많음을 의미한다.

문화 자본은 경제 자본보다 훨씬 복잡하다. 영화 〈타이타닉〉에서 잭 도슨은 부유한 미국인 여성인 몰리 브라운과 친구가 된다. 몰리 브라운은 타이타닉에서 함께 일등석에 타고 있는 '올드 머니^{Old Money}(전통적인 부자)' 귀족들과는 대조적인 '뉴 머니^{New Money}(신흥 부자)'였다. 몰리는 귀족 무리에 대해 "명심하렴. 저들은 돈을 사랑하니까 금광이 있는 것처럼 행동하면 저기 낄 수 있어"라고 말한다. 하지만 몰리는 착각하고 있다. 그는 부자지만 올드 머니 귀족 중 누구도 그가 자신들과 동급이라고는 생각하지 않는다. 그들은 그저 몰리의 등 뒤에서 "저속한 브라운"이라고 깔보며 열심히 피해 다닐 뿐이다.

몰리 브라운이 그들과 '동급'으로 취급받지 못하는 이유 중 하나는 문화 자본이 부족하기 때문이다. 문화 자본에는 몰리 브라운 같은 신흥 부자는 이해할 수 없는 온갖 종류의 것들이 포함되어 있다. 그는 존재하는지도 모르는, 상류층처럼 보이게 하는 비밀스러운 코드나 행동들 말이다. 1912년의 전통적인 귀족들이 보기에 신흥 부자들은 문화 자본이 부족했다. 그들은 올바른 억양으로 말하거나, 격식 있는 매너를 갖추거나, 올바른 단어를 사용하거나, 올바른 화제에 대해 이야기하거나, 올바른 복장을 갖추거나, 올바른 자세를 유지하거나, 올바른 것에 낯을 붉히거나, 오페라를 즐기거나, 올바른 방식으로 춤을 추거나, 올바른 것을 읽고 올바른 의견을 제시하는 방법을 몰랐다. 이 목록은 끝도 없이 이어진다. 훌륭한 취향을 드러내는 예술품 같은 올바른 물건을 소유하고 명문 재학 졸업장 같은 올바른 자격을 갖추는 것도 문화 자본에 속한다.

1912년 이래 문화 자본을 구성하는 요소에는 많은 변화가 있었다. 오늘날 문화 자본이 어떤 것들로 구성되는지 간단히 알아보려면 내가 학생들의 이해를 돕기 위해 만든 문화 자본 퀴즈를 풀어 보라. 사랑하는 것들 퀴즈(24쪽)와 달리 이 문화 자본 척도는 과학적으로 검증되지는 않았다. 하지만 내 소견으로 현재의 미국이라는 상황에서는 꽤나 합리적이다.

문화 자본 퀴즈

자신에게 해당되는 답('그렇다'와 '아니다')을 고르고 '그렇다'를 선택할 때마다 1점씩 점수를 준다.

문화 자본 퀴즈

1	내가 좋아하는 것들은 '아는 사람들' 사이에서는 인기가 높지만 주류 대중에게는 인기가 없다.	그렇다	아니다
2	대중적으로 인기 있는 것들(판매량 1위 맥주, 잘 나가는 의류 브랜드, 최고의 인기를 구가하는 TV 프로그램 등)은 평범한 경향이 있다.	그렇다	아니다
3	로고나 상표가 눈에 잘 띄게 붙어 있는 옷은 사지 않는다.	그렇다	아니다

4	메르세데스나 재규어, 캐딜락 같은 고급 차를 살 경제적 여유가 있는 경우, 한 가지 단점이 있다면 그런 럭셔리 브랜드를 소유하는 게 약간 부끄럽다는 것이다.	그렇다	아니다
5	(a)평범한 지능을 가진 평범한 사람, (b)똑똑하지만 이상한 사람이 되는 것 중 하나를 선택해야 한다면 (b)를 선택하겠다.	그렇다	아니다
6	TV 프로그램이나 영화, 음악, 책 및/또는 예술작품을 분석하는 것이 재밌다.	그렇다	아니다
7	〈뉴욕타임스〉, 공영 라디오나 팟캐스트, 공영 TV 프로그램 및/또는 문학 소설을 정기적으로 읽거나 보거나 듣는다.	그렇다	아니다
8	크루즈를 타거나 대형 리조트에 놀러 가는 것보다 자연 속에서 시간을 보내거나(예: 하이킹, 카누 여행) 문화 활동을 하는(예: 박물관이나 유적지 방문) 휴가가 더 좋다.	그렇다	아니다
9	관심도가 낮은 지방 선거도 항상(또는 거의 항상) 투표한다.	그렇다	아니다
10	정치적, 윤리적, 환경적 이유로 식습관을 최소한 부분적으로 바꾸었거나 바꾸는 중이다(예: 육식을 포기하거나 유기농 채소만 구입하는 등).	그렇다	아니다
11	4년제 대학을 이수했거나 재학 중이다.	그렇다	아니다
12	4년제 대학을 이수했거나 재학 중이며 인문학 사회과학 또는 예술을 전공했다.	그렇다	아니다
13	4년제 사립대학교 또는 내가 사는 지역에서 가장 경쟁률 높은 공립대학교을 이수했거나 재학 중이다.	그렇다	아니다
14	대학원을 이수했거나 재학 중이다.	그렇다	아니다

'그렇다' 총점:

결과   0~2점   문화 자본 낮음
           3~7점   문화 자본 중간
           8~14점   문화 자본 높음

문화 자본과 부의 관계

문화 자본과 부의 관계는 복잡하다. 일반적으로 문화 자본과 경제 자본은 동반 관계다. 상류층은 두 가지 자본을 모두 보유하는 경향이 있고 노동계급은 둘 다 갖지 못하는 경우가 많다. 부유한 부모 밑에서 자라는 아이들은 성인이 되었을 때 경제 자본과 문화 자본을 모두 갖출 수 있는 기술과 습관, 태도에 대해 어릴 적부터 집중적인 훈련을 받기 때문이다. 특권 없는 평범한 환경에서 자란 이들이 대학에 진학해 계급 상승을 하고자 할 때도 그러한 교육을 받았다면 그렇지 않은 경우에 비해 소득 능력과 문화 자본을 증가시키기 더 쉽다.

그러나 인구 전체가 아닌 대학 교육을 받은 이들에게만 초점을 맞춘다면 문화 자본을 추구하는 것과 경제 자본을 추구하는 것이

상충 관계에 있음을 알게 된다. 경영이나 공학 분야의 직업을 선택하면 소득은 높지만 문화 자본은 중간 수준에 머무르나 교육, 예술, 언론과 같은 분야를 추구한다면 문화 자본은 높아도 소득은 중간 수준에 그치기 쉽다.

문화 자본을 가장 많이 제공하는 분야의 벌이가 낮거나 중간 정도에 불과한 것은 우연이 아니다. 과거에는 주로 부유한 귀족들만이 돈벌이에 직접적인 도움이 되지 않는 문학이나 예술을 공부할 시간적 여유와 성향을 지니고 있었다. 반면에 중산층은 법률과 의학, 공학 같은 전문직에 종사했다. 따라서 귀족들이 그들의 문화 권력을 휘둘러 노동과 관련된 전문 지식보다 예술이나 문학 같은 고급문화에 대한 전문성에 더 높은 문화 자본 점수를 부여하는 '규칙'을 확립한 것은 당연한 일이다. 이러한 규칙의 흔적은 오늘날까지 남아 있다.°

° 그러나 최근에는 이런 패턴에도 약간의 변화가 나타나기 시작했다. 기술 부문의 급격한 성장과 구글, 애플 같은 기술기업들의 성장은 기술 전문성에 멋지다는 아우라를 부여해 주었다. 첨단기술 분야, 특히 최첨단을 달리는 스타트업에서 일한다면 높은 문화 자본 점수를 얻을 수 있다. 그러나 이러한 변화가 지속적인 흐름이 될지는 아직 두고 봐야 할 것이다.

짝퉁을 사는 것은 과시인가,
사랑인가?

어떤 사물의 경제 또는 문화 자본 상태를 나타내는 확실한 지표는 가짜의 존재 여부다. 예를 들어 많은 사람이 위조 명품을 구입해 경제 자본이 있는 척 가장한다. 한 연구[6]에 따르면, 영국 소비자의 44퍼센트가 의도적으로 가짜 명품 신발이나 의류를 구입한 적이 있으며, 여기에는 핸드백이나 시계처럼 가짜가 널리 유통되는 품목은 포함되지도 않았다. 심지어 개인 제트기 내부와 유사한 영화 세트장을 대여해 개인 비행기에 탄 것처럼 셀카를 찍는 사람들도 있었다.

값비싼 물건을 소유한 척 가짜 경제 자본을 과시하는 경우가 있다면, 별로 좋아하지 않는 것을 즐기는 척 문화 자본을 가장하는 경우도 있다. 가령 교향곡은 지루하다고 생각하면서도 클래식 공연에 갈 수도 있다. 혹시 우아한 공연에서 연주가 끝나자마자 몇몇 사람들이 마치 출발 총소리를 들은 올림픽 단거리 선수처럼 자리에서 벌떡 일어나 열광적인 기립박수를 보내는 것을 본 적이 있는지? 연구 때문에 냉소적인 건지도 모르겠지만, 가끔은 관객들이 공연을 그 정도로 사랑하는 건지 아니면 즐거움을 과장해 약간의 문화자본을 얻으려는 것인지 궁금할 때가 있다.

개인주의에는 장단점이 있지만, 미국에서 개인주의가 증가하면서 나타난 장점은 고급문화를 좋아하지 않아도 좋아하는 척해야 한다는 사회적 압박이 현저하게 줄었다는 것이다. 예컨대 고가의 카베르네 쇼비뇽은 세계 최고의 레드와인 중 하나로 유명하다. 좋은 카베르네는 그 맛이 복잡하고 강렬하며 다양하고 미묘한 풍미를 지니고 있어 와인 전문가들이 선호하기 때문이다. 하지만 그렇다고 비전문가도 그것을 즐긴다는 의미는 아니다. 그럼에도 카베르네 쇼비뇽이 미국에서 오랫동안 가장 잘 팔리는 레드와인으로 군림할 수 있었던 것은 와인 전문가들의 좋은 평가 덕에 평범한 이들도 카베르네를 마시기 '적합한' 와인이라고 여겼기 때문이다. 하지만 다행히도 1990년대 후반이 되자 와인 전문가가 아닌 구매자들이 드디어 용기를 내어 카베르네가 아니라 자신의 취향과 예산에 더 적합한 메를로로 옮겨가기 시작했다. 메를로는 빠르게 미국에서 가장 판매율 높은 레드와인이 되었고, 사람들이 개인적으로 좋아하는 와인을 마음껏 마시기 시작하면서 와인의 전체 판매량도 증가했다.

경제 및 문화 자본이
우리가 사랑하는 것에 미치는 영향

우리가 사랑하는 것들에 우리의 경제 및 문화 자본 수준이 **반영**되는 이유는 그것이 부분적으로 우리의 경제 및 문화 자본에 의해 **형성되기 때문이다.**

경제 자본은 크게 두 가지 방식으로 우리가 사랑하는 것에 영향을 미친다. 첫째, 사람들은 자신이 구입할 형편이 안 되는 모든 것을 갖고 싶어 한다. 그러나 무언가를 원하는 것과 사랑하는 것은 다르며, 사람들은 자신의 일상을 이루는 것을 사랑하는 경향이 있다. 물론 페라리를 한 번도 타 본 적이 없을지언정 페라리를 사랑하는 것처럼 손에 닿지 않는 것을 사랑하는 사람들도 있다. 하지만 자기 소유가 아닌 자동차를 사랑하는 사람보다는 자기 자동차를 사랑하는 사람들이 훨씬 더 많다. 경제 자본은 우리가 감당할 수 없는 것을 결정하고, 이는 다시 우리가 사랑하는 것을 결정한다.

경제 자본이 사랑하는 것에 영향을 미치는 두 번째 방법은 조금 더 복잡하다. 소득이 높을수록 개인주의적 정체성이 강해지고, 그 결과 사랑하는 것에도 영향을 미친다. 6장에서 역사적으로 문화가 부유해질수록 개인주의가 강해진다고 설명한 게 기억나는가? 또한 어떤 사회에서든 돈이 많을수록 개인주의적 성향이 강해진다.[7]

개인주의와 집단주의의 가장 큰 차이점은 정체성을 정의하는 방식에 있다.[8] 개인주의 사람들은 정체성을 정의할 때 다른 사람들과 다른 점을 강조한다. 반면에 집단주의 사람들은 다른 사람들과 연결되는 측면을 강조하는 경향이 있다. 부유한 이들은 개인주의적 성향이 강하기 때문에 다른 사람들과 차별화되는 개인적 취향과 성취를 중심으로(예: "나는 이러이러한 분야의 전문가입니다.") 자신의 정체성을 정의하는 경향이 있다.[9] 중간소득 및 저소득층은 국적이나 거주 지역, 스포츠팀처럼 다른 사람들과 공유하는 정체성의 집단적 측면에 더 중점을 둔다. 사랑하는 레스토랑도 그렇다. 소득이 높은 사람들은 대부분 사람이 아직 방문하지 못한 독특하고 개업한 지 얼마 안 된 레스토랑을 선호하는 반면, 소득이 낮은 이들은 이웃이나 친구들과 연결될 수 있는 작은 동네 레스토랑의 단골일 가능성이 크다.

사랑하는 것에 영향을 미친다는 점에서 문화 자본은 경제 자본보다 훨씬 강력하다. 창의성은 오늘날 문화 자본에서 가장 중요한 요소 중 하나다. 문화 자본이 높은 이들은 창의성을 높이 평가하고,

창의력이 뛰어난 사람은 약간 특이한 경우가 많다. 따라서 '정상'을 '평범함'과 동일하게 보는 문화 자본가 유형에게 독특하고 틀에 얽매이지 않는다는 것은 자부심의 요인이다. 이와는 대조적으로 문화 자본이 낮거나 중간 수준 집단에서는 정상적인 것은 건전함을 뜻하고 이상하다는 것(그들이 보기에)은 문제를 의미한다. 이러한 관점 차이는 각 집단이 사랑하는 것으로 이어진다. 문화 자본이 높은 이들은 창의적이고 예술적이며 독특한 것(그들이 보기에)을 좋아한다. 문화 자본이 낮거나 중간 수준의 사람들도 창의성을 중요하게 여기지만, 창의성은 약간만으로도 충분하다. 너무 창의적이어서 이상해 보이는 것은 별로다.

문화 자본을 획득하는 주요한 방법은 '좋은 취향'°을 갖고 있음을 보여 주는 것이다. 하지만 대체 누가 무엇이 좋은 취향인지를 결정하는가? 우리 사회는 해당 분야에서 가장 많은 청중과 전문성을 확보한 이들에게 특정 분야에서 좋은 취향을 정의할 수 있는 권위를 부여한다. 예를 들어 패션에 대한 탁월한 취향은 패션 작가, 디자이너, 인터넷 인플루언서, 소매업체 및 패셔니스타 소비자 등 '트렌드세터'에 의해 정의된다. 이들의 공통점은 '패션 전문가'라는 것이다. 7장에서 사람들이 무엇을 즐기는지는 그들의 전문 지식과 밀접한 연관이 있다고 했다. 전문 지식을 쌓을수록 도전적인 것을 즐

° 내가 '좋은 취향'에 표시를 한 것은 어떤 사람의 취향이 다른 이의 취향보다 객관적으로 더 낫다고 할 수 없기 때문이다. 다만 좋은 취향이라는 개념은 높은 문화 자본을 지닌 이들이 자신이 하는 일을 사랑하는 이유와 사람들이 때때로 사랑하지 않는 것을 사랑하는 척하는 이유를 이해하는 데 중요한 역할을 한다.

길 수 있게 된다(가령 십자말풀이 전문가는 어려운 단계의 십자말풀이를 좋아하는 것처럼). 음식과 게임, 예술품, 책, 영화, 음악이 (1)복잡하고 (2)강렬한 경험을 선사하고 (3)섬세하고 미묘한 분별 능력이 필요하고 (4)특별한 전문 지식이 있어야만 이해할 수 있을 때 이를 즐기는 것이 특히 도전적이라고도 했다. 따라서 관심 있는 분야의 전문가가 되어 높은 수준의 문화 자본을 갖고자 하는 이들은 복잡하고 강렬하고 미묘하며 다소 난해한 것들을 즐기기 시작한다.

예시로 〈뉴욕타임스〉에 기고하는 캐시 호린은 스테파노 필라티가 입생로랑을 위해 디자인한 기성복 패션쇼를 논평한 적이 있다. 흔히 패션쇼하면 떠올리는 파격적인 오트 쿠튀르 의상이 아니라 쇼핑몰에서 판매될 일반적인 의상이었다. 호른의 평가는 "꼭 알고 싶다면, 조금 지루했다"였다.[10] 별로 놀랍지도 않다. 호린은 패션 전문 작가로 깊은 전문 지식을 갖추고 있어 그의 뇌는 시각적으로 복잡하고, 강렬한 반응을 일으키고, 흥미로운 미묘함이 있고, 패션에 대한 많은 배경지식을 요하는 독특하고 혁신적인 의상을 좋아한다. 일반 소비자를 만족시키는 대부분, 예를 들면 평범한 소비자를 만족시키기 위한 기성복은 전문가를 지루하게 한다. 반대로 호린이 좋아하는 기이한 아방가르드 패션을 본 일반 소비자들은 마치 네모난 기둥을 둥근 구멍에 끼워 넣으려는 것처럼 이상한 패션을 그들이 아는 옷에 대한 개념에 꿰맞추려고 애쓴다. 그 결과 그들은 좌절감을 느끼고, 때로는 아방가르드 패션이 순진하고 속기 쉬운 대중을 대상으로 한 사기라는 분노에 찬 결론을 내리기도 한다.

이는 어째서 많은 음악 애호가들이 이른바 '이지 리스닝 easy listening' 음악을 그리도 미워하는지를 설명해 준다. 이지 리스닝은 의도적으로 감상의 난이도를 극도로 낮춘 음악이다. 그래서 어떤 이들은 이지 리스닝이 완벽한 배경음악이라고 생각한다. 무슨 일을 하든 음악이 뇌를 방해하지 않기 때문이다. 반대로 작곡가 칼 윌슨[11]은 음악 전문가들이 '디피컬트 리스닝 difficult listening'을 선호한다고 말한다. 전문가들과 많은 음악 애호가에게 이지 리스닝은 전혀 도전적이지 않기 때문에 거의 혐오감으로 반응할 정도다.

요약하자면 특정한 것에 대한 사랑이 유독 높은 문화 자본을 얻을 수 있는 이유 뒤에는 많은 자의적 관습이 있는 것처럼 보이지만, 사실 무언가에 열광하는 데에는 그럴만한 이유가 있다. 무엇을 문화 자본으로 간주할 것인가는 대개 전문가들에 의해 결정된다. 예를 들어 뇌가 책을 즐거운 독서 경험으로 바꾸는 방식처럼, 전문가들은 보통 상대적으로 복잡하고 강렬하며 미묘하고 모두가 다 알고 있지 않은 배경지식이 필요한 것들을 즐긴다. 전문가들이 좋아하는 이러한 특성이 결여된 예술이나 오락거리는 나쁜 취향이라는 평가를 받을 수 있고, 따라서 이러한 것을 즐기면 문화 자본 점수에 거의 반영되지 않거나 심지어 마이너스가 될 수도 있다.

문화 자본을 둘러싼 대논쟁

클래식 음악 전문가가 랩 전문가보다 더 높은 문화 자본 점수를 받아야 할까? 보수적인 지식인은 그렇게 말할지 몰라도 다수의 다른 사람들은 동의하지 않을 것이다. 문화 전쟁의 가장 초기에 벌어진 격돌은 대학 내부에서 벌어진 셰익스피어와 호메로스, 기타 고전 작가의 작품과 같은 전통적인 정전을 배우는 것이 과연 대학 교육의 중요한 부분인가에 대한 논쟁이었다. 이는 곧 어떤 종류의 지식을 문화 자본으로 간주해야 하는가에 대한 암묵적인 충돌이기도 했다. 비록 '문화 자본'이라는 단어를 전면에 사용하지는 않았지만 이러한 충돌은 어떤 것을 다른 것보다 더 좋아할 때 인정받는 문화 자본 점수, 문화 자본과 경제 자본의 상대적 중요성이라는 광범위한 논쟁 예시일 뿐이다. 그리고 앞으로 보게 되겠지만 이 논쟁은 문화 전쟁으로 직결된다.

보편 문화 자본 vs. 특이 문화 자본

문화 자본에 대한 논쟁은 종종 보편 문화 자본과 특이 문화 자본의 차이점을 수면 위로 드러낸다. 일반적으로 말하는 문화 자본이란 사회 전반에서 문화 자본 점수를 얻는 것으로 인식되는 것을 가리킨다. 한편 특이 문화 자본은 하위문화나 작은 공동체 내에서 인정되는 자본이다. 예를 들어 우표 수집가들 사이에서 희귀한 우표에 대해 많이 알고 있다면 높은 특이 문화 자본을 지녔다고 할 수 있다. 신앙 공동체에서는 독실한 신도가 되면 높은 특이 문화 자본을 보유할 수 있다. 그러나 보다 넓은 사회에서는 우표 전문가나 독실한 신앙인이라고 해서 문화 점수가 높다고 인정받지 못한다. 이는 종종 무엇이 사회 전반에서 문화 자본으로 간주되고, 또는 작은 연못에서 큰 물고기로 만들어 주는 것에 지나지 않는지에 관한 논쟁을 불러 집단 간의 갈등을 야기한다.

특이 문화 자본은 공동체 외부에서는 높은 지위를 얻지 못할지라도 사람들이 사랑하는 것에 큰 영향을 끼칠 수 있다. 예를 들어 로스앤젤레스의 맥시코계 미국인 공동체에서 부상한 로우라이더lowrider 개조 문화를 생각해 보자(로우라이더는 차체 하부가 지면에 닿을 만큼 차고를 극도로 낮춘 자동차를 가리킨다). 근사한 로우라이더 자동차를 소유하고 있다고 해서 엘리트 사회에서 높은 문화 자본 수준을 인정받을 수는 없다.

하지만 놀랍게도 우리의 두뇌는 어떻게 해야 주변 사람들로부터 존경받을 수 있을지 자동으로 알아차리게 설계되어 있다. 로우라이더 자동차를 개조하는 사람들이 존경받는 동네에서 자란다면 뇌는 금세 그 사실을 알아차릴 것이다. 그 결과 당신은 본능적으로 로우라이더 차가 다른 차보다 더 매력적이라는 사실을 깨닫는다. 그렇다고 반드시 로우라이더 자동차와 사랑에 빠질 것이라는 의미는 아니다. 다만 영향을 받아 적어도 조금은 그 방향 쪽으로 기울게 될 것이다.

높은 문화 자본 사회의 바깥에서 자란 사람들이 공동체 내에서 높은 특이 문화 점수를 얻을 수 있는 것(예: 멋진 로우라이더 자동차를 보유하는 것)이 더 넓은 사회에서는 높은 문화 자본으로 간주되지 않는다는 것을 알게 되면 자신이 속한 공동체 전체가 무시당한다고 느낄 수 있다. 때문에 많은 사람이 높은 문화 자본을 가진 엘리트에게 분노를 느끼고, 이는 다시 문화 전쟁에 기름을 붓는다. 하지만 흥미롭게도 사실 높은 문화 자본을 가진 이들은 기존 문화 엘리트의 특성이었던 속물적인 태도를 버리기 위해 (항상 성공하지는 못했지만) 노력하고 있다.

보수적 가치에서 자유주의적 가치로의 전환

사회적 지위의 원천인 보편 문화 자본은 보수적 가치에서 자유주의적 가치로 점차 이동하고 있다. 1990년대 중반까지 문화 자본이 높다는 것은 귀족이라는 것을 의미했다(드라마 〈다운튼 애비〉를 생각해 보라). 지금이야 '리무진 리버럴'°이라고들 하지만 구식 귀족들은 전형적인 보수주의자였다. 연구[12]에 따르면 보수주의의 핵심적 특징 두 가지는 (1)전통적 가치, 관행, 제도를 지지하고 (2)사회적 불평등에 관대하다는 것이다. 세습 귀족의 존립 자체가 전통적인 사회 질서와 불평등을 정당화하는 데 달려 있었기 때문에 귀족들은 보통 보수적이었다. 세습되는 직위가 없더라도 귀족의 사회적 지위는 몇 대에 걸쳐 상류 사회에 속해 있는지에 따라 결정되었다. 심지어 프랑스에는 가문의 부르주아지 역사가 얼마나 오래되었는지 나타내는 단어도 있다.°° '모옌moyenne 부르주아지'는 3대, '그랑드grande 부르주아지'는 5대를 의미하며, '오트haute 부르주아지'는 이들의 역사가 프랑스 혁명 때까지 거슬러 올라간다는 것을 뜻한다.

사회 내에서 문화 자본을 결정할 권한을 갖게 된 집단은 그 권력을 이용해 그들 자신의 가치를 반영하는 이들에게 사회적 지위를 부여한다. 예를 들어 문화권 내에서 성직자가 강한 권력을 가진

° 한국식으로 말하면 '강남 좌파' – 옮긴이

°° 프랑스어 '브르주아지'에서 기원한 '부르주아'는 현재 중산층을 지칭하지만 — 역사적으로는 육체노동을 할 필요가 없는 도심지 사람들을 가리킨다 — 미국에서는 상류층으로 간주할 수 있는 이들을 가리키는 말로도 쓰인다.

다면 경건함이 높은 지위 점수를 얻고 예술가가 강한 영향력을 지닌다면 창의적인 이들이 사회적 지위를 얻게 될 것이다. 1900년대 중반 이전에는 귀족들이 문화 자본을 정의할 수 있는 비공식적인 권한을 지니고 있었다. 따라서 문화 자본은 귀족의 가치관을 반영해 예술에 정통하고, 대중적인 저속한 오락물을 경멸했다. 뿐만 아니라 공식적인 만찬 자리일지라도 아스파라거스는 손가락으로 먹어도 된다는 아스파라거스 규칙(개인적으로 내가 좋아하는 규칙)처럼 임의적인 관습이 포함된 난해한 공식 예의범절을 따르는 것이 무척 중요했다.[13]

19세기와 20세기 초에 자유주의 지식인들은 종종 '보헤미안'°이라는 그들만의 특이 문화 자본을 갖춘 작은 하위문화에 속해 있었지만, 주류 사회에서는 그다지 인정받지 못했다. 그러나 고등교육을 받은 자유주의자들은 보헤미안적 가치를 상당 부분 그대로 유지하면서 학계와 교육계, 예술계와 미디어를 포함한 문화 권력의 중심을 20세기 전반에 거쳐 점차 장악해 나갔다. 그리고 이러한 문화 권력을 바탕으로 그들 자신의 이미지를 투영하여 문화 자본을 똑똑하고 세련되고 창의적이고 진보적인 것으로 재정의했다. 오늘날 특성을 나타낼 수 있는 모든 것들, 즉 옷차림과 정치적 견해, 재능, 출신 대학, 인테리어, 사랑하는 것 등은 문화 자본을 증가시킨다.

○   보헤미안Bohémien은 프랑스어로, 주류 사회 밖에 있는 로마 민족을 가리키는 단어였다. 외부인이라는 지위 특성상 이 단어는 모든 예술적·지적 하위문화에 적용되었다.

이제 높은 문화 자본에는 진보적인 정치 성향이 포함되기 때문에 문화 자본이 높은 이들은 속물에서 잡식성으로 변모했다.[14] 과거에 그들이 오페라 같은 고급 예술에만 관심 있었다면 오늘날 문화 자본이 높다는 것은 평등주의와 문화적 다양성 같은 진보적 사회 가치를 지향하는 것을 의미한다. 식자층의 교양 있는 취향(예: 클래식 음악이나 아방가르드 영화)이 대중적 취향(예: 톱 40 음악이나 리얼리티 TV)보다 낮다는 생각은 엘리트주의의 냄새를 풍긴다.

이는 문화 자본이 높은 이들을 딜레마에 빠지게 한다. '어떻게 하면 속물적이거나 더 우월한 취향의 존재를 인정하는 듯 보이지 않으면서도 내가 우월한 취향을 갖고 있다는 걸 보여 줄 수 있을까?'[15] 이를 해결하는 방법은 고상함을 나타내는 고급문화와 속물이 아님을 보여주는 대중문화를 모두 사랑하는 것이다. 따라서 오늘날의 대표적인 문화자본가들은 공영 방송의 진지한 걸작과 브라보 TV의 〈베벌리힐스의 진짜 주부들〉 시리즈를 비롯해 모든 것을 골고루 소비하는 문화적 잡식성이 되었다. 그러나 문화 자본이 높은 잡식성 사람들은 리얼리티 TV를 시청할 때도 높은 교육 수준을 과시하는 방식으로 대화함으로써 여전히 높은 문화 자본 수준을 뽐낸다.[16] 가령 대학교 세미나에 맞먹을 정도로 프로그램 내용을 세세하게 문화적으로 분석하는 것처럼 말이다.

계층 구조는 아래쪽에서 더 잘 보인다

대부분의 계층 구조는 위에 있는 사람보다 아래에 위치한 이들에게 더 확연하게 보이기 마련이다. 예컨대 여성은 남성보다 성차별을 더 기민하게 알아차리고 유색인종은 백인보다 더 인종차별에 민감하다. 이처럼 계층 구조 하위에 있는 이들의 민감성은 문화 자본 연구의 역사에서 매우 중요한 역할을 한다. 이 연구는 노동계급 가정에서 성장해 프랑스 학계 정상에 오른 사회학자 피에르 부르디외와 밀접한 연관이 있다. 낮은 문화 자본 배경에서 자란 사람으로서 그는 고학력 가정 출신이 대다수인 학계 동료들이 어떻게 문화 자본을 사용해 사회적 지위를 높이는지 쉽게 알아차릴 수 있었다. 그의 글에서 행간을 읽다 보면 그가 동료 지식인들에게 이렇게 말하는 소리가 들리는 것 같다. "경제 자본을 이용해 계급 사회를 확립하는 데 기업가를 비판하는 것은 타당하지만, 당신도 문화 자본으로 똑같은 짓을 하고 있지 않은가?"

마찬가지로 미국의 문화 자본이 진보적 또는 자유주의적 가치를 포함한다는 사실은 그러한 가치를 공유하는 일부(전부는 아니더라도)는 잘 눈치채지 못할지 몰라도 많은 보수주의자에게 자주 짜증을 유발하는 원인이다. 예를 들어 뉴욕타임스 팟캐스트 〈논쟁〉[17]의 진행자인 제인 코스턴은 이렇게 말했다. "미국의 자유주의자들은 문화적 권력을 갖고 있으나 정치적 권력을 원하고, 보수주의자들은 정치적 권력을 갖고 있으나 문화적 권력을 원하죠. 그래서 아무도 행복하지 않습니다." 공화당 초대 손님인 미셸 코틀은 이를 더욱 자세히 설명했다. "저는 골수 공화당 집안 출신인데요. 아버지한테 언론 이야기를 아주 많이 듣지요. **아버지 생각에는 언론이** 그분과 그분의 보수 친구들을 공격하는 데 혈안이 되어 있다고 생각하시거든요. 박해나 분노 또는 **무시당하고 있다는** 느낌을 받으시는 것 같아요. 그리고 그분은 매우 부유하고 교육도 많이 받은 공화당원이죠." 다시 말해 그의 아버지는 높은 경제 자본과 교육 수준을 갖추고 있으나 보수주의자라는 사실이 그의 문화 자본을 깎아내리고 있으며, 따라서 문화 계층 최상위에 있는 이들에게서 무시당하는 느낌을 받고 있다는 얘기다.

보수주의자들은 미국 문화의 중심에서 밀려난다는 느낌에 맞서 그들만의 특이 문화 자본으로 대항문화를 구축하기 위해 분투하고 있다. 가령 폭스 뉴스**Fox News**가 그렇다. 보수주의자들이 이런 전략을 채택하기 훨씬 전부터 유색인종과 성소수자처럼 사회적으로 소외된 집단도 그들만의 패션과 음악, 문화 자본을 구축해 왔다. 이러한 하위문화 내에서 혁신가들은 특이 문화 자본 점수를 쌓게 된다. 그러나 하위문화에서 기인한 지위 점수는 보통 더욱 일반적인 문화에 의해 무시되기 쉬우며, 사람이라면 누구나 더 광범위한 문화와 교류해야 하기에 이는 지금도 현재진행 중인 문제다.

경제 자본과 문화 자본 중 무엇이 더 중요한가?

　무엇을 문화 자본으로 간주해야 하는가에 대한 논쟁과 더불어, 경제 자본과 문화 자본 중 무엇이 더 중요한지에 대한 논쟁도 있다. 이 논쟁에서 가장 큰 목소리를 내는 이들은 '주류 엘리트'와 '문화 창조자'라는 두 경쟁 집단이다(300쪽 다이어그램 참조). 주류 엘리트는 대다수를 구성하는 사업가를 비롯해 의사, 엔지니어, 변호사 등 부유한 전문직 종사자로 이루어진다. 이들은 응용 교육을 바탕으로 높은 수입과 적당한 수준의 문화 자본을 지니고 있어 당연히 경제 자본이 사회적 지위에 가장 큰 영향을 미쳐야 한다고 생각하는 경향이 있다. 이들은 돈이 많다는 것은 좋은 일이며 직업적인 성공이 곧 그들이 똑똑하고 근면하고 사회에 크게 기여하는 올바른 신호라고 주장한다. 나는 한 자유주의자에게서 이와 비슷한 말을 들은 적이 있다. 그는 자본주의 경제에서는 상대가 제공하는 것이 자신에게 도움이 된다고 생각할 때만 급여를 지급하거나 제품을 구매한다고 주장했다. 즉 자본주의는 다른 사람을 도와 점수를 따고(즉 돈을 벌고) 다른 사람에게 가장 많은 도움을 준 사람이 승리하는 게임이다. 주류 엘리트들은 경제 자본의 중요성을 옹호하는 것 외에도 문화 자본은 디저트처럼 좋은 추가 옵션일 뿐 궁극적으로는 부차적인 것에 불과하다며 종종 문화 자본의 가치를 폄훼한다. 이들은 또한 문화 창조자들이 특이하고 이상한 취향을 공유하지 않는 사람을 무시하는 속물이라고 비난하기도 한다.

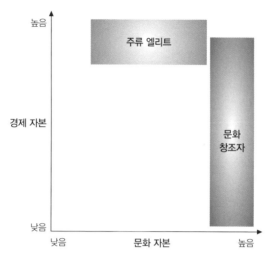

주류 엘리트와 문화 창조자의 특성

단어 자체에서 알 수 있듯이 문화 창조자[18]는 미디어, 엔터테인먼트, 마케팅, 교육, 저널리즘, 예술 및 사회 운동과 같은 문화 산업에 종사하는 경향이 있다. 문화 창조자는 똑똑하고, 세련되고, 창의적이고, 사회적 관심을 두는 것이 좋은 사람을 정의하는 특성이며 따라서 소득보다는 문화 자본으로 사회적 평가를 결정해야 한다고 주장한다.

소득 수준에 상관없이 문화 창조자들은 일반적으로 돈이 많다고 높은 사회적 지위를 부여하는 것은 터무니없고, 물질주의적이며, 적게 가진 이들에게 불공평하다는 데 동의한다. 그러나 경제 자본에 대한 그들의 비판 강도는 (그리 놀랍지 않게도) 본인들의 경제적 소득에 달려 있다. 문화 창조자에는 과거의 히피들처럼 소득이 낮은 힙스터 보헤미안도 포함되어 있다. 이런 진보적인 보헤미안 중 다수는 부를 탐욕과 동일시하고, 남을 착취하고 환경에 해를 끼쳐야 부자가 될 수 있다고 주장한다. 따라서 이들은 경제 자본을 경멸하고 가능하다면 경제적 지위 점수를 **부정적**(마이너스)으로 계산한다. 반면에 충분한 경제 자본을 갖춘 부유한 문화 창조자는 돈이 있다는 것이 본질적으로 나쁜 인간이라는 의미라고는 생각하지 않으며, 특히 다른 사람을 돕기 위해 돈을 사용한다면 더욱 그렇다고 여긴다.

문화 자본과 경제 자본에 대한 논쟁에서 사람들이 취하는 견해는 보통 그들 정체성의 일부가 된다. 사랑의 대상은 곧 정체성을 표현하기 때문에 문화 자본이 많은 이들은 자신의 문화적 세련미를 강조할 수 있는 것을 사랑하는 경향이 있다. 또한 문화 창조자는 다양한 소득 수준에 걸쳐 있기에 예산 범위 내에서 자신의 세련됨을 보여 주는 방법을 추구한다. 가령 고소득 문화 창조자가 미국에서 한참 성장 중인 와인 시장의 상당 부분을 주도하고 있다면 저소득층 보헤미안 문화 창조자는 와인만큼이나 미묘하고 복잡한 풍미를 지녔으나 그보다는 저렴한 소규모 양조 맥주의 전문가일 가능성이 크다.

마찬가지로 재정적으로 성공한 이들은 대개 자신이 이룬 성취를 자랑스러워하고 그 성공을 기념하는 트로피 역할을 하는 것들을 진심으로 사랑한다. 나는 부유한 자동차 수집가들이 가장 사랑하는 자동차가 가장 비싼 차가 아니라는 패턴을 발견했다. 그보다 그들은 처음으로 소유할 수 있었던 비싼 차를 더 좋아하는 경향이 있다. 자신의 성공이나 성취감과 가장 밀접하게 연관되어 있기 때문이다. 운이 좋아 두 가지 유형의 자본을 모두 갖춘 이들은 이 두 유형이 결합되어 있는 것을 사랑하는 경향이 있다. 아방가르드 예술품을 수집하는 것처럼 말이다.

주류 엘리트와 문화 창조자 사이의 이러한 차이는 값비싼 제품에 대한 믿음에서 드러난다. 주류 엘리트는 돈을 지불한 만큼 얻는다고 생각하기 때문에 비싼 제품은 대개 그만한 가치가 있다고 여긴다. 이는 그들에게 매우 합리적인 관점이다. 부자가 되는 것이 중요하다는 믿음을 정당화할 수 있기 때문이다. 돈이 없다면 이류밖에 가질 수 없다. 반면에 문화 창조자들은 자신에게 꼭 맞는 제품을 구매하려면 지갑보다 두뇌가 더 중요하다고 생각한다. 똑똑하고 정보에 밝다면 고가 브랜드 제품만큼이나 좋은 또는 그보다 더 좋은 중저가 물건을 찾을 수 있다. 그러니 값비싼 브랜드는 속기 쉬운 주류 소비자의 지위에 대한 우려를 악용하는 바가지 상술일 뿐이다. 문화 창조자들에게는 확실히 이쪽이 더 타당해 보인다. 경제 자본의 가치를 약화하고 성공적인 소비자가 되는 기반으로서의 문화 자본(똑똑하고 정보에 능통한 것)의 가치를 높여 주기 때문이다.

자본이 있다면 과시할 것인가?

경제 자본과 문화 자본 중 무엇이 더 중요한지는 아직도 의견이 분분하지만, 사람이라면 누구나 다른 이들로부터 존중받고 때로는 찬사의 대상이 되고 싶어 한다. 경제 자본과 문화 자본으로 존경과 찬사를 받으려면 그것을 갖고 있음을 인정받아야 하기에 우리는 힘들게 번 자본을 남에게 보여 줘야 할 필요가 있다. 하지만 라이프 스타일 집단 간의 가장 큰 차이는 그것을 어떻게 보여 줄 것인가에 있다.

저소득층과 중산층의 입장에서 부유층은 전부 돈을 과시하는 것처럼 보인다. 한번은 대대로 부유한 가문 출신의 한 남성과 이야기를 나눈 적이 있는데, 그는 12만 5000달러짜리 메르세데스를 몰면 부자임을 과시하는 것처럼 보일까 봐 대신 5만 달러짜리 메르세데스를 몬다고 말했다. 하지만 돈이 적은 사람이 보기에는 얼마짜리가 됐든 벤츠를 몬다면 다 과시다. 결과적으로 저소득층과 중산층은 돈을 과시하는 것이 부자들의 일반적인 생활 방식이라고 믿게 된다.

그러나 저소득층이 이에 대해 어떻게 반응하는지는 그들이 보유한 문화 자본 수준에 달려 있다. 겸임 교수처럼 소득은 적지만 문화 자본이 많은 이들은 전형적으로 "돈 자랑은 역겹고, 그게 바로 문화 자본이 존중받아야 할 또 하나의 이유다" 같은 반응을 보인다. 그러나 보다 일반적인 경제적 소득도 적고 문화 자본도 적은 사람들에게는 문화 자본을 부의 대안으로 강조해 봤자 아무 소용도 없다. 이런 저소득층은 어느 날 갑자기 부유해지는 행운을 얻게 되면 당연히 그 사실을 모두에게 널리 알려야 한다고 생각한다. 5000달러짜리 샤넬 핸드백을 사랑한 여성은 이렇게 말했다.[19]

> 이 가방이 비싸다는 건 아주 중요해요. 돈을 벌기 위해 열심히 일했으니, 이제 그 보상을 받아야죠. 나는 다른 사람들한테 내가 돈이 얼마나 많은지 보여 주려고 이 가방을 썼어요. 이 가방에서 내가 제일 좋아하는 부분이 뭔지 아세요? 바로 여기랍니다. (앞면의 커다란 로고 걸쇠를 가리키며)

사람들과 좋아하는 사물에 관해 인터뷰하면서 내 개인적인 생각도 꽤 많은 변화를 겪었다. 나는 돈을 과시한다는 생각만으로도 질겁하도록 가르침을 받고 자랐기 때문이다. 하지만 연구를 진행하면서 나는 위의 여성처럼 저소득 가정에서 태어났지만 지금은 메르세데스와 롤렉스, 루이 비통 핸드백 등 그들에게 소중한 지위의 상징을 소유한 전 세계 수많은 이와 대화를 나눌 기회가 있었다. 사랑하는 사물에 관해 그들이 들려주는 이야기는 언제나 물건을 사기 수십 년 전 어린 시절 가난했던 집안 형편이나 의대를 졸업하기 위해 또는 가족 사업에 마지막 한 푼까지 쏟아부으며 견뎌야 했던 물질적으로 궁핍했던 시절로 거슬러 올라가곤 했다. 그리고 마침내 다른 사람에게 보여 줄 과시용으로 값비싼 물건을 살 수 있을 만큼 재정적으로 안정되자, 그들은 지금까지 항상 원했던 물건을 드디어 가지게 되었음을 모두가 알아주면 좋겠다고 열정적으로 말했다.

연구 자료를 위한 인터뷰에서 연구자의 개인적 반응은 속으로만 간직해야 하고, 당연히 나도 그랬다. 하지만 이런 이야기를 들을 때마다 상대방의 지독한 물질주의 성향에 경악하기보다 오히려 그들을 열렬히 응원하는 나 자신을 발견하곤 했다. 명품이 그들에게 왜 그토록 큰 의미가 있는지 알 것 같았다.

어쨌든 내 개인적인 생각은 둘째치고 "가진 게 있으면 과시하라"라는 태도는 좋은 취향에 관한 오늘날의 문화 자본 가치관과는 양립할 수 없는 것이다. 하지만 항상 그런 것만은 아니다. 금박으로 화려하게 장식된 베르사유 궁전이 현대에 세워졌다면 문화 자본이 높은 이들은 그 궁전이 우스꽝스러울 만큼 과하다고 평가할

것이다.°

하지만 베르사유 궁전은 벼락부자가 아니라 가장 오래되고 전통적인 올드 머니의 성취다. 베르사유 궁전을 지은 이들은 어째서 그것이 천박해 보일까 봐 걱정하지 않았던 걸까?

17세기 유럽에서 귀족은 경제 자본과 문화 자본을 거의 독점하고 있었다. 이는 그들이 문화 자본과 경제 자본 양쪽 모두에서 다른 사회 계층과의 경쟁에서 승리할 수 있었음을 의미한다. 특히 부의 경쟁에서 이길 것이 확실했기에 승자가 대저택이나 기타 17세기의 화려하고 반짝거리는 장식과 같은 트로피를 과시해도 괜찮았다. 그들의 태도가 바뀐 것은 더는 승리를 장담할 수 없게 되고부터였다.

18세기의 무역 증가와 19세기 산업 혁명에 힘입어, 사업가들은 대부분 귀족보다 더 화려한 저택을 지을 수 있을 만큼 부유해졌다. 전통적인 부자인 귀족들이 신흥 부자인 사업가들과의 '블링블링' 경쟁에서 패배했을 때, 귀족들은 어떻게 반응했을까?

귀족들에게는 아직 지위 게임에서 점수를 얻는 방법을 결정할 수 있는 문화 권력이 있었다. 그래서 그들은 규칙을 바꿨다. 경제 자본 경쟁에서는 지고 있을망정 문화 자본 경쟁에서는 여전히 승기를 쥘 수 있었다. 문화 자본을 획득하는 것은 언어를 배우는 것과도 같아서, 어렸을 때부터 그 언어를 사용하며 자랐다면 비언어민

° 단순한 추측이 아니다. 도널드 트럼프의 거주 공간 중 일부는 베르사유 궁전과 무척 비슷하다. 트럼프가 정치에 입문하기 전부터 문화 자본이 높은 이들은 그곳이 다소 기괴하다고 생각했다.

은 따라오지 못할 유창함을 지닐 수 있기 때문이다. 전통적인 부자들은 문화 자본이 높은 가정에서 자랐기에 문화 자본 언어를 자연스럽고 유창하게 구사하지만, 신흥 부자들은 고등학교에서 겨우 몇 학기 배운 수준의 문화 자본 언어를 말한다. 따라서 전통적인 부자들은 화려한 스타일에서 절제된 스타일로 이동하기 시작했고, 좋은 취향에는 단순함과 절제가 필요하다는 개념을 강조하기 시작했다. 단순하고 절제된 것을 감상하려면 모양과 맛, 소리 등의 미묘한 차이를 섬세하게 구분할 수 있어야 한다. 이는 특히 신흥 부자들이 배우기 어려운 부분이었다. 우아하게 절제된 것을 선호하는 취향은 귀족들이 신흥 부자들보다 우월하다고 주장하는 데 도움이 되었다.

결과적으로 오래된 돈을 가진 이들은 비싸지만 세련된 물건을 소유해 돈이 있음을 보여 주는 것은 괜찮지만, 소유물에 대한 지나친 관심을 노골적으로 드러내는 것은 신흥 부자의 돈 자랑처럼 보이므로 괜찮지 않다는 절충점에 이르렀다. 1953년 영국의 필립 공과 티토 원수 사이의 대화에서 이런 신중한 균형 잡기를 볼 수 있다. 유고슬라비아라는 나라가 아직 있었을 당시, '종신 대통령'이었던 요시프 브로즈 티토 원수가 버킹엄궁에서 필립 공과 저녁 식사를 했다. 크로아티아의 작은 마을에서 자란 티토는 버킹엄궁의 모든 장식, 특히 순금으로 된 만찬용 접시에 깊은 인상을 받았다. 그가 필립 공에게 칭찬을 늘어놓자, 필립 공은 한 치의 망설임도 없이 답했다. "맞아요. 아내 말로는 접시가 안 깨져서 좋다더군요."[20]

명품 패션 리그에 숨겨진
소비 심리

패션은 돈 과시가 매우 주요한 역할을 하는 중요한 분야다. 명품에 많은 돈을 쓰면 경제 자본 점수를 얻을 수 있지만 때로는 문화 자본 점수를 잃을 수 있다. 내가 '명품 패션 3대 리그'[21]라고 부르는 고급 명품 브랜드에 열광하는 이들로 구성된 집단을 비교해보면 그러한 현상이 어떤 양상으로 펼쳐지는지 알 수 있다.

로고 리그

로고 리그 사람들은 로고가 쉽게 눈에 띄는 유명 명품 제품을 구매하여 경쟁한다. 보통은 로고가 클수록 상품이 비싸므로 로고를 잘 보이게 드러낼수록 더 많은 점수를 얻는다. 많은 리그 참가자들이 경쟁력을 유지하기 위해 모조품을 구매하기도 한다.[22]

로고 리그 구성원은 구찌, 루이 비통, 프라다 같은 유명 브랜드에서 1000~6000달러 대의 비교적 저렴한 제품을 구매하거나 마케터들이 매스티지('대중mass'과 '명품prestige'을 조합한 단어)라고 부르는 코치나 마이클 코어스 같은 100~800달러 대의 제품을 구매한다. 이들은 그들이 우러러보는 부유하고 유명한 사람들이 경제 및 문화 자본의 측면에서 완전히 다른 리그에서 뛰고 있다는 사실을 모른다. 그들은 커다란 로고가 박힌 제품을 구매하면 엘리트 패션 애호가들과 '동류가 될 수 있다'고 생각하는 몰리 브라운과 같다. 예를 들어, 나는 싱가포르에서 한 젊은 여성을 인터뷰한 적이 있는데, 그는 부유한 편은 아니나 꾸준히 돈을 모아 가장 저렴한 루이 비통 핸드백(당시 싱가포르에서 약 600달러)을 사게 되었다. 그는 커다란 로고가 크게 붙어 있는 명품 브랜드 제품을 사용할 때면 "사람들 속에… 가장 중요한 순간의 중심에 있는 것 같다"라고 말했다. "정말 멋져요. 아직 젊을 때 인생을 즐기는 거죠."[23]

로고 리그 구성원 부유하고 유명한 사람은 전부 다 명품 브랜드를 입어요. 특히 고급 패션 제품요. 그리고 스키장이나 리조트 같은 데서 휴가를 보내죠. 타이티 같은 이국적인 곳에서요.

나 그래서 브랜드 제품을 구매할 때면…

로고 리그 구성원 나도 나름대로 작은 부자나 유명인이 된 것 같은 기분이 들어요.

여성은 핸드백을 통해 얻는 충족감을 만끽하고 있었고, 나는 그가 계속해서 그런 기쁨을 얻을 수 있길 바란다. 하지만 나는 여성이 존경하는 유형의 사람들과 대화를 나눠 본 적이 있다. 그들 중 누구도 600달러짜리 핸드백으로 자신들과 동류가 될 수 있다고는 생각하지 않을 것이다.

럭셔리 리그

진정한 부자와 유명인 중 많은 수가 이 '럭셔리 리그'에 속한다. 세 리그 소비자 모두 명품을 구매하지만, 럭셔리 리그는 가장 전형적이고 대표적인 명품 소비자들이 모인 곳이다. 이들은 주로 로고 리그 사람들이 동경하는 사람들이다. 럭셔리 리그 구성원은 로고 리그보다 훨씬 많은 경제 자본은 물론, 종종 더 많은 문화 자본을 갖추고 있다. 이들은 가끔 큰돈을 쓰는 중산층이 아니라 진짜 부자이기 때문에 단순히 한두 개의 트로피가 아니라 500달러짜리 구찌 청바지, 800달러짜리 마놀로 블라닉 신발, 835달러짜리 프라다 티셔츠로 완전한 명품 세트를 갖춰 입을 충분한 여유가 있다.

그 결과 럭셔리 리그의 주요 특징은 어떤 것을 사랑하는 데 있어 로고 리그에 비해 패션 기술이 중요한 역할을 한다는 것이다. 물론 로고 리그 사람들도 최신 유행을 따르고 각각의 의상을 서로 어울리게 조합해 입는다. 하지만 로고 리그에서는 올바른 로고만 있어도 이미 80퍼센트 성공한 셈이라면, 럭셔리 리그에서는 올바른 물건을 소유하는 것은 당연한 전제 조건이기 때문에 주로 로고를 어떻게 활용하느냐에 초점을 맞춘다.

소득 수준에 상관없이 진지한 패셔니스타들은 패션과 관련해 약간의 경쟁의식을 발휘하는 경우가 많다. 올블랙 의상의 패션 광고가 인상적이지 않은 이유에 대한 한 여성의 설명은 이러한 경쟁심리를 잘 보여 준다.[24]

> **패셔니스타** 머리부터 발끝까지 온통 검은색이라. 하지만 검은색은 누구한테나 잘 어울리는걸요. 그러니 검은 옷을 잘 소화한다고 해서 좋은 점수는 안 줄 거예요. 그래요, 멋져 보이긴 하죠. 하지만 그건 멋을 낼 수 있는 가장 쉬운 방법인걸요.
>
> **나** 그러니까 체조와 비슷하군요. 어떤 기술은 다른 기술보다 '난도가 높죠.' 만약에 난도가 더 높은 옷들로 멋지게 차려입으면 패션 점수를 더 많이 받을 수 있나요?
>
> **패셔니스타** 으흠. 정확하다고 할 수 있겠네요. 사진이 프린트된 멋진 티셔츠와 청바지를 입으면 누구나 괜찮아 보여요. 옷이 알아서 다 해 준다고 할까요. 반면에 프린트된 청바지는 다른 옷을 매치하기가 힘들죠. 거기에다 신발도 머리 스타일도 모든 게 조화를 이뤄야 한답니다. 이 모든 걸 조합해서 멋져 보이려면 어느 정도 기술이 있어야

해요. 이걸 잘 해내는 사람이 있으면 깊은 인상을 받게 되고요. 그에 비해 전부 검은색으로 차려입는 건 너무 쉽잖아요.

럭셔리 리그는 이런 패셔니스타의 태도에 부자나 유명인 수준의 라이프스타일이 결합한 것이다. 이들은 샤넬이나 구찌 같은 명품 브랜드를 좋아하지만 때때로 로고에 대해 갈등을 느끼기도 한다. 한편으로는 방 저편에서도 커다란 브랜드 로고가 보이도록 드러내는 것을 꺼림으로써 로고 리그 사람들과 차별화되는 좋은 취향을 보여 주고 싶어 한다. 하지만 그러면서도 자신이 얼마나 멋진 물건을 소유하고 있는지 상대방이 알고 감탄하기를 바란다. 그래서 이들은 종종 작은 로고가 새겨진 제품이나 누구나 아는 버킨백 같은 물건을 선택한다. 버킨백은 4만 달러에서 50만 달러까지 다양한 스타일로 출시되어 소장 가치가 높고[25] 아는 사람은 누구나 알아볼 수 있는 상징적인 물건이다.

오트 쿠튀르 리그

오트 쿠튀르 리그는 패션 계층의 최상위에 있는 소수의 글로벌 슈퍼엘리트 집단이다. 부의 규모에 있어서는 상위 0.1퍼센트에 속하는 경우가 많다. 그러나 그보다 더 중요한 것은 이들이 어렸을 때부터 부유하게 자란 신탁기금 자녀들이라는 것이다. 앞에서 나는 문화 자본을 창출하는 기술을 배우는 것은 언어를 배우는 것과 비슷하다고 했다. 전형적인 오트 쿠튀르 리그 사람들은 단순히 풍부한 문화 자본을 갖춘 원어민 정도가 아니다. 이들은 명품이 집안 곳곳에 아무렇지도 않게 널려 있는 집에서 자랐다. 그래서 그들은 이런 브랜드를 무척 친숙하게 느끼며, 주류 명품 브랜드에 대해 다른 리그 소비자들처럼 경외심을 느끼지도 않는다.

오트 쿠튀르 리그 사람들은 뉴욕이나 런던, 홍콩, 도쿄, 밀라노, 파리 등의 대도시에 거주하며 부유할 뿐만 아니라 아방가르드 문화의 구성원이라고 자부한다. 또한 풍부한 문화 자본을 갖추고 있어 창의성과 사회적 관습에 도전하는 태도를 중시한다. 이들을 대상으로 하는 패션 광고는 구분하기 쉽다. 일반 소비자에게 광고를 보여 주기만 하면 된다. 소비자가 "저 옷 너무 이상한데. 실제로 저런 걸 입는 사람이 있어?"라고 묻는다면 이는 오트 쿠튀르 리그를 타깃으로 삼는 광고다.

오트 쿠튀르 리그 구성원은 고가의 제품을 많이 구매하지만 럭셔리 리그나 로고 리그 사람들과 혼동되는 것을 원치 않는다. 그래서 이들은 유명한 명품 제품을 사기도 하지만 대개는 해당 브랜드 중에서도 가장 기발하고 특이한 제품을 구매하고 주류 대중에게 인기 있는 제품을 피하는 경향이 있다. 또한 보테가 베네타처럼 덜 알려진 브랜드나 파이어 모스 또는 스테판 롤랑처럼 대중은 잘 모르는 대안 브랜드를 선택하기도 한다. 이는 그들이 너무 높은 수준에 있기에 남들이 자신이 구매하는 브랜드를 몰라도 상관없다는

그것이 우리에게 말해 주는 것

메시지를 전달한다.

오트 쿠튀르 사람들은 장난스럽고 심지어는 거의 무례한 태도를 취함으로써 자신들이 얼마나 뛰어난 패션 감각을 지녔는지를 드러낸다. 내가 인터뷰한 한 여성은 오트 쿠튀르 감성을 지니고 있었지만 럭셔리 리그와 로고 리그 사람들에게 둘러싸여 있었고, 이를 그다지 좋아하지 않았다.[26] 그래서 순전히 재미로 아주 세련되지만 매우 비싼 유명 브랜드 제품을 착용하여(한 벌에 약 2만 달러) 주변의 럭셔리 및 로고 리그 사람들을 괴롭히곤 했다. 그러면서 동시에 엄청나게 저렴하고 누가 봐도 가짜인 브랜드 핸드백을 가지고 다녔다. 전체적으로 그의 모습은 '난 진짜 명품을 살만큼 충분한 돈이 있지만 그래도 이 싸구려 짝퉁을 쓰고 있죠'라고 말하고 있었다. 여성은 자신의 패션이 주변에 만들어 내는 혼란과 불편함을 즐겼다.

이 장에서는 우리가 사랑하고 사고 싶어 하는 것들이 우리에 대해 무엇을 말해 주는지 살펴보았다. 그러한 사랑의 대상은 우리가 어떤 라이프스타일 집단에 속해 있는지를 드러낸다. 라이프스타일 집단은 경제 자본과 문화 자본의 가치를 각각 얼마나 중요하게 평가하는지, 그리고 대체로 두 유형의 자본을 얼마나 보유하고 있는지에 따라 구분된다. 또한 특이 문화 자본을 정의하는 방식 또한 다른데, 이는 집단의 하위문화의 이상에 부합하는 삶을 살고 있음을 증명하는 신념과 행동, 소유물을 가리킨다.

경제 및 문화 자본은 우리가 사랑하는 것에 영향을 미친다. 곤도 마리에의 말을 빌리자면, 우리는 어떤 것이 '기쁨을 불러일으킬 때' 그것을 사랑한다는 것을 알 수 있다. 이런 기쁨의 불꽃은 우리의 무의식 속에서 생겨난다. 이러한 현상이 발생하는 데에는 여러 이유가 있는데, 그중 하나는 우리의 뇌가 그런 대상이 우리가 중요하게 생각하는 이들로부터 경제 및 문화 자본 점수를 딸 수 있다고 생각하기 때문이다. 이처럼 우리가 사랑하는 것에 대한 경제 및 문화 자본의 영향은 상당할 수 있으나, 그저 특정 대상이나 활동에 이유를 알 수 없는 끌림을 느낀다고만 여기는 탓에 이를 정확히 인지하지 못할 수 있다.

The
Things
We
Love

원인은
진화다

9

누군가 '돈에 굶주려 있다'라는 표현은 사실 우리가 생각하는 것보다 훨씬 정확한 것일 수 있다. 마케팅 교수인 데이비드 갈[1]은 돈이 권력과 지위를 상징하기 때문에 무력감을 느끼는 이들에게 특히 매력적이라고 추론했다. 이러한 가설을 확인하기 위한 연구에서 갈은 먼저 실험 참가자의 욕구를 자극하기 위해 무력감을 느꼈던 시절에 대해 글을 쓰게 했다. 그런 다음 참가자들이 어느 정도 갈망하는 마음을 갖게 되자 참가자 절반에게는 돈 사진을, 나머지 절반에게는 사무용품 사진을 보여 주었다. 이후 연구진은 모든 참가자의 침샘 반응을 측정했다. 어떤 결과가 나왔을까? 돈 사진을 본 이들은 침을 흘렸지만, 사무용품 사진을 본 사람들은 침을 흘리지 않았다. 음식을 먹기 전에 침이 고이는 것은 소화를 돕기 위한 당연한 반응이다. 한데 왜 사람들은 돈 사진을 보고도 침을 흘리는 걸까?

현대 사회에 존재하는 대부분 사물처럼 돈은 인간의 신체가 진화할 당시에는 존재하지 않았다. 때문에 우리는 돈에 특화된 진화적 반응을 발달시키지 못했다. 즉 실질적으로 우리의 뇌는 '나는 돈을 다룰 준비가 되어 있지 않지만, 돈은 중요한 자원이라는 점에서 음식과 같아. 그러니 음식과 관련해 진화한 몇 가지 행동을 돈에도 적용할 거야'라고 말하는 것이다. 물론 우리는 실제로 돈을 먹지 않기 때문에 뇌는 그러한 행동을 현실에 맞춰 변형할 필요가 있다. 그러나 음식과 관련된 이런 많은 행동은—예를 들어 침 분비처럼—우리가 뭔가를 원할 때도 촉발된다. 3장에서 이러한 현상을 '이월효과'라고 표현한 바 있는데, 한 가지 상황(이 경우에는 음식을 먹는 것)을 위해 진화한 반응이 다른 상황에도 적용되어 특이 행동을 유발하기 때문이다.

앞에서 나는 이월효과에 대한 구체적인 예를 여럿 인용했다. 그러나 전체적으로 본다면 사물을 사랑하는 현상 자체가 하나의 거대한 이월효과라고 할 수 있을 것이다. 인간의 사랑은 원래 다른 사람과의 관계를 형성할 목적으로 수백만 년에 걸쳐 진화해 왔다. 그러나 사물에 대한 사랑은 우리의 뇌가 현재의 상태로 진화하고도 오랜 시간이 지난 후에야 우리 삶의 주요한 부분이 되었다. 사물을 사랑할 때 우리의 뇌는 인간관계(사랑)를 위해 진화된 선사시대의 심리적 메커니즘을 차용해 약간의 조정을 거친 뒤 사물과의 관계에 적용한다.

이전 장에서는 주로 사물에 대한 사랑이 어떻게 작용하는지에 초점을 맞췄다. 하지만 사물에 대한 사랑이 어떻게 작동하는지 뿐만 아니라 '왜' 그런 식으로 작동하는지 이해하려면 사랑의 진화 과정까지 거슬러 올라가야 한다. 이는 새로운 주제를 탐구하는 한편 책의 앞부분에서 언급한 핵심 사항들을 더욱 심도 있게 들여다본다는 것을 의미한다. 따라서 이 장에서는 이 책의 주요 주제 중 일부를 다시 살펴볼 것이다.

사랑의 4단계 진화 과정

사물에 대한 사랑을 이해하기 위해 먼저 그 발전 과정을 네 단계로 구분해 보자. 처음 세 단계는 뇌의 신체적 변화에 기반을 두고 있다.[2] 한편 네 번째 단계는 사랑에 대한 낭만주의 사상이 보급되고 물질적으로 풍부한 사회가 되면서 6장에서 언급한 바 있는 문화적 변화에 따른 것이다.

1단계: 자기애

자식을 키우다 보면 아이가 슈퍼마켓 바닥에서 뒹굴며 생떼를 쓸 때처럼 부모가 물고기를 부러워해도 용서받을 수 있는 순간이 있다. 많은 암컷 물고기가 한 번에 많은 알을 낳는다. 수컷이 알을 수정하고 나면 수컷과 암컷은 부모의 의무를 모두 마치고 홀가분한 마음으로 헤엄쳐 떠나 버린다.° 과학자들은 이를 'r 번식 전략'이라고 부른다. 최소한 몇 마리는 성체까지 살아남을 수 있게 많은 자손을 뿌리되 양육에 따로 시간이나 에너지를 투자하지 않는 것이다. 이러한 r 전략이 성공하는 데에는 새끼를 돌보게 만드는 심리적 메커니즘이 필요하지 않다. 그저 신체적으로 건강한 짝으로 인

° 일부 종은 죽기도 하지만, 여기에 대해선 깊이 생각하지 말자.

도할 성욕만 있으면 된다. 다시 말해 이들에게 필요한 것은 성적 욕망뿐이다.

이런 종류의 욕망은 사랑과 관련이 있지만, 사랑과는 상당히 다르다. 성적 끌림은 낭만적 사랑을 촉발하는 데에는 도움이 되지만 부모 자식 사이의 사랑이나 친구 사이의 사랑에는 포함되지 않는다. 사랑을 정의하는 방식에 관한 연구[3]에서 대부분 사람이 배려와 존중 같은 사랑의 비성적非性的인 측면을 성적인 측면보다 훨씬 중요하게 여기는 결과가 나타나는 것도 이런 이유 때문일 것이다. 성性이 그 자체로 사랑의 필수 요소가 아니라는 사실은 우리가 성적 끌림 없이도 어떤 종류의 대상이든 사랑할 수 있는 이유를 설명해 준다.

그렇긴 하나, 잠재적 배우자에 대한 욕정과 사랑의 대상에 대해 느끼는 매력 사이에는 근본적인 심리적 유사성이 있다. 먼저 성적 욕망과 사물에 대한 사랑은 모두 외모에 의해 쉽게 촉발된다. 섹시한 상대에게 성적 끌림을 느끼는 것은 드문 일이 아니다. 상대가 약간 나쁜 남자나 나쁜 여자일 때도 그렇다. 이는 진화론적으로도 합당한데, 이런 종류의 성적 매력은 새끼를 먹이고 보호하지 않는 종에서 처음 발달했기 때문이다. 어차피 짝짓기가 끝나면 헤어질 텐데 섹시한 잠재적 배우자가 책임감이 강하든 말든 무슨 상관이란 말인가? 짝이 자식에게 물려줄 것이라곤 유전자뿐이니 그것만 걱정하면 된다. 그러므로 운동 능력, 깨끗한 피부, 심지어 얼굴의 대칭성(얼굴의 왼쪽 절반이 오른쪽 절반과 유사한 정도)처럼 우리가 상대에게 끌리는 신체적 특성이 모두 좋은 건강과 좋은 유전자를 의미

한다는 것은 매우 합당하다.[4]

아름다운 사람이 성적 끌림을 유발하는 것처럼 자동차, 신발, 기타 물건 등 아름다운 사물도 그와 비슷한 욕망을 촉발할 수 있다. 내가 인터뷰한 한 남자는 마음에 드는 옷을 보고 열정적인 끌림을 느꼈다고 말했다.[5]

어떤 옷을 봤는데, 가게에 들어가자마자 눈에 딱 들어오는데 내 이름을 크게 소리쳐 부르고 있는 거예요. 그런 건 반드시 사야 해요. 그게 내가 이 옷에 대해 느끼는 감정이에요.

잘생긴 사람과 잘생긴 사물의 또 다른 공통점은 스스로를 생각하는 방식에 강한 영향을 미칠 수 있다는 것이다. 뛰어난 외모의 연인을 사귀면 자존감이 상승하는 경향이 있다. 마케팅 교수 클로디아 타운센드와 산제이 수드[6]는 근사하게 생긴 제품을 구매하면 기능적이지만 매력적이지 않은 제품을 구매할 때보다 자기 이미지가 상승한다는 사실을 발견했다. 즉 사람들은 불안감을 느낄 때 자존감의 필요성을 느끼며, 이는 멋진 제품을 향한 끌림을 증가시킨다.

짝과 새끼를 방치하는 r 전략을 사용하는 동물은 새끼를 사랑하도록 진화하지 않았다. 하지만 이런 동물을 비롯해 모든 동물은 18세기 철학자 장 자크 루소[7]가 자기애라고 부르는 것을 갖고 있다. 그의 표현에 따르면 "자기애는 모든 동물이 자기 보존을 추구하도록 하는 자연스러운 감정"이다. 자기애는 동물이 배를 채우고 자

1단계: 자기개념과 사랑이 신체에만 국한

기 보호를 하도록 만드는 뇌의 집합적인 메커니즘이다. 논리적으로 뇌의 이런 메커니즘이 작동하려면 "이것이 나다"라고 말할 수 있는 자기개념이 기본적으로 탑재되어 있어야 한다. 그래야 점심 식사로 자기 꼬리를 먹지 않을 테니 말이다. 나아가 이런 뇌 메커니즘은 자기에 포함되는 모든 것(즉 신체)을 내재적으로 중요한 것으로 간주하여 무슨 일이 있어도 항상 중요하게 여긴다. 반면에 그 외 다른 모든 것은 외적으로 중요한 것이기에 자기에게 이익이 되거나 잠재적 위협이 되는 한에서만 중요할 뿐이다.

이쯤 되면 책의 앞부분에서 설명했던 핵심 요소가 진화 이야기에도 등장하고 있음을 알아차렸을 것이다. 동물은 자신의 신체와 다른 모든 것을 구분 짓는 자기개념을 갖고 있다. 이러한 자기개념은 또한 사랑받는 것(자신)과 사랑받지 않는 것(그 외 모든 것)을 구분하는 경계가 된다. 마지막으로 이들의 뇌는 사랑받는 것(자신)을 내재적으로 중요한 것으로 취급한다. 동물이 새끼나 짝과 유대감을 형성하게 되면 이러한 사랑의 구성 요소가 서로 맞물리면서 우리가 알고 있는 사랑과 유사한 무언가가 발생하기 시작한다.

2단계: 사랑의 범위가
가족으로 확장

　반려동물을 키우는 사람들은 대부분 반려동물이 자기를 사랑한다고 믿는다. 그러나 얼마 전까지 과학계의 주류 견해는 일부 동물이 우리를 사랑하는 것처럼 보이는 행동을 할 수는 있으나 우리가 아는 사랑을 하는 능력은 없다는 것이었다. 그러나 최근에는 과학계의 일반적 흐름도 바뀌고 있다. 정서적 유대를 포함해 동물에 대해 더 많이 알게 될수록 동물도 인간과 비슷하다는 사실이 밝혀지고 있기 때문이다.

　이제 우리는 뇌 스캔 기술을 통해 동물 행동의 기저를 들여다볼수 있게 되었다. 이 연구의 대부분은 평생 한 배우자와 짝짓기를 하는 프레리들쥐(모래쥐와 유사한)를 대상으로 이뤄졌다. 우리는 뇌 스캔 기술을 통해 프레리들쥐가 짝과 접촉할 때 사랑을 경험하는 인간과 유사한 뇌 활동을 보인다는 사실을 알게 되었다.[8] 이는 이 포유류가 사랑이라 불러도 합당한 감정을 경험하고 있다는 강력한 증거다. 들쥐의 배고픔이나 수면이 인간의 것과 다른 것처럼 들쥐의 사랑도 인간의 사랑과는 다르다고 가정하는 편이 안전할 것이다. 그러나 들쥐의 배고픔이 배고픔으로 인정받기 위해 인간의 배고픔과 동일해야 한다고 주장할 수는 없으며, 이는 사랑에도 적용되어야 한다.

들쥐의 뇌 스캔이 사람의 뇌 스캔과 비슷해 보이는 이유는 들쥐와 사람 모두 포유류라 구조적으로 유사한 뇌를 지녔기 때문이다. 사랑이라고 알려진 신경 활동의 상당 부분이 신피질이라는 뇌 부위에서 발생하며 신피질을 보유한 종은 포유류뿐이기 때문에 오직 포유류만이 온전한 사랑을 경험할 수 있다. 그러나 많은 조류 종과 같은 일부 비포유류 역시 사랑과 매우 흡사한 행동 양식을 보인다. 예를 들어 한 신경학 연구에 따르면[9] 수컷 새가 짝짓기 구애를 할 때 수컷 새의 "매력은 높은 에너지, 고도의 집중력, 강박적인 따라다니기, 불면, 식욕부진, 소유욕이 강한 '짝 지키기', 친근한 몸짓, 목표지향적 구애 행동, 특정한 짝짓기 상대를 얻으려는 강한 동기와 자주 연관되어 있다." 익숙하게 들리지 않는가? 과학자들은 사랑과 비슷한 이런 배우자 사이의 끌림을 '짝 유대 관계 pair-bonding' 라고 부른다. 많은 동물 종이 짝짓기 상대와 이런 결속을 맺는 것 외에 새끼와도 유대감을 형성한다.

동물의 가족 간 유대감이 진화적으로 유리한 이유를 이해하는 것은 어렵지 않다. r 전략의 대안인 K 전략°은 적은 수의 새끼를 낳는 대신 양육에 시간과 에너지를 투자하는 방법이다. r 전략이나 K 전략 중 어느 하나가 본질적으로 더 낫다고는 할 수 없다. 무엇이 최선인지는 동물의 종류(가령 K 전략은 몸집이 큰 동물에게 더 효과적)와 환경(r 전략은 특히 수중 환경에서 효과적)에 따라 달라지기 때문이다. 한 이론은 최초의 동물이 바다에서 나와 뭍에 알을 낳기 시작했을 때부터 부모가 새끼를 돌보는 K 전략이 더 유리해졌다고 주장한다. 부모의 한쪽이 둥지를 보살피는 동안 나머지 한쪽이 모두에게 먹이를 가져다주는 행위도 양육에 도움이 된다. 그래서 일부 종의 경우 배우자 간 유대감 형성이 의미가 있었다. 그러나 동물이 '남을 돌보는' 행동을 하려면 이 같은 행동을 촉발하는 뇌의 동기부여 시스템이 진화해야 한다. 동물의 경우 이런 동기 시스템을 유대감이라고 부른다. 후에 일부 포유류는 이러한 유대감을 사랑으로 진화시키게 되었다.

이는 일부 동물들에게 유대감이 진화한 이유를 설명할 수 있을지는 모르지만 새로운 동기 시스템이 어떻게 뇌에 생겨났는지는 설명할 수 없다. 처음에는 유대감이, 다음에는 사랑이 가능해진 이유는 무엇일까? 진화에서 변화란 무작위적인 돌연변이로 시작되기 때문에 아무것도 없던 무無에서 갑자기 새로운 것이 튀어나오는 게 아니라 이미 존재하던 것이 작은 변화를 거쳤을 가능성이 더 크다.

° 그렇다. r은 소문자고 K는 대문자를 쓴다. 독일어 사용자라면 이해할 수 있다는 얘기를 들었다.

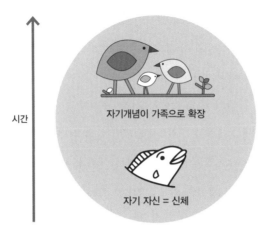

2단계: 자기개념과 사랑이 가족으로 확장

신경과학 교수인 데이비드 린든이 이에 대해 훌륭하게 표현한 바 있다. "진화는 이미 가진 것을 적응시킬 수 있다면 새로운 것을 만들지 않는다."[10] 그렇다면 이 동물들은 전에 무엇을 갖고 있었기에 이를 적응시켜 새로운 양육 행동을 발전시킬 수 있었을까?

동물들은 자기애를 지니고 있기에 스스로를 보호하고 돌본다. 이들에게 필요한 것은 다음 그림처럼 자기개념이 확장되는 것이었다.º 이 단순한 변화가 부모가 자식이나 짝을 돌보게 이끌었고, 동물의 유대감과 인간의 경우 사랑의 일부가 되는 행동들을 발생시켰다. 다이어그램의 원은 '자기의 범위'이자 '사랑의 범위'이기도

º   심리학자와 생물학자는 학문적으로 서로 다른 관점을 지니고 있다. 심리학자인 내가 정신적 변화를 이야기한다면 진화 생물학자들은 이런 현상을 뇌 구조와 신경 연결, 호르몬 활동을 중심으로 설명할 것이다.

하다. 자신의 신체만을 포함하던 원의 범위가 가족까지 확장되면서 동물은 기존의 자기개념을 확장하고 이를 통해 자신 이외의 것과 유대감을 맺고 나아가 사랑하는 능력을 진화시키게 되었다.

간단히 말해 인간의 사랑이 자기개념을 확장하여 사랑의 대상을 포함하게 된 이유는 자기 확장이 과거에 동물이 새끼나 짝을 돌보는 행동을 진화시키도록 만든 쉽고 간단한 진화 단계였기 때문이다.

사랑과 욕망은 뇌 속의 룸메이트

3장에서 짜릿한 브랜드가 흔히 생각하는 섹시하거나 바람둥이 같은 사람이라면[11] 착실한 브랜드는 성실한 배우자감 같은 사람이라고 설명한 바 있다. 이제 우리는 이런 구분이 진화적으로 어떻게 시작되었는지 알 수 있다. 장기적인 짝 유대감은 진화를 거치며 욕정을 대체하는 것이 아니라 나란히 발전했다.[12] 따라서 오늘날 인간의 뇌에는 끌림을 느끼는 두 가지 서로 다른 시스템이 존재한다. (1)섹시한 상대를 찾는 성적 매력 시스템과 (2)충실한 파트너를 찾는 장기적인 사랑 시스템이다.[13] 이 두 가지 시스템이 완전히 분리된 것은 아니다. 가령 섹스를 하면 파트너와의 장기적 유대감을 촉진하는 호르몬이 분비된다. 하지만 이 두 시스템은 또한 서로 독립적으로 작용할 수 있는데, 예를 들어 럿커스대학교의 인류학 교수인 헬렌 피셔와 동료들[14]은 테스토스테론을 투여하면 남성과 여성 모두 성욕 시스템이 활성화되지만 오직 성욕만 증가할 뿐 파트너에 대한 사랑이 증가하지는 않는다고 지적했다. 섹시한 바람둥이와 잠재적인 착실한 파트너 양쪽 모두에게 관심을 갖게 되었을 때 머릿속에서 두 개의 서로 다른 목소리가 각각 다르게 행동하라고 속삭이는 느낌을 받았을지 모른다. 왜냐하면 그게 사실이기 때문이다.

섹시한 파트너와 착실한 배우자감을 구분하는 것은 사람들이 사랑하는 음식, 더 구체적으로 말하자면 사랑하지 않는 음식을 구분하는 것과 비슷하다. 사람들이 어떤 음식을 사랑하는지 조사했을 때 나는 많은 이들이 디저트라고 대답할 줄 알았다. 하지만 많은 이들이 디저트에 매력을 느끼긴 하지만 그것을 사랑하는 사람은 드물었다. 한 연구에서는 스물두 명이 음식을 사랑한다고 대답했지만, 디저트를 말한 사람은 단 세 명에 불과했다.[15] 게다가 세 명 중 두 명은 인터뷰 후반에 마음을 바꿔 디저트를 진정으로 사랑하는 건 아니라고 말했다. 디저트가 진실한 사랑을 받지 못하는 이유는 무엇일까?

마음을 바꾼 두 사람은 디저트가 건강에 좋지 않은 게 문제라고 했다. 디저트는 매력적이고 즐겁지만 진정한 사랑에는 어울리지 않는 불장난일 뿐이다. 디저트를 사랑한다고 말한 마지막 사람은 어떨까? 그가 사랑하는 디저트는 '죄책감 없는 맛'을 즐길 수 있는 프로즌 요거트였다. 그에게 프로즌 요거트는 섹시하지만 동시에 신뢰할 수 있는 파트너이기도 한 매우 드문 존재였다. 이 대답은 내가 스위스에서 만난 한 여성을 생각나게 한다. 그 여성은 자신이 초콜릿을 진심으로 사랑하며 스위스인의 관점에서 볼 때 초콜릿은 건강에도 좋다고 말했다. 그 역시 초콜릿을 섹시함과 착실함 양쪽 모두의 특성을 가진 것으로 보고 있었다. 이처럼 해로운 것에 끌리면서도 사랑하지는 않는 경향은 담배, 술, 마약 등 다른 많은 것들과의 관계에서도 분명하게 드러난다. 어떤 것이 매력적이면서도 해롭다면 '욕망'을 느낄 수는 있으나 매력적이면서 또한 유익하다면 우리는 그것을 사랑할 가능성이 크다. 그러나 그 반대, 즉 유익하지만 밋밋한 것은 사랑을 불러일으키지 못한다.

우리는 낭만적인 사랑 관계에서 매력적이면서도 충실한 파트너를 원한다. 그러나 언제나 모두 가질 수는 없다. 저명한 사회학자인 버나드 머스타인은 이렇게 표현했다. "대인관계에서 자산이 많고 부채가 적은 이들만이 진정으로 서로를 선택한다. 자산이 적고 부채가 많은 이들은 종종 서로에게 안주하는 데 그친다."[16] 이런. 나는 이 책을 읽을 만큼 지성적이고 흠잡을 데 없는 취향을 가진 사람이라면 워낙 매력적이라 파트너에게 '안주'하는 데 그칠 필요가 없다고 확신한다. 하지만 혹시나 그런 상황에 처한 사람을 알고 있다면, 응원의 말을 보내고 싶다. 안주는 좋은 것이다. 사랑에 대한 욕구가 너무도 강력하고 심오해서 상대방의 외모나 재산, 기타 피상적인 특성에 대한 고민마저 압도할 수 있음을 보여 주기 때문이다. 이는 인류를 보완해 주는 가장 위대한 특성 중 하나다.

무엇이 먼저인가에 대한 대안 이론

사랑이 TV 프로그램이라면 〈사람 사랑하기〉는 대히트한 원조 프로그램이고 〈사물 사랑하기〉는 그 스핀오프일 것이다. 대인관계를 위해 발달한 행동 양식이 사물과의 관계로 옮겨 가는 편이 그 반대의 경우보다 훨씬 흔하기 때문이다(연인 관계에서 그런 일이 일어날 수 있다고 쓴 적이 있긴 하지만).[17] 나는 때때로 이러한 현상을 '대인관계 우선주의'라고 부르는데, 사람과의 관계가 선행하고 사랑이 무엇인지에 대한 기본 틀이 형성된 다음 그 틀이 사물과의 관계로 옮겨간다는 것을 가리킨다.

그러나 저명한 생물학자 래리 영은 다른 이론을 갖고 있다. 일부 동물은 사물에 대한 애착을 먼저 진화시킨 다음 짝에 대한 애착이 발달했다는 것이다. 영은 들쥐의 짝짓기 진화 과정을 연구했다.° 일부 들쥐 종의 수컷은 영역 의식이 강해 특정 영역을 '자신의 것'으로 간주하고 먹이를 놓고 경쟁하는 침입자들로부터 이를 방어한다. 영의 이론에 따르면 이러한 수컷°° 들쥐는 처음에는 영역과 유대감을 형성하는 경향을 먼저 진화시켰고, 그 결과 사람으로 비유하자면 영역에 대한 '심리적 소유감'을 발달시켰다. 진화가 진행되

° 그렇다. 이번에도 들쥐다! 들쥐는 사랑과 애착의 생화학적 연구에 관한 한 동물계의 슈퍼스타다. 들쥐의 한 종류인 프레리들쥐는 짝과 강한 짝 유대감을 형성하는 반면 저산대밭쥐와 같은 다른 들쥐 종류는 그렇지 않기에 연구에 자주 이용된다.

°° 이 이론이 맞는다면 암컷과 짝을 이룬 수컷 들쥐에게만 해당한다는 연구 결과가 있다. 수컷과 짝을 이룬 암컷의 경우에는 그렇지 않다.

면서 수컷 들쥐의 뇌는 영역에 대한 소유 개념을 확장해 사실상 짝에 대한 소유권으로 발전시켰다. 배우자를 소유물로 보는 것은 그리 낭만적이지 못하다. 그러나 영과 동료들의 연구[18]에 따르면 들쥐의 뇌에서 주로 분비되는 호르몬의 작동 방식과 관련된 증거들로 이론을 뒷받침할 수 있다.

이 이론은 또한 수컷 들쥐의 특이한 행동도 설명할 수 있다. 수컷 들쥐가 암컷과 짝짓기를 할 때 수컷 들쥐는 다른 수컷뿐만 아니라 암컷도 자신의 짝에게 가까이 다가가지 못하게 가로막는다. 경쟁자인 수컷을 짝에게서 떼어 놓으려는 것은 이해할 수 있는 일이다. 그러다 다른 암컷까지 방해하는 건 어찌 된 이유일까? 영은 수컷의 이런 이상한 행동이 그 행동이 처음 진화했을 때의 잔재일 수 있다고 제안한다. 즉 먹이를 빼앗아 갈 수 있는 수컷과 암컷 들쥐 모두에게서 영역을 지키기 위한 행동이라는 것이다. 흥미로운 가능성이긴 하나 이것이 사실인지 혹은 사람에게도 해당하는지는 아직 밝혀지지 않았다. 따라서 사람에 관한 한 나는 사람에 대한 사랑이 먼저 진화하고 나중에야 사물까지 확대되었다는 것이 최선의 추정이라고 생각한다.

3단계: 사랑의 범위가
집단으로 확장

이 책 전반에 걸친 공통된 주제는 사물과의 관계가 사람과의 관계로 이어지는 다양한 방식들이다. 우리가 사랑하는 것들은 다른 사람과 즐거운 시간을 보내게 돕고, 대화 주제를 제공하고, 우정을 상기시키고, 집단 정체성을 강화하고, 다른 사람의 존경을 받을 수 있게 돕는 등 다양한 역할을 한다. 사물과의 관계에서 사람이 왜 그토록 큰 역할을 하는지 이해하려면 신피질에서 시작된 우정의 진화 과정에 대해 알아야 한다.

신피질은 사랑을 비롯해 사회적 관계의 다른 많은 부분에서 필수적 역할을 맡고 있다. 인간의 신피질은 뇌의 약 4분의 3을 차지할 정도로 비대하다. 인간의 뇌가 동물 중에서 가장 큰 이유는(신체의 크기에 비해) 크고 무거운 신피질을 가졌기 때문이다.

신피질이 크다는 것은 어떤 면에서는 **단점**이다. 큰 뇌는 큰 머리가 필요하기에, 산모와 영아가 출산 중에 사망하는 일이 잦다. 게다가 우리의 뇌는 골격근보다 질량 단위당 8~10배 많은 칼로리를 소비한다.[19] 즉 뇌는 체중의 2퍼센트에 불과하나 기초대사량을 최대 20퍼센트까지 소비한다.[20] 결과적으로 우리는 큰 뇌 때문에 많은 음식을 찾아다녀야 한다. 그러니 우리 조상들이 이토록 비대한 신피질을 진화시킨 것은 이러한 단점을 상쇄할 수 있는 장점이 있기 때문일 것이다.

인간이 큰 뇌 덕분에 도구를 만들어 사용할 수 있었다는 것은 널리 퍼진 오해다. 실제로 인간의 뇌가 크게 진화하던 시기에 인류가 사용하던 도구는 그리 많이 변화하지 않았기에 과학자들은 이제 이 가설에 의문을 제기하고 있다. 인간이 큰 뇌를 갖게 된 주요 원인을 이해하려면 다양한 동물 종의 뇌 크기를 비교하는 것에서 시작하는 것이 좋다. 일부일처제로 짝 유대를 맺고 새끼를 돌보는 종은 그렇지 않은 종에 비해 현저하게 큰 뇌를 갖고 있다.[21] 생물학자들은 이러한 종들이 짝을 현명하게 선택하고 부모가 힘을 합쳐 새끼를 돌보기 위해 더 많은 뇌 능력이 필요했다고 짐작한다. 따라서 모든 종류의 동물 종에게 있어 뇌의 크기가 발달한 주요 목적은 부모가 양육을 위해 복잡하고 협력적인 관계를 맺기 위해서였다.[22]

인간°은 이를 한 단계 더 발전시켰다. 신피질이 빠르게 성장하

° 유인원과 원숭이도 인간과 같은 진화 패턴을 보이며, 일부 다른 동물들도 핵가족 밖에서 우정을 쌓을 수 있는 것으로 보인다.

던 시기에 우리는 배우자와 육아를 협력하는 데 그치지 않고 일상 생활의 여러 측면에서 직계 가족이 아닌 다른 집단의 구성원들과 협력하기 시작했다. 로빈 던바는 영장류의 사회적 필요가 뇌의 진화에 영향을 미친 방식을 연구한 가장 유명한 학자다. 그는 다양한 종의 유인원과 원숭이를 비교한 결과 뇌가 큰 종일수록 크게 무리를 지어 살며 복잡하고 유연한 사회 체계를 갖추고 있음을 보여 주었다. 이는 인간의 경우 핵가족 내에서 구성된 사랑을 기반으로 한 협력 관계가 나중에 부족 전체로 확장되었을 것이라는 사실을 암시한다. 이는 인간이 진화적인 성공을 거두는 데 도움이 되었다. 동물(즉 인간) 집단은 다른 동물들과 자원을 놓고 서로 경쟁하는 팀이기 때문이다. 유연하게 조직된 대규모 팀은 작고 경직된 소규모 팀을 압도하기 쉽다.

유능한 코치라면 효과적인 팀을 구축하기 위해서는 팀원들이 서로를 돕고 보살피도록 동기를 부여해야 한다는 사실을 알고 있다. 혹은 유명 생물학자 E. O. 윌슨의 말을 빌리자면 이기적 개인은 이타적 개인을 이길 수 있지만, 이기적 팀은 이타적 팀을 이길 수 없다. 따라서 인간은 직계 가족 바깥으로 확장된 팀으로서 효과적으로 기능하기 위해 핵가족 외부의 사람들을 배려하는 능력을 진화시켰다. 다시 말해 우정을 나눌 수 있는 능력을 진화시킨 것이다. 우리가 우정을 항상 이런 식으로 생각하는 건 아니지만, 끈끈한 우정도 사랑의 한 형태이다. 사랑은 모든 종류의 친밀한 관계를 가깝게 느끼게 하는 데 큰 역할을 한다. 아서 아론 등이 수행한 연구에

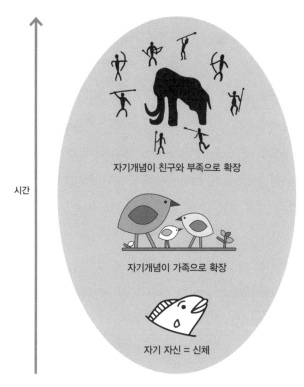

3단계: 자기개념과 사랑이 친구와 부족 전체로 확장

따르면 낭만적 사랑뿐만 아니라 일반적으로 친밀한 관계에서도 다른 사람을 자기개념에 포함시키는 경향이 있다.[23] 이건 최근에 생긴 이론도 아니다. 아리스토텔레스마저 "친구는 제2의 자신"이라고 말했다.

나는 우리 조상들이 자녀 및 배우자와 감정적 유대감을 형성하는 능력을 습득한 것과 같은 방식으로 우정에 대한 능력을 얻었다고 생각한다. 즉 적절한 상황에서 자기감이 가족이 아닌 다른 개인을 포함하도록 진화했고, 이 과정에서 사랑의 범위가 다시 확장된 것이다.

정체감에는 부모와 자녀, 친척이나 친구까지 포함될 수 있어 개인의 자기개념에는 작은 오케스트라를 만들 수 있을 정도로 많은 사람이 포함될 수 있다. 서던일리노이대학교의 스티브 돌린저와 스테파니 클랜시[24]의 연구에서 이를 확인할 수 있다. 연구진은 대학생들에게 '내가 보는 나'를 보여 줄 수 있는 사진 열두 장을 찍어 올 것을 요청했다. **자기 자신을 묘사하는** 가장 일반적인 사진은 **타인의 사진**이었다. 응답자의 98퍼센트가 다른 사람의 사진을 한 장 이상 가져온 데에 비해, 본인의 사진을 한 장 이상 가져온 이들은 84퍼센트에 불과했다.

큰 뇌는 집단으로 함께 일할 수 있는 사회적 지능을 부여했을 뿐만 아니라, 큰 뇌를 가진 사람들은 집단 내에서 성공하고 번식할 가능성이 더 크다. 많은 사람이 인류 진화의 역사를 오해하고 있다. 사람들은 보통 현대인의 가장 큰 고민거리가 까다로운 직장 상사라면 선사시대 사람들의 가장 큰 어려움은 검치호랑이를 피해 다니는 것이었으리라 생각할 것이다. 물론 검치호랑이가 멸종한 이후 검치호랑이에게 죽은 사람의 수가 현저하게 감소했으리라는 데에는 의문의 여지가 없다. 그러나 선사시대에도 사람의 삶과 죽음은 사회적 기술에 달려 있었다.

먼저 사회적 기술은 오늘날과 마찬가지로 짝을 찾는 능력과 밀접하게 관련되어 있었다. 둘째, 트랙터에서 주방용품에 이르기까지 오늘날의 도구들은 우리가 일을 처리하는 데 도움을 준다. 그러나 기술이 등장하기 전까지 필요한 일을 완수하는 데 가장 강력하고 다재다능한 자원은 바로 친구들이었다. 셋째, 다른 부족원과의 사회적 관계는 집단 내에서의 역할과 그들에게 주어질 자원 할당량에 큰 영향을 미쳤다. 그리고 넷째, 오늘날에는 직장에서 사회적 관계에 문제가 생겨도 언제든 새 직장을 찾을 수 있지만 선사시대에는 매일 같이 똑같은 사람과 얼굴을 부딪쳐야 했다. 관계가 틀어져도 거기서 벗어날 길이 없었다. 이 모든 것들 때문에 우리의 조상은 타인과 원만한 관계를 맺을 수 있도록 뇌를 진화시켰다.

인간의 뇌, 특히 신피질은 사회적 관계에서 성공하도록 돕기 위해 진화했기 때문에 우리는 과학자들이 '사회적 뇌'라고 부르는 것을 갖게 되었다. 1장에서 사회적 뇌 가설에 대해 간단히 언급하긴 했지만 여기서 조금 더 자세히 살펴보자. 과거에 과학자들은 뇌가 사람이나 돌, 혹은 다른 것들에 대해 똑같은 방식으로 생각하는 범용 장치라고 생각했다. 그러나 이제 생물학자들은 뇌의 많은 부분이 다른 사람에 대해 생각하기 위해 특별히 진화했음을 밝혀낸 상태다. 예를 들어 '방추상얼굴영역'[25]이라고 불리는 뇌의 한 부분은 사람의 얼굴을 인식하기 위해 진화한 영역이다. 이 영역의 중요성을 보여 주는 놀라운 사례가 〈신경과학저널 Journal of Neuroscience〉에 실린 바 있다.[26] 론 블랙웰은 심각한 뇌전증 발작을 줄이기 위해 뇌수술을 받게 된 환자였다. 의사들은 발작을 일으키는 부위를 찾기 위해 뇌의 여러 부분에 가벼운 전기 자극을 가했는데, 이 과정에서 블랙웰은 계속 깨어 있는 상태로(나도 안다, 으익!) 전기 자극의 효과를 의사에게 직접 보고했다. 의사가 방추상얼굴영역을 자극했을 때, 블랙웰은 의사의 "얼굴 전체가 변형되었다"며 의사가 "방금 다른 사람으로 변한 것 같았다"고 말했다. 그러나 의사의 다른 신체 부위나 수술실의 다른 물체는 아무 영향도 받지 않았다.

사회적 뇌 가설은 또한 우리가 왜 관대하게 행동하는 것을 좋아하는지를 설명한다. 심리학자 라라 애크닌의 연구에 따르면 너무 어려서 아직 나눠 갖는 것을 배우지 못한 유아들도 선물을 받을 때보다 남에게 간식을 나눠 줄 때 더 많은 미소를 짓는 것으로 나타났다. 과학적이진 않지만 이보다 훨씬 귀여운 사례는 랍비인 내 아내가 회당에서 미취학 아동들을 위해 인형극을 공연했을 때의 일이다. 한 꼭두각시 인형이 헝겊 인형을 들고 있었다. 다른 인형이 헝겊 인형을 같이 갖고 놀 수 있냐고 묻자 첫 번째 인형이 거절했다. 헝겊 인형이 없는 인형이 훌쩍거리며 슬픈 표정을 짓자 객석에서 두 살배기 남자애가 일어나더니 무대 위로 아장아장 걸어와 슬퍼하는 꼭두각시 인형에게 자신의 고양이 인형을 건네주었다. 먹는 행위가 생존에 중요하기 때문에 그것을 즐기도록 진화한 것처럼, 관대한 행동은 사회적 관계를 증진하는 데 도움이 되기에 우리는 관대하게 행동하는 것을 좋아한다. 우리가 진화한 집단중심적 환경에서는 사회적 관계 역시 생존을 위한 필수 요소였기 때문이다.

인간이 사회적 동물이라는 말은 오래전부터 전해져 왔다. 그러나 생물학자와 신경과학자들이 인간의 사회적 본성이 뇌에 얼마나 선천적으로 내재되어 있는지 입증하기 시작한 것은 최근의 일이다. 우리는 심지어 **사물과 관계를 맺을 때조차도 인간에 특별히 맞춰진 뇌를 사용한다.** 4장에서 언급한 벨크의 첫 번째 공리처럼 처음에는 '사람-사물' 관계로 보였던 것이 자세히 살펴보면 사람-사물-사람 관계로 판명되는 이유다.

뇌는 왜 사람과 사물을 구분하는가

이 책은 내가 세 가지 관계 난로라고 부르는 의인화, 사람 연결기, 자기 통합을 중심으로 구성되어 있다. 이러한 관계 난로는 사물과의 냉랭하고 실용적인 관계를 따뜻하게 '데워' 사랑으로 인정받게 한다. 간단히 말해 뇌가 보통 사람에 대해 생각하는 방식으로 사물을 생각하게 만드는 것이다.

그런데 우리의 뇌는 왜 사물과 사람에 대해 서로 다른 방식으로 생각하고 때로는 심지어 별도의 신경 시스템을 사용하는 것일까? 니콜라스 커빈, 수전 피스크 및 크리스 말론[27]의 논문에 따르면 "내측 전전두피질은 사람이 어떤 작업을 하는 것을 볼 때는 활성화되지만 로봇이 똑같은 작업을 수행하는 것을 볼 때는 활성화되지 않는다." 또 다른 연구팀의 캐롤라인 윤, 안젤라 구체스, 프레드 파

인버그, 새드 포크[28]는 사람의 성격에 관한 정보는 주로 내측 전전두피질에서 처리되지만 '브랜드 성격(예: 애플 브랜드는 짜릿하거나 세련되었다)'은 주로 다른 뇌 영역인(사물에 대해 생각할 때 사용하는) 좌측하 전전두피질에서 처리된다는 사실을 발견했다.

뇌는 왜 사람과 사물을 각각 별개의 영역에서 생각하게 된 걸까? 앞에서 나는 인간의 뇌가 다른 사람과 함께 살아가면서 부딪치는 문제를 해결하기 위해 진화했으며 이로 인해 사람에 대해 생각하는 특별한 메커니즘을 진화시켰다는 사회적 뇌 가설을 설명했다. 한 이론은 이를 한층 더 발전시켜 사람에 대해 생각하는 메커니즘이 일반적으로 사물에 대해 생각하는 메커니즘보다 더 강력하다고 주장한다. 이 견해를 뒷받침하는 증거는 '웨이슨 선택 과제'라는 논리 문제에서 찾을 수 있다. 테이블 위에 네 장의 카드가 놓여 있다. 각 카드의 한쪽 면에는 숫자가 적혀 있고 다른 쪽 면에는 점이나 벽돌 같은 패턴이 그려져 있다(아래 그림 참조). 카드의 한쪽 면에

웨이슨 선택 과제 1

짝수가 적혀 있다면 반대쪽 면에는 점 패턴이 그려져 있다는 명제를 확인하려면 다음 중 어떤 카드를 뒤집어야 할까? 여기서 목표는 가능한 적은 수의 카드를 뒤집어 답을 맞히는 것이다. 대부분 사람은 숫자 2가 적힌 카드와 뒷면에 점 패턴이 있는 카드 그리고 벽돌 패턴이 있는 카드를 뒤집을 것이다. 만일 그랬다면 이 테스트를 시도한 다른 90퍼센트의 사람들이 그런 것처럼, 당신도 틀렸다. 이유는 곧 설명할 테니 먼저 다른 논리 퍼즐을 하나 더 해 보자.

당신은 파티를 열고 있다. 21세 미만은 술을 마실 수 없고 음료수만 마셔야 한다. 저기 네 사람이 보인다. 네 사람이 파티의 규칙을 지키고 있는지 알고 싶다면 누구를 조사해 봐야 할까?

사람 1은 30세이고 사람 2는 16세이다. 두 사람 모두 손에 음료를 들고 있지만 무엇을 마시고 있는지는 정확히 알 수 없다. 사람 3과 4는 등을 돌리고 있기에 몇 살인지 알 수 없지만 사람 3은 콜라를 마시고 있고 사람 4는 맥주를 마시고 있다(아래 그림 참조). 사

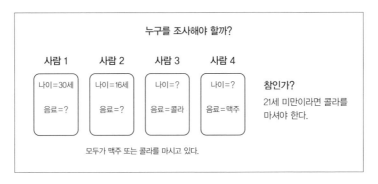

웨이슨 선택 과제 2

람들은 대부분 이 문제가 쉽다고 생각한다. 16세인 사람이 맥주를 마시고 있는지, 맥주를 마시는 4번째 사람이 21세 이상인지 확인하기만 하면 된다.

사실 이 두 문제는 논리적으로 동일하다. 따라서 정답도 동일하다. 카드 2와 카드 4, 그리고 사람 2와 사람 4를 조사하면 된다. 그렇다면 왜 파티 질문이 더 쉬운 것처럼 느껴지는 걸까? 이 논리 퍼즐은 어쩌나 많이 연구되었는지 '추론 심리학 분야에서 가장 많이 연구된 단일 실험 패러다임'[29]이라고까지 불린다. 연구자들은 사람들이 사물보다 사람에 관한 질문에 훨씬 더 쉽게 답할 수 있다는 사실을 발견했다.[30] 사람이 얽힌 문제일 때, 우리는 "21세 미만은 음료수만 마실 수 있다"라는 진술을 "21세 미만 중에 맥주를 마시는 사람이 있는가?"로 즉석에서 번역할 수 있다. 그러면 21세 미만의 사람과 맥주를 마시는 사람을 조사할 필요가 있다는 것을 쉽게 알 수 있다. 그러나 우리의 뇌는 "카드의 한쪽 면에 짝수가 적혀 있다면 반대쪽 면에는 점 패턴이 있다"라는 규칙을 "한쪽 면에 짝수가 있는데 반대쪽 면에 벽돌 패턴이 그려진 카드가 있는가?"로 번역하는 데에는 어려움을 겪는다. 일단 이렇게 번역하고 나면 앞면이 짝수인 카드(카드 2) 뒷면이 벽돌 패턴인 카드(카드 4)만 보면 된다는 사실이 명확해지는데 말이다. 사물보다 사람에 관한 논리 퍼즐을 훨씬 더 쉽게 풀 수 있다는 사실은 사람에 집중하는 뇌 영역이 사물을 다루는 뇌 영역보다 더 높은 수준에서 작동한다는 증거로 볼 수 있다.

이러한 것들이 관계 난로와 어떤 관련이 있을까? 뇌가 가장 자주 수행하는 작업 중 하나는 처리할 대역폭이 없는 정보를 걸러 내는 것이다. 사회심리학자 티모시 D. 윌슨[31]은 우리가 감각을 통해 1초마다 약 1100만 비트의 정보를 수용하지만, 뇌가 처리할 수 있는 정보량은 약 50비트에 불과하다고 지적한다. 따라서 뇌는 다양한 분류 메커니즘을 사용해 들어오는 수많은 정보를 처리 가능한 수준으로 대폭 걸러 내야 한다. 이런 분류 메커니즘이 하는 일이 사물 정보와 사람 정보를 분리하여 사람을 생각하도록 진화한 정신 능력(예: 사랑)이 매일같이 스쳐 지나가는 수백만 가지 사물을 생각하지 않게 하는 것이다. 세 가지 관계 난로는 이런 분류 메커니즘을 속여 특정 사물을 사람처럼 취급하게 만든다. 첫 번째 관계 난로인 의인화는 사람을 사람인 양 '위장'한다. 두 번째 관계 난로인 사람 연결기는 사물을 특정한 사람과 연결하여 분류 메커니즘이 그것을 사람으로 인식하게 한다. 세 번째 관계 난로는 두 번째와 매우 유사하지만, 사물을 다른 사람과 연결하는 대신 나 자신과 연관 짓는다. 그렇게 사물은 내 정체성, 자아감의 일부가 된다.

관계 난로는 사물을 사랑할 수 있는 대상으로 만드나 반드시 사랑하도록 보장하지는 않는다. 우리가 사랑하지 않는 많은 것들도 의인화된다. 다른 사람과 밀접하게 연결해 주는 것도 마찬가지다. 예를 들어 이모가 끓여 주는 토마토수프를 이모와 연관 지으면 선반에 있는 토마토수프 통조림보다 이모의 토마토수프와 더욱 깊은 감정적 연결을 느끼게 될 것이다. 하지만 이모의 비밀조리법이 너무 맛이 없어서 영원히 비밀로 남아야 한다고 생각한다면 당신은 이모의 수프를 좋아하지 않을 것이다. 또 무언가를 우리 자신의 일부로 여길 때에도 나쁜 습관이라든가 나 자신을 사랑하기는커녕 싫어하는 점이 있을 것이다. 관계 난로는 사물을 사랑할 수 있게 하지만 그 사물은 여전히 당신을 기쁘게 하고, 올바르게 느껴져야 하고, 사랑받기 위해 수많은 높은 장애물을 뛰어넘어야 한다.

4단계: 사랑의 범위가
거의 모든 것으로 확장

앞에서도 말했지만, 선사시대 동물들은 자신을 돌보도록 동기를 부여하는 일종의 자기애를 갖고 있었다. 나중에 일부 종은 이러한 사랑을 가족으로 확장했고, 한층 더 나아가 친구까지 포함하기도 했다. 그렇다면 사물을 사랑하는 능력은 언제부터 발달했을까?

동물도 사물을 사랑할까?

일부 동물이 사물을 사랑한다면 이는 사물을 사랑하는 능력이 진화 역사 초기, 어쩌면 우리가 인간이 되기 전부터 발달했을 것이라는 가설을 뒷받침할 수 있을 것이다. 가령 다른 동물을 속여 자기

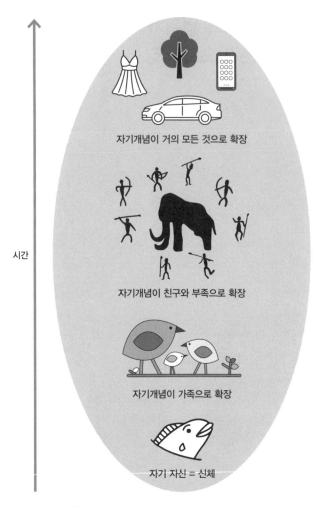

자기개념이 거의 모든 것으로 확장

자기개념이 친구와 부족으로 확장

자기개념이 가족으로 확장

자기 자신 = 신체

4단계: 자기개념과 사랑이 거의 모든 것으로 확장

새끼를 키우게 하는 탁란 현상도 이와 관련이 있다. 유럽 뻐꾸기는 다른 새의 둥지를 찾아 그 안에 알을 낳는다. 그러면 어미 새는 둥지에 있는 알을 자신의 알로 인식하고 나중에는 새끼 뻐꾸기와 유대감을 형성해 먹이를 물어다 준다. 물론 뻐꾸기는 사물이 아니지만 그렇다고 어미 새의 친자식도 아니다.

그렇다면 동물이 유대감을 형성하는 대상에는 최소한 어느 정도의 유연성이 작용한다는 의미다. 이러한 유연성이 사물과의 유대로도 확장될 수 있을까?

심리학자 해리 할로의 유명한 실험[32]을 생각해 보자. 그는 새끼 원숭이를 어미 원숭이에게서 떼어 놓은 다음° 테리 천으로 만든 어미와 철사로 만든 어미 인형을 내주었다. 새끼 원숭이들은 테리 천 어미 인형과는 유대감을 형성했으나 철사로 만든 어미 인형은 거부했다. 할로가 이 연구를 하게 된 것은 어미 원숭이와 떨어져 자란 새끼 원숭이가 인간 아기들이 애착 담요에 매달리는 것처럼 천 기저귀에 달라붙는 것을 관찰했기 때문이었다. 그는 천 기저귀의 보드라운 감촉이 새끼 원숭이에게 어미의 손길을 떠올리게 한 건지 궁금했고, 실험 결과 실제로도 그런 것 같았다. 어미 원숭이 인형에 테리 천으로 된 피부를 입혀 의인화(원숭이화라고 해야 하나?)하자 새끼 원숭이는 어미 인형과 유대감을 형성했다. 할로의 연구는 일부 동물도 원칙적으로 사물을 사랑하는 것이 가능하다는 것을 시사한다.

예를 들어 많은 사람이 자기 반려견에게 유독 사랑하는 장난감이 있다고 느낀다. 내가 키우는 개 두 마리는 무척 사이가 좋지만

° 과학적으로 매우 중요한 실험이긴 하나 이 실험에 대해 읽을 때마다 가엾은 원숭이들에게 죄책감을 느끼지 않을 수가 없다.

원인은 진화다 ✦

한 마리가 다른 개의 개껌을 뺏으려 하면 가끔 싸울 때가 있다. 이는 개가 개껌을 사랑한다는 의미일 수도 있지만 물론 확신할 수는 없다. 우리 집 개들이 뭔가를 위해 기꺼이 싸운다는 것은 그것을 소중히 여긴다는 의미이긴 하지만 무언가를 사랑한다는 것은 그것이 제공하는 혜택의 가치를 평가하는 것 이상 감정적 관심을 포함하기 때문이다. 내가 아는 한 동물이 이런 식으로 사물을 사랑하는지 아니면 단순히 영양과 편안함 또는 즐거움을 제공하기에 중요하게 여기는지를 알려 주는 연구는 아직 없다. 현재로서 말할 수 있는 것은 일부 동물이 사물을 사랑하는 능력이 있는 듯 보이긴 하지만 실제로 그런지는 확실히 알 수 없다는 것이다.

인간은 언제부터 사물을 사랑하기 시작했을까?

고고학자들은 약 50만 년 전 호모 에렉투스가 뭔가를 새긴 조개껍데기를 발견했다. 사람들은 종종 자신이 창조한 것을 사랑하기 때문에 인류의 초기 조상도 그러한 사물을 사랑했을 가능성이 충분하다. 다만 그들의 뇌는 그 뒤로도 아직 진화해야 하기에 오늘날의 우리처럼 물건에 감정적 애착을 발달시킬 수 있었을지는 알 수가 없다.

인류는 약 5만 년 전에야 현대인의 뇌로 완전히 진화했고, 따라서 사물을 사랑하는 생물학적 능력 역시 최소한 그 정도로 거슬러 올라간다. 초기 인류는 무엇을 사랑했을까? 고고학자들은 4만 년이나 된 중요한 예술작품을 발견했다. 심지어 몇몇 유물은 그보다도 더 오래되었다. 이런 예술작품에는 우상도 포함되는데, 우상은 고도로 의인화된 대상이므로 사랑의 대상이 될 수 있는 훌륭한 후보라고 하겠다. 오늘날까지도 사람들은 종교적 형상에 기도하면서 종종 말을 걸거나 은혜를 베풀어 달라고 간청하며, 이는 대상과의 관계 형성을 북돋는다. 어쩌면 고대 인류도 자연을 사랑했을지 모른다. 1장에서 언급했듯이 자연은 지금까지 가장 널리 사랑받는 대상이니 말이다.

초기 인류가 우상 외에 다른 소유물도 사랑했을까? 원주민 부족은 초기 인류의 삶에 대해 유용한 단서를 제공한다. 현대 인류학의 창시자인 브로니슬라프 말리노프스키[33]는 뉴기니 일부 원주민이 사용하는 의례적인 선물 교환 행위인 쿨라Kula에 대해 저술한 바 있다. 쿨라 선물은 다양한 공동체에서 지위가 높은 사람들 사이에 교환된다. 선물을 주는 사람은 종종 선물을 주기 위해 카누를 타고 수백 킬로미터나 되는 위험한 여정을 떠나기도 한다. 선물은 항상 조개껍데기로 만든 목걸이나 팔찌로 누군가 목걸이를 주면 받는 사람은 팔찌로 답례해야 한다. 어떤 쿨라 선물은 다른 선물보다 더 유명하고 권위를 지니며, 여러 사람이 돌아가며 그 물건을 소유할수록 명성이 더 높아진다. 쿨라 선물을 주고받으면 우정이 더욱 돈독해지고 참가자들은 이를 결혼과 비슷하게 여긴다. 따라서 쿨라 선물은 사랑받는 사물의 특성을 다수 갖추고 있다고 할 수 있다. 아름답고, 소유자의 정체성을 규정하며, 본질적으로 '사람-사물-사람'을 연결하는 역할을 한다. 많은 초기 인류가 이와 비슷한 유형의 소유물을 갖고 있었을 확률이 높고, 그러한 사물을 사랑했을 것이다.

초기 인류도 때로는 사물을 사랑했을 테지만 지금처럼 자주 일어나는 일은 아니었으리라 추정하는 데에는 두 가지 이유가 있다. 첫째, 초기 인류 사회는 현대 사회처럼 물건이 넘쳐나지 않았다. 현대 사회의 다섯 살짜리 아이들은 원주민 부족민이 평생 소유하는 것보다도 더 많은 물건을 소유하고 있다. 둘째, 수렵 채집 사회에서는 쿨라 선물 같은 것이 드물다. 경영학 교수인 멜라니 월렌도프와 에릭 아르누[34]는 비교 문화 연구에서 미국인이 가장 좋아하는 물건과 아프리카 외딴 마을 주민이 가장 좋아하는 물건을 비교했다. 미국인이 선호하는 물건은 대개 소유주가 원하는 정체성을 확립하고 중요한 사회적 관계를 드러내는 데 도움이 되었다. 반면에 아프리카 마을 사람들은 실용적인 이유, 예를 들어 유용하거나 필요한 경우 높은 가격에 팔 수 있는 물건을 좋아했다. 그러나 아프리카인은 미국인들처럼 물건에 정체성과 관련된 상징적 의미를 부여하지 않았다. 이러한 문화 차이는 부분적으로 잘 모르는 많은 사람과 교류하는 넓은 사회에 살고 있기에 소유물을 통해 자신이 누군지 알려야 한다는 점에서 비롯된다. 한편 연구에 참여한 아프리카인들은 모두가 서로를 아는 작고 외딴 마을에 살기에 소유물을 이용해 자신의 정체성을 알릴 필요가 없었다.

문명이 발전하고 경제 생산량이 증가함에 따라 소유물은 인간의 삶에서 점점 더 많은 역할을 하게 되었다. 다양한 소유물이 생겨나고 보급이 증가하면서 사물 사랑에 대한 명확한 언급과 기록도 등장하게 되었다. 이를테면 성경에서 돈을 사랑하는 행위를 비난하는 문구와 플루타르코스의 《부의 사랑에 관하여ON Love of Wealth》가 그렇다. 르네상스 시대로 가 보면 이 책에서 다루는 종류의 사랑에 관한 명백한 사례들을 볼 수 있다. 가령 셰익스피어는 데스데모나가 오셀로에게서 선물 받은 손수건을 '너무 사랑한' 나머지 항상 몸에 지니고 다니며 "키스하고 대화를 나누었다"라고 썼다. 이것이 바로 의인화(말을 건다는 점에서)와 오셀로와 연결된 사람-사물-사람 관계에서 파생된 사물에 대한 완전한 사랑이다.

사물을 사랑하는 것은
오류가 아니다

어떠한 행동이 그 사람의 유전자를 공유하는 가능한 많은 수의 자손을 생산하는 결과로 이어진다면 그 행동은 '진화적으로 최적'이라 할 수 있다. 사람을 사랑하는 것은 대개 진화적으로 최적이지만 사물을 사랑하는 것은 그렇지 않다. 유전자를 공유하는 사람들(자녀나 형제자매)을 사랑하면 그들에게 도움이 되고 따라서 우리의 유전자가 생존하는 데 도움이 되기 때문에 이는 진화적으로 합리적이다. 그러나 사랑하는 것은 우리의 유전자를 공유하지 않기에 그것들을 위해 희생해 봤자 유전자가 전파되지 않는다.

친구나 배우자처럼 유전자를 공유하지 않는 사람들을 사랑하는 것은 어떨까? 이런 이들에 대한 상호적 사랑도 진화적으로 합리적이나 그 이유는 다르다. 친구 사이의 사랑은 서로 돕고 부조하는 상호조약과 비슷하다. 당신은 그들을 돕고 그들은 당신을 돕는다. 그러나 이는 사랑이 상호적일 때에만 작동한다. 친구를 사랑하여 그를 도와줬는데도 당신에 대한 상대의 행동은 변화하지 않는다면 친구를 사랑하는 것은 진화적으로 불리한 일일 것이다. 그런 이유로 연구[35]에 따르면 우리가 다른 사람을 사랑하게 되는 가장 흔한 이유는 상대방도 우리를 사랑한다는 사실을 알게 되는 것이다. 반대로 사물을 사랑하게 되면 그 대상에 대한 우리의 행동은 변해도 상대의 행동은 절대로 변하지 않는다. 이를테면 컴퓨터에 명령어를 입력했을 때, 당신이 컴퓨터를 사랑하든 미워하든 아니면 전혀 관심이 없든 상관없이 컴퓨터는 그저 당신이 입력한 정확한 입력값에만 반응할 것이다. 그러므로 유전자를 공유하는 사람을 사랑하는 것과 유전자를 공유하지 않는 사람을 사랑하는 것의 진화적 원리가 어떻든 이 논리는 사물을 사랑하는 데는 적용되지 않는다.

무언가를 중요하게 생각하는 것이 진화적으로 전혀 의미가 없다는 말이 아니다. 생존, 짝짓기, 자녀 출산 등에 도움이 되는 실질적 능력에 따라 대상을 정확하게 평가할 때 인간은 유전자를 퍼트릴 가능성이 가장 크다. 어떠한 사물이 이런 이점을 다수 제공한다면 우리는 그것을 높이 평가하고 소중히 여길 것이다. 그러나 실용적인 이익을 제공하는 범위 내에서만, 그 이상도 그 이하도 아닌 딱 그 정도의 가치만 부여할 것이다.

이와는 대조적으로 사랑의 핵심은 거기서 얻는 실용적 이익을 뛰어넘는 방식으로 사람과 사물을 소중히 여기는 것이다. 우리는 자녀를 위해서라면 대가로 얻는 직접적이고 실용적인 이익을 훨씬 뛰어넘는 희생을 감행한다. 필요하다면 다른 사랑하는 사람을 위해서도 기꺼이 희생한다. 마찬가지로 우리는 사랑하는 대상에도 종종 막대한 시간과 에너지를 투자하지만, 그로 인해 얻는 보상은 진화적 성공을 뒷받침하는 실질적 이점이 아닌 오직 감정적인 보상일 뿐이다. 예를 들어 심리학자 제시 챈들러와 노버트 슈워츠[36]는 소비자가 의인화된 제품의 재구매를 고려할 때 제품의 실용적 이점보다는 제품의 '성격'을 얼마나 좋아하는지에 더 큰 영향을 받는다는 사실을 발견했다. 사랑하는 대상에 효용성 이상의 가치를 부여하는 경향은 사랑하지만 더는 사용하지 않는 사물과 헤어지지 못하는 것에서 확연히 드러난다.

사물을 사랑하는 것은 진화 시스템의 오류로 볼 수 있다. 하지만 나는 '그것은 오류가 아니라 특성'이라고 말하고 싶다. 우리의 인생에서 가장 좋은 것 중 상당수가 더 많은 자손을 퍼트리거나 유전자를 복제하는 것과 관련이 없다는 점에서 그것들은 진화적으로 최적이 아니다. 실제로 탈공업 사회의 대부분 사람이 적어도 어느 정도는 자신이 좋아하는 활동을 하려고 의도적으로 자녀의 수를 통제하고 있다. 사랑의 발달에 대한 진화론적 담론은 우리가 왜 특정 방식으로 생각하고 행동하는지에 대해 풍부한 통찰력을 제공한다. 그러나 유전자 풀에 대한 기여도를 최대화하는 데에만 집중한다면 우리는 끔찍하리만큼 메마른 삶을 살게 될 것이다.

우리가
사랑하는
것들의
미래

10

"자율주행차량이 늘면 머지않아

사랑하는 트럭이 내 곁을 떠나 버렸다는

컨트리송도 나올 거다."

– 저자 미상

9장에서는 사람이 사물을 사랑하게 되는 데 있어 진화의 역사와 역할에 대해 살펴보았다. 이 책의 마지막 장에서는 뇌-컴퓨터 인터페이스[BCI], 대화 생성기, 합의적 텔레파시라는 세 가지 기술을 탐구하며 미래를 전망해 볼 것이다. 이 세 가지 기술은 현재 애플 팬들의 아이폰을 향한 사랑보다도 더 많은 사랑을 받을 새로운 제품에 탑재될 것이다. 이 각각의 기술들은 인간의 경험을 근본적으로 바꿀 잠재력을 지니고 있다. 세 가지 모두 한때는 터무니없어 보였지만 지금은 작동하는 프로토타입이 실존하는 첨단 기술이다.

이 책에서 나는 의인화, 사람 연결기, 자기 통합이라는 세 가지 관계 난로를 이야기했다. 이들은 우리가 사물에 대해 실용적인 이익을 넘어 생각할 수 있게 해 준다. 앞서 말한 미래 기술들은 관계 난로 중 하나를 더욱 강력하게 만들어 줄 것이다. 뇌-컴퓨터 인터페이스가 제품에 적용되면 제품이 우리 자신의 일부라는 인식이 극적으로 강화될 것이다. 대화 생성기는 우리가 다른 인간만큼 사랑하게 될 의인화 기계를 탄생시킬 것이며, 세 번째 기술인 합의적 텔레파시는 사랑의 대상이 타인과 우리를 연결하는 방식에 혁명을 일으킬 것이다. 이렇게 첨단 기술에 힘입어 세 가지 관계 난로의 힘이 엄청나게 강해지면 많은 사람이 이 기술이 적용된 기기를 사랑하게 될 것이며, 그 사랑의 강도는 과거 사물에 대한 사랑보다도 훨씬 더 강력하리라.

뇌-컴퓨터 인터페이스를 통한 자기 통합

레딧에서 휴대전화를 찾느라 고생했다고 고백하는 글들을 읽어 보자.

- 휴대전화에 불이 들어온 상태에서 한 번 이상, 그리고 한 번은 스피커로 엄마랑 통화하면서 전화기를 찾으러 다닌 적이 있다.
- 한번은 휴대전화로 영화를 보다가 시간을 확인하려고 전화기를 찾은 적이 있다. 내 인생에서 가장 무서운 5분이었다.
- 말 그대로 전화기가 어디 있는지 찾을 수가 없어서 전화를 건 적이 있다.

이게 어떻게 된 일일까? 이에 대해 빌 게이츠가 유용한 통찰력을 제공한 바 있다. "기술의 발전은 사용자가 눈치채지 못하는 데 기반을 두고 있기에 일상생활의 일부가 된다." 이를 가장 확실하게 확인할 수 있는 것이 바로 스마트폰이다. 이제 스마트폰은 일상생활의 일부가 되는 것을 넘어 사용자의 일부가 되고 있다. 제리 사인 필드가 "아이폰을 '아이'폰이라고 부르는 이유는 절반은 당신이고 절반은 '휴대전화'이기 때문이다"라는 우스갯소리를 한 적도 있다. 그래서 스마트폰 소유자는 휴대전화를 손에 든 채로 그게 어디 있는지 잊어버리는 것이다. 사용자와 완전히 통합되어 있기 때문이다. 그리고 첨단기술의 발전은 머지않아 이런 현상을 완전히 새로운 차원으로 끌어 올리게 될 것이다.

2014년에 줄리아누 핀투는 FIFA 월드컵 사상 가장 인상적이지 않으면서도 동시에 가장 인상적인 개막식 시축을 했다.[1] 킥 자체는 약했고 공은 한 3미터쯤 굴러가다 결국 심판이 집어 들었다. 그러나 정말 인상적이었던 것은 핀투가 가슴 아래로 완전히 마비된 신체로 공을 찼다는 사실이다. 그는 몸통과 팔다리에 생각으로 제어할 수 있는 기계식 외골격을 부착하고 있었다. 머리에는 뇌 활동을 측정하는 센서가 달린 자전거 헬멧처럼 생긴 물체를 착용했다. 컴퓨터가 그의 뇌에서 얻은 정보를 사용해 외골격에 명령을 내리면 외골격이 그의 다리를 움직여 공을 찰 수 있게 해 주는 것이다. 뇌 활동을 감지하고 그 정보로 컴퓨터를 제어하는 이런 유형의 센서 시스템을 '뇌-컴퓨터 인터페이스'라고 한다.

5장에서 언급했듯이, 사물을 사용하고 통제할 수 있다고 느낄 때 우리는 그것을 우리 몸의 일부로 여기고 결과적으로 자신의 일부로 보게 된다. 예를 들어 심리학자 암브라 스포시토와 동료들[2]의 연구에서 실험 참가자들은 60센티미터 길이의 긴 막대를 사용해 작은 물체를 움직였다. 한편 실험에 참가한 다른 집단은 20센티미터 길이의 짧은 막대기를 사용해 같은 과제를 수행했다. 과제를 수행한 참가자들에게 자신의 팔 길이를 추정해 볼 것을 요청했을 때, 긴 막대를 사용한 참가자는 짧은 막대를 사용한 참가자보다 자신의 팔이 더 길다고 인식했다. 이는 그들이 자신의 신체 이미지에 도구를 통합했음을 보여 준다.

그러나 도구를 신체 일부로 여기는 주관적 감각은 결국 정도의 문제다. 가령 훌륭한 테니스 선수는 테니스 라켓을 다른 물체보다 신체 일부처럼 느끼지만 실제 자신의 손에는 비할 수 없다. 이는 라켓에 대한 통제력이 자기 손에 대한 통제력보다 떨어지기 때문이다. 게다가 손을 통해서는 직접적인 감각 피드백을 받을 수 있지만, 라켓은 제한적이고 간접적인 감각 피드백만을 제공한다. 뇌-컴퓨터 인터페이스가 발전하여 정신으로 사물을 제어하고 사물로부터 직접적인 감각 피드백을 받을 수 있게 되면 뇌-컴퓨터 인터페이스를 사용하는 제품과의 관계를 우리 몸과의 관계와 구분할 수 없어질 것이다. 러셀 벨크가 이런 유형의 기술을 '보철 자아'[3]라고 부르는 것도 이 때문이다. 사람들 대부분이 절대적이고 긍정적으로 '나 자신'으로 인식하는 것은 바로 신체다. 따라서 기계와 신체가 완전히 통합되면 우리는 기계를 자기감에 완전히 통합하여 지금보다 훨씬 더 깊이 사랑하게 될 것이다.

뇌-컴퓨터 인터페이스의 유형

80달러만 주면 뇌파를 이용해 스타워즈 X윙 전투기(주인공 루크 스카이워커가 모는 기체)를 공중에 띄우는 훈련을 할 수 있는 장난감을 살 수 있다. 음… 뭐, 거의 그렇단 얘기다. 하지만 뇌파 부분은 진짜다. '포스 트레이너 II: 홀로그램 익스피어리언스'라는 이름의 이 장난감에는 진짜 EEG^{electroencephalograph}(뇌파기록장치)로 뇌파를 읽는 헤드셋이 포함되어 있다. 정신을 집중하면 할수록 우주선의 홀로그램 이미지가 더 높이 떠오르는 것이다. 놀랍긴 하지만 이 헤드셋이 읽을 수 있는 뇌 정보는 전반적인 집중력 수준이 고작이다. 이모티브^{Emotiv} 회사의 더욱 소비자지향적인 뇌 센서 제품은 300달러인데, 사용자가 기기에 학습시킨 네 개의 명령을 생각으로 실행할 수 있다. 컴퓨터 화면에서 커서를 움직이는 데에는 충분하나 그외에는 할 수 있는 일이 그리 많지 않다. 더 많은 작업을 수행하려면 훨씬 좋은 센서가 필요하다.

현재 사용 가능한 최고의 센서 중 하나는 카네기멜론대학교의 마셀 저스트와 톰 미첼[4]이 '생각 인식' 장치로 사용하는 fMRI°기계

○ 기능적 자기공명영상(Functional Magnetic Resonance Imaging, fMRI)은 뇌 혈류를 측정하여 뇌에서 가장 활동적인 영역을 알려 준다.

다. 연구진이 건물이나 자전거 같은 다양한 물체의 사진을 건네주고 사용자가 순서에 상관없이 원하는 사진을 들여다보면 fMRI가 뇌 활동을 스캔한다. 그런 다음 스캔 결과를 읽은 컴퓨터가 사진을 어떤 순서로 봤는지 알려 준다. 멋지긴 하나 그다지 실용적이지는 않다. fMRI 기계는 거대하고 시끄럽고 비용이 100만 달러나 든다. 게다가 산출 결과가 뇌-컴퓨터 인터페이스 기술의 잠재력에 미칠 만큼 세밀하지는 못하다.

또 다른 유형의 센서는 뇌 또는 뇌와 두개골 사이에 이식하는 초소형 전극이다. 이 기술의 최신 버전[5]은 필기할 때 사용하는 뇌 영역 근처에 이식된다. 그런 다음 피실험자가 뭔가 쓰는 것을 상상하면 컴퓨터가 머릿속에서 쓰인 메시지를 '읽는다.' 다른 접근 방식은 뇌의 언어 중추에 센서를 부착하고 컴퓨터가 피실험자가 머릿속으로 단어를 소리 없이 '말할' 때 발생하는 뇌 자극을 읽도록 훈련하는 것이다.[6]

뇌-컴퓨터 인터페이스는 무엇을 제어하는 데 사용될까?

줄리아누 핀투가 사용한 외골격은 신체의 연장선에 있었다. 현재 자동차를 제어할 수 있는 뇌-컴퓨터 인터페이스가 개발되고 있는데, 이렇게 되면 자동차는 사실상 아주 거대하고 강력한 의족이나 다름없어진다. 현재의 기술로 작동하는 창의적인 의수 응용 사레로는 다니 클로드[7]가 디자인한 '세 번째 엄지'가 있는데, 손이나 발에 부착하는 이 보철물은 물체를 더욱 효과적으로 붙잡고 들어 올릴 수 있게 해 준다. 뇌-컴퓨터 인터페이스를 통해 제어되는 건 아니지만 중요한 것은 뇌가 사용자의 손을 생각하는 방식을 변화 시킨다는 점이다. 이 연구를 주도한 유니버시티 칼리지 런던의 타 마르 마킨 교수는 "새롭고 예상치 못한 방식으로 우리의 능력을 확 장하려면 뇌가 생각하는 생물학적 신체의 개념을 변화시켜야 한 다"라고 설명했다. 현재 버전의 세 번째 엄지는 사용자의 엄지발가 락 아래 위치한 압력 센서로 작동하는데 놀라울 정도로 쉽게 사용 법을 배울 수 있다. 사용자들은 "로봇 엄지가 마치 내 몸의 일부처 럼 느껴진다"라고 말한다.

뇌-컴퓨터 인터페이스 기술은 신체뿐만 아니라 정신 능력도 확 장할 수 있다. 예를 들어 우리가 보고 듣는 것을 데이터베이스에 저 장해 말 그대로 사진처럼 기억하는 것이다. 우리는 지금도 온라인 에서 무궁무진한 정보에 접근할 수 있지만, 미래의 기술은 인터넷 검색을 마치 자기 머릿속을 검색하는 것처럼 느끼게 할 것이다.

소비자들이 뇌-컴퓨터 인터페이스 제품을 원할까?

생각만으로 명령을 내려 조종하고 뇌가 직접 만든 시각적 이미 지와 소리에 반응하는 뇌-인터페이스 개인용 컴퓨터가 있다고 상상해 보라. 이런 제품이 상업적으로 큰 성공을 거둘 수 있을까? 먼저 신제품의 성공을 예측하는 가장 좋은 지표는 마케팅이 얼마나 잘 되느냐가 아니라 제품이 진정으로 유용한가이다. 둘째, 제품의 성능이 뛰어날 경우 사용자는 이 컴퓨터를 생물학적 팔다리나 보철물처럼 자신의 일부로 여기게 될 것이다. 강한 자기 통합은 제품에 대한 강렬한 사랑으로 이어질 것이다.

한편 뇌-인터페이스 컴퓨터가 대성공을 거두는 데 가장 큰 걸림돌은 신경 센서를 두개골 아래에 수술로 이식해야 한다는 점이다. 그렇다면 뇌-인터페이스 컴퓨터와 같은 제품이 실용화되지 못할까? 아니면 그저 속도만 조금 늦어질 뿐 이런 제품의 상업적 성공은 불가피한 것일까?

혁신적 기술이 도입되면 많은 소비자가 이상하고 징그럽고 심지어는 위험하기에 사용하지 않겠다고 말한다. 하지만 일단 익숙해지고 나면 여론은 순식간에 바뀌게 되어 있다. 내가 제일 좋아하는 사례가 소니 워크맨이다. 소니는 워크맨을 시장에 출시하기 전 일부 소비자들에게 프로토타입을 공개한 적이 있다. 그들은 절대로 워크맨을 사지 않을 것이라고 응답했다. 공공장소에 헤드폰을 끼고 돌아다니다니, 너무 괴상해 보였기 때문이다. 이러한 부정적 의견 때문에 소니는 워크맨 제품의 출시를 수년 동안 연기했다. 하지만 일단 제품이 출시되자 많은 이가 헤드폰을 사용했고, 나중에는 공공장소에서 헤드폰을 끼고 돌아다니는 모습이 일상이 되었다. 점점 더 많은 소비자가 헤드폰을 착용한 사람들을 보다 보니 그 행동은 더 이상 이상해 보이지 않게 되었다. 공공장소에서 헤드폰을 끼는 행위에 대한 사회적 금기가 깨지자 워크맨은 역사상 가장 많이 팔린 제품 중 하나가 되었다. 이제 비츠**Beats**라는 회사는 아예 두드러지게 크고 시각적으로 독특한 헤드폰을 판매하여 활발한 성과를 올리고 있다.

뇌에 센서를 이식하는 것이 공공장소에서 헤드폰을 착용하는 것보다 훨씬 위험한 건 사실이지만 그런 위험을 인지하더라도 제품이 매력적이라면 사람들의 구매를 막지는 못할 것이다. 1900년대 초반, 자동차가 처음 등장했을 때의 자동차는 지금보다 훨씬 더 위험했다. 초기의 자동차는 브레이크 성능이 형편없었고 핸들링도 좋지 않으며 안전벨트조차 없었다. 도로는 비포장 상태였고 대개는 속도 제한도 없었으며, 운전면허도 없는 사람들이 차를 운전했다(미국 모든 주에서 운전면허 시험이 의무화된 것은 1959년이다). 이러한 안전 우려에도 불구하고 일단 자동차의 이점을 경험하고 자동차의 존재에 익숙해지자 자동차는 대중화되었다. 중요한 소비자 집단이 신기술을 채택하면 초기의 저항은 사라지게 된다.

마지막으로 뇌-컴퓨터 인터페이스 기술은 이 책의 앞부분에서 다룬 주제를 다시 상기시킨다. 우리가 사랑하는 것들이 자신의 일부가 된다는 개념을 처음 소개했을 때, 나는 자아가 정체성과 의식이라는 두 부분으로 구성되어 있다고 설명했다. 그런 다음 우리가 사랑하는 것이(적어도 지금은) 자신의 일부가 되면 정체성에는 포함되나 의식의 일부는 되지 않는다고 덧붙였다. 뇌-컴퓨터 인터페이스는 머지않아 이 개념을 바꾸게 될 것이다. 과거의 경험을 영화처럼 저장하고 검색할 수 있게 되면 이를 가능케 하는 장치는 진정 우리 의식의 일부가 될 것이다. 그리고 사물에 대한 사랑의 깊이는 자기 통합의 수준과 관련되어 있기에 우리는 이 같은 장치들에 대해 매우 강한 감정적 연결을 느낄 것이다.

의인화와 대화 생성기

심리학자 리처드 패스먼[8]의 연구에 따르면 애착 담요와 테디베어는 어린이의 삶에서 매우 중요한 역할을 한다. 하지만 이 연구는 아이들에게 선택권이 주어진다면 엄마를 더 선호한다는 사실 또한 발견했다. 아이의 애정을 겨루는 대회에서는 아무리 최고의 테디베어라도 받을 수 있는 최고상은 은메달이다. 같은 맥락에서 사람에 대한 사랑과 사물에 대한 사랑을 비교한 연구[9]에 따르면 우리는 인간을 더 사랑한다.

어쩌면 여기에도 변화가 생길지 모른다. 현재 사물에 대한 우리의 사랑은 사물이 인간과 비슷한 특성을 가져 의인화적 사고를 촉진할 때 사람에 대한 사랑과 가장 가까워진다. 의인화 기술 수준이 다소 미약한 오늘날에도 장기 요양 시절에 있는 노인들에게 로봇 개를 제공했을 때 진짜 개와 비슷한 치료 효과를 거둘 수 있다는 연구가 있다.[10] (다만 이 효과는 단기에 그칠 수 있다. 사람들은 시간이 지나면 로봇 반려동물에 관심을 잃는 것으로 알려져 있다.)[11] 아니면 군인들의 외상 후 스트레스 장애를 진단하는 데 사용되는 엘리라는 이름의 가상 면접관을 생각해 보라. 엘리는 사람들에게 질문을 던지는데, 대답을 자세히 분석하기보다는 표정, 미세 표정, 목소리 톤처럼 응답자의 태도와 대답 방식에 집중한다. 엘리의 PTSD 진단 능력을 검토한 연구[12]에 따르면 엘리는 인간 심리학자 못지않은, 어떤 경우에는 심지어 인간보다도 더 나은 진단 능력을 보였다. 더 놀라운 것은 사람들이 인간 심리학자와 대화할 때보다 엘리와 대화할 때 더 솔직하게 털어놓는 경향이 있다는 점이다.

감정적인 보상을 돌려받을 수 있는 사물을 창조하는 데 있어 가장 중요한 요소는 대상이 무엇을 말할지 결정하는 소프트웨어인 '대화 생성기'다. 로봇 개와 소프트웨어 심리학자는 대화를 생성하는 능력이 극히 제한되어 있었음에도 인상적인 치료 효과를 만들어 냈다. 사물이 사람과 대화를 나눌 수 있을 뿐만 아니라 똑똑하고 통찰력 있는 말까지 할 수 있다면 사람-사물 관계는 어떤 모습이 될까? 대화 생성기는 이미 빠르게 움직이고 있다. 말하는 바비 인형인 '헬로 바비'는 아이들의 말을 인식할 수 있다. 거의 부러울 정도의 기억력도 갖추고 있다. 개발자에 따르면 "바비는 당신의 엄마가 둘이고, 할머니는 돌아가셨으며 당신이 가장 좋아하는 색은 파란색이고 자라면 수의사가 되고 싶다는 사실을 늘 기억할 것"이

우리가 사랑하는 것들의 미래 ✦

다.[13] 헬로 바비는 또한 공감하는 대화도 나눌 수도 있다. 아이가 너무 수줍음이 많다고 털어놓으면 헬로 바비는 이렇게 대답할 것이다. "수줍음이 많은 건 전혀 창피한 일이 아니야. 게다가 명심하렴. 너는 나랑 금방 친구가 됐잖아." 인형 등에 달린 끈을 잡아당기면 "수학은 어려워" 같은 문장을 무작위로 말하던 과거의 바비 인형에 비하면 정말 비약적인 발전이다.

기계의 대화 능력이 발전하면서 우리의 대인관계 또한 기계가 더 쉽게 모방할 수 있도록 변화하고 있다. 피터 스타이너의 유명한 만화를 생각해 보라. 개 한 마리가 컴퓨터 앞에서 타자를 치면서 옆에 있는 다른 개에게 말한다. "인터넷에선 아무도 네가 개라는 걸 몰라." 마찬가지로 온라인에서 교류할 때 컴퓨터를 사람으로 착각하기가 훨씬 쉬워진다. 오늘날 우리는 온라인에서 많은 사회적 교류를 나눈다. 예를 들어 도요타는 일부 자동차에 도요타 프렌드Toyota Friend라는 소프트웨어를 설치하고 있는데, 이 플랫폼을 사용하면 페이스북에서 사람들과 소통하듯 소셜 네트워크를 통해 자신의 자동차와 소통할 수 있다. 지금이야 아직 헬로 바비만큼 공감력이 있지도 않고 타이어에 공기가 빠졌다는 등의 주제에만 집중하고 있지만, 도요타의 사장 겸 CEO인 토요타 아키오는 이렇게 말했다. "자동차와 사용자가 친구가 되고 고객이 도요타를 친구로 여길 수 있길 바랍니다. 나는 우리가 소셜 네트워크에서 친구들과 관계를 맺는 것과 같은 방식으로 자동차와 관계를 맺고 싶습니다."[14] 이러한 야망이 그럴듯하게 들리는 이유는 페이스북 같은 소셜 네트워크는 물리적인 신체도 없고 모든 커뮤니케이션이 타자로 이루어지는 컴퓨터의 '홈그라운드'이기 때문이다.

나는 아무리 그래도 사람과 사람의 관계가 언제나 더 깊고 풍성한 보상을 선사할 것이라며 미래의 사람-사물 관계에 대한 우려를 일축하는 말을 들은 적이 있다. 나도 그 말에 동의한다. 하지만 그럼에도 여전히 걱정스럽다. 여기에는 마케팅 교수로의 내 관점도 작용하고 있다. 가령 사람들은 정크푸드를 많이 먹는다. 그리고 TV가 형편없던 시절에도 우리는 TV를 많이 봤다. 쉽지만 평범한 것과 어렵지만 중요한 보상이 주어지는 것 사이에 하나를 선택해야 한다면 대부분은 쉬운 것이 승리하게 된다. 사람들과의 의미 있는 관계가 늘 쉬운 것만은 아니다. 인간관계란 항상 주고받음이 수반되며, 심지어 아주 좋은 관계일 때에도 그렇다. 친구들이 내 지루한 이야기를 들어주길 바란다면 당신도 친구들의 지루한 이야기를 들어줘야 한다. 그러나 의인화된 기계는 언제나, 무슨 일이 있어도 당신을 위해 모든 것을 기꺼이 해 줄 것이다. 기계와의 관계에서 사람이 완전히 이기적으로 굴어도 되는 능력은 안타깝게도 의인화된 기계를 더 매력적으로 만들어 줄 것이며, 다른 사람에게도 로봇 동반자에게 바라는 것과 같은 것을 바라기 시작하면 인간관계를 망칠 수 있다.

우리가 사랑하는 것들의 미래 ✦

사람 연결기와
합의적 텔레파시

사람-사물-사람 관계의 중심에 있기에 우리에게 의미 있는 사물이 되는 '사람 연결기' 또한 새로운 기술을 통해 더욱 강력해질 수 있다. 미래의 의인화된 사물이 다른 사람들과의 관계를 약화시킬 수 있다는 우려와는 달리, 어쩌면 기술은 우리 모두를 더 가깝게 만들지도 모른다. 더구나 이 기술이 제대로만 작동한다면 누군가를 사랑한다는 개념의 한계가 근본적으로 확장될 수도 있다.

예를 들어 뇌-컴퓨터 인터페이스 기술로 뇌를 로봇 팔에 연결하는 것뿐만 아니라 다른 사람의 뇌와 직접 연결할 수 있다면 어떨까? 이게 가능하기는 할까?

터무니없는 소리처럼 들릴지 모르지만, 실제로 이 기술의 간단한 버전이 이미 존재한다. 의사 미겔 니코렐리스와 동료들[15]은 각각 미국과 브라질에서 쥐 한 마리를 두 개의 용기가 있는 우리에 넣었다. 한 용기에는 간식이 있고 다른 용기는 비어 있었다. 쥐는 간식이 있는 용기를 먼저 연다면 간식을 먹을 수 있지만 잘못된 용기를 선택하면 아무것도 얻지 못했다. 각 용기 앞에는 작은 불빛이 설치되어 있었다. 브라질에 있는 쥐의 경우 연구진은 간식이 담긴 용기 앞에 불을 켜 두었다. 브라질 쥐가 간식이 항상 불이 켜진 용기에 있다는 사실을 배우는 데는 그리 오래 걸리지 않았다. 미국의 쥐는 그런 행운을 누리지 못했다. 두 용기의 불빛이 모두 켜져 있어 아무 정보도 얻을 수가 없었기 때문이다. 다만 브라질에서 간식이 왼쪽 용기에 들어 있다면 미국에서도 왼쪽 용기에 들어 있었다. 브라질 쥐가 미국 쥐에게 어떤 용기를 먼저 살펴봐야 하는지 말해 줄 수만 있다면 미국 쥐도 간식을 먹을 수 있을 것이다. 그러나 쥐들은 서로 다른 대륙에 멀리 떨어져 있었고 줌Zoom도 사용하지 않았기 때문에 의사소통을 할 방법이 없었다. 아니면… 혹시 방법이 있었을까?

여기에 충격적인 사실이 있다. 두 쥐는 모두 뇌에 신경 임플란트가 삽입되어 있었다. 임플란트는 브라질 쥐의 뇌 활동을 기록하여 미국 쥐에게 전송했고, 그러면 미국 쥐의 임플란트는 해당 뇌 영역에 자극을 주었다. 처음에 미국 쥐는 50퍼센트 확률로 간식이 담긴 용기를 선택했다. 그러나 점차 브라질 쥐가 보내는 뇌 신호를 해석하는 방법을 배우면서 간식이 든 용기를 선택하는 빈도가 증가하기 시작했다. 그러자 연구진은 보상 방식을 변경했다. 미국 쥐가 올바른 용기를 선택하면 브라질 쥐가 추가로 간식을 받을 수 있게 한 것이다. 브라질 쥐는 미국 쥐가 존재한다는 사실을 몰랐지만, 쥐의 뇌는 특정한 일을 하면 간식을 더 많이 먹을 수 있다는 사실을 알아차렸다. 그러자 브라질 쥐는 연습을 통해 그 특정한 일이 무엇인지 파악하고 더욱 자주 행동하게 되었다. 이는 미국 쥐에게 명확한 신호가 되었고 따라서 미국 쥐는 더욱 정확한 선택을 할 수 있게 되었다. 시간이 지남에 따라 발신자와 수신자의 뇌가 모두 적응하여 신호 메커니즘의 효율성을 향상시킨다는 점이 이 기술의 성공 요소다.

뇌와 뇌 사이의 의사소통 체계를 구축하는 데에는 얼마나 걸릴까? 기술 기업가인 일론 머스크는 그의 회사인 뉴럴링크**Neuralink**를 통해 뇌와 뇌를 연결하는 기술을 개발하기 위해 애쓰고 있다. 그가 꿈꾸는 시스템이 현실화되면 시각적 이미지, 소리, 느낌을 말로 설명하지 않고도 다른 사람과 직접 공유할 수 있게 될 것이다. 머스크는 저널리스트 팀 어반과의 인터뷰에서 다음과 같이 말했다.[16]

> 머릿속에는 수많은 생각이 있고, 뇌는 이를 음성이나 타자 같은 데이터 전송률이 엄청나게 낮은 방식으로 압축해야 합니다. 언어라는 게 그런 거죠. 뇌는 생각과 개념을 전달하는 압축 알고리즘을 실행하고 있는 겁니다. 만일 두 개의 두뇌 인터페이스가 있다면 생각을 압축할 필요 없이 다른 사람과 곧바로 생각을 소통할 수 있겠죠.

어반이 보기에 뉴럴링크는 전기차 대량생산이라는 테슬라의 계획과 인간을 화성에 보내겠다는 스페이스X의 야망을 훨씬 능가한다. 테슬라와 스페이스X는 "미래에 인간이 무엇을 할지에 대한 재정의를 목표로 삼고 있는 한편 뉴럴링크는 미래의 인간이 무엇이 될지를 재정의하고자 한다." SF 소설에나 나올 법한, 인간 존재의 본질을 근본적으로 바꿀 이 기술이 실현되기까지는 얼마나 걸릴까? 머스크는 8~10년으로 추정한다.

HBO의 〈메이드 포 러브Made For Love〉는 이 기술을 불길한 시각으로 보여 준다. 일론 머스크는 이 신기술을 '합의적 텔레파시'라고 부르지만, 드라마 속 IT 억만장자는 아내의 의사와는 상관없이 그와 유사한 기술을 아내에게 강요한다. 비밀도 사생활도 없고 도망칠 방법도 없는 완전한 정신적 결합을 이루기 위해서다. 이 드라마는 두 사람이 하나가 된다는 말이 결혼식에서는 사랑스럽게 들릴지 몰라도 다른 모든 좋은 것처럼 극한으로 치달을 수 있다는 요점을 매우 잘 보여 준다.

뇌와 뇌를 직접 연결하는 인터페이스는 혁신적이지만 인간의 경험에 있어 완전히 생소한 것은 아니다. 가스 플레처[17]와 다른 심리학자들은 친밀한 관계에서 발생하는 마음 읽기를 연구한다. 이는 친밀한 관계에 있을 때 상대방의 생각이나 감정을 직관적으로 감지하는 능력의 상승을 가리킨다. 친한 친구나 연인의 뇌파는 서로 동기화되는 경향이 있다. UCLA의 심리학 교수 캐럴린 파킨슨과 동료들[18]은 42명의 지원자가 일련의 짧은 영상 클립(유튜브에서 흔히 볼 수 있는 일반적인 영상들)을 시청하는 동안 뇌파를 기록했다. 지원자 집단은 친한 친구 집단과 호감이 있는 지인 그리고 낯선 사람 집단으로 이뤄져 있었다.

연구 결과 친구 사이인 두 사람은 동영상을 볼 때 뇌파가 동기화되지만 낯선 사람들 사이에서는 이런 현상이 드물었다. 연구진은 두 사람이 만나 서로 '클릭'하면 두 사람이 같은 생각을 하게 되며 이를 통해 친구가 될 수 있다고 믿는다. 신경과학자 파벨 골드스타인과 동료들[19]의 연구에 따르면 연인이 서로 공감할 때도 뇌파가 동기화된다. 이러한 동기화는 파트너와 신체적으로 접촉할 때 더욱 증가한다. 가장 온건한 형태의 뇌 연결 기술은 사실상 우리의 정신적 경험을 다른 사람과 완전히 동기화하는 일종의 '터치 2.0'일 수 있다. 그렇다면 이는 인간과 인간의 연결을 강화하는 궁극적인 예시가 될 수 있을 것이다.

에리히 프롬[1]은 "사랑은 인간 존재의 문제에 대한 분별 있고 만족스러운 유일한 대답"이라고 했다. 사랑하는 사람을 떠올려 보면 확실히 맞는 말이다. 하지만 이는 또한 우리가 사랑하는 것들, 특히 정체성을 구성하고 다른 사람과 연결되도록 도와주는 것들에도 적용될 수 있다.

사랑하는 물건들로 주변을 채우고 사랑하는 활동에 시간을 할애할 때, 이러한 사랑의 대상은 우리가 사는 세상의 일부가 된다. 하지만 우리가 사랑하는 것들은 또한 우리 자신의 일부이기도 하다. 사랑하는 대상이 나의 일부이자 주변 세상의 일부이기 때문에 나와 세상의 구분이 모호해진다. 사물에 대한 사랑을 이해하게 되면 우리 자신과 나머지 세계 사이의 경계가 때때로 보이는 것보다 더 모호하고 유연하다는 것을 알 수 있다.

9장에서 말했듯이 사랑은 아주 오래전 동물들의 자기애로 시작되었다. 이후 그러한 관심은 가족 구성원에게까지 확대되었고, 다시 친구에게 확장되었으며, 그런 다음 모든 종류의 것으로 확장되었다. 사랑은 자기 자신에서 시작해 세상의 더 큰 부분을 향해 뻗어가는 매우 고무적인 궤적을 그린다. 이처럼 다양한 것을 사랑할 수 있는 인간의 능력 덕분에 우리는 사회적 관계뿐만 아니라 삶의 여러 측면에 사랑을 불어넣을 수 있다. 우리 자신과 우리가 사랑하는 것들을 조금 더 이해함으로써 더욱 행복하고 주변 사람 및 세상과 긴밀하게 연결된 삶을 영위할 수 있길 바란다.

가장 먼저 이 책을 집필하는 기나긴 과정 동안 물심양면으로 나를 응원하고 뒷받침해 준 아내 오러에게 큰 감사를 보낸다. 아내는 나를 늘 격려해 주었을 뿐만 아니라 글을 쓰는 데 필요한 시간을 가질 수 있게 해 주었고, 아이디어를 논의하는 토론 파트너 역할을 하며 이 책의 내용을 세심하게 교정해 주었다. 또한 내 자녀들 아이작과 조나에게도 감사한다. 이 둘은 프로젝트를 시작할 때 어린아이가 세상을 경험하는 방식에 대한 통찰력을 제공해 주었고 프로젝트가 완성될 무렵에는 이 책에 담긴 아이디어에 대한 통찰력을 공유해 주었다.

이 책의 초기 버전에 대해 사려 깊은 피드백을 제공해 준 많은 이들에게 마음 깊이 감사한다. 존 아브라미안, 마라 아델만, 제프

바쉬와 레나 바쉬, 해나 버나드, 루스 버나드, 코리 벅월터, 폴라 카프로니, 크리스틴 채스테인, 대런 달, 로버트 디너, 스콧 포스터, 벤폭스와 샤리 폭스, 레아 길버트와 론 길버트, 베스 그린애플, 댄 헤이브론, 데이비드 아이작슨, 마크 재닛, 노미 조이리치와 코리 조이리치, 앤 마니카스, 레베카 모드락, 재니스 몰로이, 앨런 네스와 마거릿 네스, 루스 네스, 데이비드 로젠필드, 맷 로스, 질 선디, 닐 신, 진 팀짓, 제레미 우드와 래리 J. 영에게 감사의 말을 전하는 바다.

또한 이 책의 기반이 된 연구에 함께 참여해 준 마라 아델만, 릭 바고치, 라지브 바트라, 필리프 라우슈나벨, 애릭 린드플레시, 낸시 웡 등 공동연구자들에게도 사의를 전한다. 함께 진행한 연구 프로젝트에서 한 사람의 아이디어가 어디서 멈추고 다른 사람의 아이디어가 어디서 시작되는지 구분하는 것은 불가능하다. 나는 이 책의 많은 아이디어가 동료 연구자에게서 비롯되었다고 확신한다. 이러한 공헌에 감사드린다.

뛰어난 편집자인 트레이시 베하가 얼마나 탁월한 일을 해냈는지 개인적으로 놀라지 않을 수가 없다. 그의 조언은 항상 옳았다. 심지어 아주 드물지만 내가 받아들이지 않은 조언조차도 그랬다. 더불어 교열편집자인 바버라 클라크와 리틀, 브라운 스파크 모든 팀원인 이안 스트라우스, 팻 잘버트-르바인, 제시카 천, 줄리아나 호바체프스키의 기술과 헌신, 감수성에 찬탄을 보낸다.

내 비범한 에이전트 에즈먼드 함즈워스에게 특별상을 바친다. 그는 이 프로젝트를 엄청난 애정으로 10년 이상 돌보고 키워 주었는데, 기대수익을 고려하면 그의 유전자가 진화적으로 최적이라 여길 수 있는 것보다 훨씬 더 긴 세월이다. 이 원고는 우리 사이에 오고 간 일곱 가지(!) 버전의 기획서를 거치면서 연구 결과와 일화가 뒤범벅된 물건에서 사람이 사물을 사랑하는 이유와 방법에 관한 일관된 종합 이론으로 변모했고, 그 과정 내내 그는 내용과 글쓰기에 대해 상세한 피드백을 끊임없이 제공해 주었다. 그가 없었다면 이 프로젝트는 결코 빛을 보지 못했을 것이다.

참고 자료

- Ahuvia, Aaron C. "Beyond the Extended Self: Loved Objects and Consumers' Identity Narratives." *Journal of Consumer Research* 32, no. 1 (June 2005): 171–84.
- ——. "For the Love of Money: Materialism and Product Love." In *Meaning, Measure, and Morality of Materialism*, edited by Floyd W. Rudmin and Marsha Lee Richins. Provo, UT: Association for Consumer Research, 1992.
- ——. "I Love It! Towards a Unifying Theory of Love Across Diverse Love Objects." (Abridged PhD diss., Northwestern University, 1993). https://deepblue.lib.umich.edu/handle/2027.42/35351.
- ——. "Nothing Matters More to People Than People: Brand Meaning and Social Relationships." *Review of Marketing Research* 12 (May 2015): 121–149. 리드 기사, 브랜드 의미에 대한 특별 이슈.
- Ahuvia, Aaron C., et al. "Pride of Ownership: An Identity-Based Model." *Journal of the Association for Consumer Research* 3, no. 2 (April 2018): 1–13.
- Ahuvia, Aaron C., Rajeev Batra, and Richard P. Bagozzi. "Love, Desire and Identity: A Conditional Integration Theory of the Love of Things." In *The Handbook of Brand Relationships*, edited by Deborah J. MacInnis, C. Whan Park, and Joseph R. Priester. New York: M. E. Sharpe, 2009.
- Ahuvia, Aaron C., Philipp Rauschnabel, and Aric Rindfleisch. "Is Brand Love Materialistic?" *Journal of Product & Brand Management* 30, no. 3 (December 2020): 467–480.
- Bagozzi, Richard P., Rajeev Batra, and Aaron C. Ahuvia. "Brand Love: Development and Validation of a Practical Scale." *Marketing Letters* 28 (September 2016): 1–14. 리드 기사.
- Batra, Rajeev, Aaron C. Ahuvia, and Richard P. Bagozzi. "Brand Love." *Journal of Marketing* 76, no. 2 (March 2012): 1–16. 마케팅 이론에 관한 최고의 마케팅 저널 기사로 Harold H. aynard Award의 주요 기사이자 준우승자이다. 모든 저자는 이 작업에 동등하게 기여했다.

- Carroll, Barbara A., and Aaron C. Ahuvia. "Some Antecedents and Outcomes of Brand Love." *Marketing Letters* 17, no. 2 (April 2006): 79–89.
- Rauschnabel, Philipp, et al. "The Personality of Brand Lovers: An Examination in Fashion Branding." In Consumer Brand Relationships: Meaning, Measuring, Managing, edited by Marc Fetscherin and Tobias Heilmann. London: Palgrave Macmillan, 2015.
- Rauschnabel, Philipp A., and Aaron C. Ahuvia. "You're So Lovable: Anthropomorphism and Brand Love." *Journal of Brand Management* 21, no. 5 (August 2014): 372–395.
- Wong, Nancy, and Aaron C. Ahuvia. "Personal Taste and Family Face: Luxury Consumption in Confucian and Western Societies." *Psychology & Marketing* 15, no. 5 (1998): 423–441.

1장 수많은 찬란한 것들

1. A. Guttmann, "Media Spending Worldwide 2014–2022," *Statista*, August 9, 2019, https://www.statista.com/statistics/273288/advertising-spending-worldwide.

2. Daniel M. Haybron, "Central Park: Nature, Context, and Human Wellbeing," *International Journal of Wellbeing* 1, no. 2 (2011): 235–254.

3. Rajeev Batra, Aaron Ahuvia, and Richard P. Bagozzi, "Brand Love," *Journal of Marketing* 76, no. 2 (2012): 1–16; Richard P. Bagozzi, Rajeev Batra, and Aaron Ahuvia, "Brand Love: Development and Validation of a Practical Scale," *Marketing Letters* 28 (2016): 1–14.

4. Terence A. Shimp and Thomas J. Madden, "Consumer-Object Relations:A Conceptual Framework Based Analogously on Sternberg's Triangular Theory of Love," *Advances in Consumer Research* 15 (1988): 163–168.

5. Aaron Ahuvia, "I Love It! Towards a Unifying Theory of Love Across Diverse Love Objects," abridged (PhD diss., Northwestern University, 1993)

6. Bernard I. Murstein, "A Taxonomy of Love," in *The Psychology of Love*, ed. Robert Sternberg and Michael L. Barnes (New Haven, CT: Yale University Press, 1988), 13–37.

7. Sandra L. Murray, John G. Holmes, and Dale W. Griffin, "The Benefits of Positive Illusions: Idealization and the Construction of Satisfaction in Close Relationships," *Journal of Personality and Social Psychology* 70, no. 1 (1996): 79–98.

8. Christoph Patrick Werner et al., "Price Information Influences the Subjective Experience of Wine: A Framed Field Experiment," *Food Quality and Preference* 92 (2021): 104223.

9. Joseph W. Alba and Elanor F. Williams, "Pleasure Principles: A Review of Research on Hedonic Consumption," *Journal of Consumer Psychology* 23, no. 1 (2013): 2–18.

10. 다음을 위해 수집한 데이터. Batra, Ahuvia, and Bagozzi, "Brand Love."

11. Zick Rubin, "Measurement of Romantic Love," *Journal of Personality and Social Psychology* 16, no. 2 (1970): 256–273.

12. Ahuvia, "I Love It!"

13. Ahuvia, unpublished data.

14. 다음을 위해 수집한 데이터. Batra, Ahuvia, and Bagozzi, "Brand Love."

15. Aaron C. Ahuvia, Rajeev Batra, and Richard P. Bagozzi, "Love, Desire and Identity: A Conditional Integration Theory of the Love of Things," in *The Handbook of Brand Relationships*, ed. Deborah J. MacInnis, C. Whan Park, and Joseph R. Priester (New York: M. E. Sharpe, 2009).

16. Ahuvia, Batra, and Bagozzi, "Love, Desire and Identity."

17. "'Nones' on the Rise," Pew Research Center, October 9, 2012, https://www.pewforum.org/2012/10/09/nones-on-the-rise/.

18. "'Nones' on the Rise."

19. Russell Belk and Gülnur Tumbat, "The Cult of Macintosh," *Consumption Markets and Culture* 8, no. 3 (2005): 205–217.

20. Jonah Weiner, "Jerry Seinfeld Intends to Die Standing Up," *New York Times*, December 20, 2012.

21. Ron Shachar et al., "Brands: The Opiate of the Nonreligious Masses?," *Marketing Science* 30, no. 1 (2011): 92–110.

22. Batra, Ahuvia, and Bagozzi, "Brand Love"; Bagozzi, Batra, and Ahuvia, "Brand Love."

23. Wendy Maxian et al., "Brand Love Is in the Heart: Physiological Responding to Advertised Brands," *Psychology & Marketing* 30, no. 6 (2013): 469–478.

24. Ahuvia, "I Love It!"

25. Ahuvia, "I Love It!"

26. Ahuvia, "I Love It!"

27. Vanitha Swaminathan, Karen M. Stilley, and Rohini Ahluwalia, "When Brand Personality Matters: The Moderating Role of Attachment Styles," *Journal of Consumer Research* 35, no. 6 (2009): 985–1002.

28. Matthew Thomson, Jodie Whelan, and Allison R. Johnson, "Why Brands Should Fear Fearful Consumers: How Attachment Style Predicts Retaliation," *Journal of Consumer Psychology* 22, no. 2 (2012): 289–298.

29. John L. Lastovicka and Nancy J. Sirianni, "Truly, Madly, Deeply: Consumers in the Throes of Material Possession Love," *Journal of Consumer Research* 38, no. 2 (2011): 323–342.

30. Ahuvia, "I Love It!"

31. Ahuvia, "I Love It!"

32. Carolyn Yoon et al., "A Functional Magnetic Resonance Imaging Study of Neural Dissociations Between Brand and Person Judgments," *Journal of Consumer Research* 33, no. 1 (2006): 31–40.

33. Iskra Herak, Nicolas Kervyn, and Matthew Thomson, "Pairing People with Products: Anthropomorphizing the Object, Dehumanizing the Person," *Journal of Consumer Psychology* 30, no. 1 (2020), 125–139.

34. Martha Nussbaum, "Objectification," *Philosophy & Public Affairs* 24, no. 4 (1995): 251–254.

35. Aaron C. Ahuvia, "Beyond the Extended Self: Loved Objects and Consumers' Identity Narratives," *Journal of Consumer Research* 32, no. 1 (2005): 171–184.

36. Lasana T. Harris and Susan T. Fiske, "Dehumanized Perception: The Social Neuroscience of Thinking (or Not Thinking) About Disgusting People," in *European Review of Social Psychology* vol. 20, ed. Wolfgang Stroebe and Miles Hewstone (London: Psychology Press, 2010), 192–231.

37. Andreas Fürst et al., "The Neuropeptide Oxytocin Modulates Consumer Brand Relationships," *Scientific Reports* 5 (2015): 14960.

38. Martin Reimann et al., "How We Relate to Brands: Psychological and Neurophysiological Insights into Consumer-Brand Relationships," *Journal of Consumer Psychology* 22, no. 1 (2012): 128–142.

39. Martin Reimann, Sandra Nuñez, and Raquel Castaño, "Brand-Aid," *Journal of Consumer Research* 44, no. 3 (2017): 673–691.

2장 사고 싶어지는 법칙①: 그것을 명예 사람으로 만들어라

1. See Holger Luczak et al., "PALAVER: Talking to Technical Devices," in *Proceedings of the International Conference on Affective Human Factors Design*, ed. Martin G. Helander, Halimahtun M. Khalid, and Ming Po Tham (London: ASEAN Academic Press, 2001), 349–355.

2. "Progressive.com Surveys Americans to Determine How Much We Love Our Cars," Auto Channel, February 7, 2001, https://www.theautochannel.com/news/2001/02/07/014192.html.

3. Christoph Bartneck et al., "The Influence of Robot Anthropomorphism on the Feelings of Embarrassment When Interacting with Robots," *Paladyn: Journal of*

Behavioral Robotics 1, no. 2 (2010): 109–115.

4. Sara Kim and Ann L. McGill, "Gaming with Mr. Slot or Gaming the Slot Machine? Power, Anthropomorphism, and Risk Perception," *Journal of Consumer Research* 38, no. 1 (2011): 94–107.

5. 이 책에서 심리학 연구에 사용된 자료를 설명하기 위해 사용한 여러 이미지 중 첫 번째 그림이다. 이 책에서는 많은 원본 이미지를 정확히 재현하기보다 다시 그리는 쪽을 선택했다. 원본은 미주에 인용된 논문에서 찾아볼 수 있다.

6. Valeria Gazzola et al., "The Anthropomorphic Brain: The Mirror Neuron System Responds to Human and Robotic Actions," *NeuroImage* 35, no. 4 (2007): 1674–1684.

7. Lasana T. Harris and Susan T. Fiske, "The Brooms in Fantasia: Neural Correlates of Anthropomorphizing Objects," *Social Cognition* 26, no. 2 (2008): 210–223.

8. Sonja Windhager et al., "Face to Face: The Perception of Automotive Designs," *Human Nature* 19, no. 4 (2008): 331–346.

9. Jan R. Landwehr, Ann L. McGill, and Andreas Herrmann, "It's Got the Look: The Effect of Friendly and Aggressive 'Facial' Expressions on Product Liking and Sales," *Journal of Marketing* 75, no. 3 (2011): 132–146.

10. Maferima Touré-Tillery and Ann L. McGill, "Who or What to Believe: Trust and the Differential Persuasiveness of Human and Anthropomorphized Messengers," *Journal of Marketing* 79, no. 4 (2015): 94–110.

11. Holger Luczak, Matthias Roetting, and Ludger Schmidt, "Let's Talk: Anthropomorphization as Means to Cope with Stress of Interacting with Technical Devices," *Ergonomics* 46, no. 13–14 (2003): 1361–1374.

12. Andrew Ortony, Gerald L. Clore, and Allan Collins, *The Cognitive Structure of Emotions* (Cambridge, UK: Cambridge University Press, 1988).

13. Hilary Downey and Sarah Ellis, "Tails of Animal Attraction: Incorporating the Feline into the Family," *Journal of Business Research* 61, no. 5 (2008): 434–441; S. Shyam Sundar, "Loyalty to Computer Terminals: Is It Anthropomorphism or Consistency?," *Behaviour & Information Technology* 23, no. 2 (2004): 107–118.

14. Phillip M. Hart, Sean R. Jones, and Marla B. Royne, "The Human Lens: How Anthropomorphic Reasoning Varies by Product Complexity and Enhances Personal Value," *Journal of Marketing Management* 29, no. 1–2 (2013): 105–121.

15. Jesse Chandler and Norbert Schwarz, "Use Does Not Wear Ragged the Fabric of Friendship: Thinking of Objects as Alive Makes People Less Willing to Replace Them," *Journal of Consumer Psychology* 20, no. 2 (2010): 138–145, 16. Philipp A. Rauschnabel and Aaron C. Ahuvia, "You're So Lovable: Anthropomorphism and Brand Love,"

Journal of Brand Management 21, no. 5 (August 2014): 372–395.

16. Philipp A. Rauschnabel and Aaron C. Ahuvia, "You're So Lovable: Anthropomorphism and Brand Love," *Journal of Brand Management* 21, no. 5 (2014): 372–395.

17. Rauschnabel and Ahuvia, "You're So Lovable"; Deborah J. MacInnis and Valerie S. Folkes, "Humanizing Brands: When Brands Seem to Be Like Me, Part of Me, and in a Relationship with Me," *Journal of Consumer Psychology* 27, no 3 (2017): 355–374.

18. Adam Waytz, Joy Heafner, and Nicholas Epley, "The Mind in the Machine: Anthropomorphism Increases Trust in an Autonomous Vehicle," *Journal of Experimental Social Psychology* 52 (2014): 113–117.

19. Sara Kim, Rocky Peng Chen, and Ke Zhang, "Anthropomorphized Helpers Undermine Autonomy and Enjoyment in Computer Games," Journal of Consumer Research 43, no. 2 (2016): 282–302.

20. Jing Wan and Pankaj Aggarwal, "Befriending Mr. Clean: The Role of Anthropomorphism in Consumer-Brand Relationships," in *Strong Brands, Strong Relationships*, ed. Susan Fournier, Michael J.Breazeale, and Jill Avery (Abingdon, UK: Routledge, 2015), 119–134.

21. Pankaj Aggarwal and Ann L. McGill, "Is That Car Smiling at Me? Schema Congruity as a Basis for Evaluating Anthropomorphized Products," *Journal of Consumer Research* 34, no. 4 (2007): 468–479.

22. Simon Hudson et al., "The Influence of Social Media Interactions on Consumer-Brand Relationships: A Three-Country Study of Brand Perceptions and Marketing Behaviors," *International Journal of Research in Marketing* 33, no. 1 (2016): 27–41.

23. Hyokjin Kwak, Marina Puzakova, and Joseph Rocereto, "Better Not Smile at the Price: The Differential Role of Brand Anthropomorphization on Perceived Price Fairness," *Journal of Marketing* 79, no. 4 (2015): 56–76.

24. Marina Puzakova, Hyokjin Kwak, and Joseph Rocereto, "When Humanizing Brands Goes Wrong: The Detrimental Role of Brand Anthropomorphization Amidst Product Wrongdoings," *Journal of Marketing* 77, no. 3 (2013): 81–100.

25. Luczak, Roetting, and Schmidt, "Let's Talk."

26. Kate Letheren et al., "Individual Difference Factors Related to Anthropomorphic Tendency," *European Journal of Marketing* 50, no. 5–6 (2016): 973–1002.

27. Shankar Vedantam, "The Lonely American Man," October 14, 2019, *Hidden Brain*, produced by Tara Boyle, podcast, 16:34.

28. Nicholas Epley et al., "When We Need a Human: Motivational Determinants of Anthropomorphism," *Social Cognition* 26, no. 2 (2008): 143–155.

29. Friederike Eyssel and Natalia Reich, "Loneliness Makes the Heart Grow Fonder (of Robots): On the Effects of Loneliness on Psychological Anthropomorphism," *2013 8th ACM/IEEE International Conference on Human-Robot Interaction (HRI)&* (2013): 121–122.

30. Adam Waytz et al., "Making Sense by Making Sentient: Effectance Motivation Increases Anthropomorphism," *Journal of Personality and Social Psychology* 99, no. 3 (2010): 410–435.

31. Luczak, Roetting, and Schmidt, "Let's Talk."

32. Mary M. Herrald, Joe Tomaka, and Amanda Y. Medina, "Pet Ownership Predicts Adherence to Cardiovascular Rehabilitation," *Journal of Applied Social Psychology* 32, no. 6 (2002): 1107–1123.

33. Tori Rodriguez, "Pets Help Us Achieve Goals and Reduce Stress," *Scientific American*, November 1, 2012.

34. Letheren et al., "Individual Difference Factors Related to Anthropomorphic Tendency."

35. Paul M. Connell, "The Role of Baseline Physical Similarity to Humans in Consumer Responses to Anthropomorphic Animal Images," *Psychology & Marketing* 30, no. 6 (2013): 461–468.

36. Aaron Ahuvia, "Commentary on Exploring the Dark Side of Pet Ownership: Status- and Control-Based Pet Consumption: A Reinterpretation of the Data," *Journal of Business Research* 61, no. 5 (2008): 497–499.

37. Michael B. Beverland, Francis Farrelly, and Elison Ai Ching Lim, "Exploring the Dark Side of Pet Ownership: Status- and Control-Based Pet Consumption," *Journal of Business Research* 61, no. 5 (2008): 490–496.

38. 다음에서 보고됨. Daisy Yuhas, "Pets: Why Do We Have Them?," *Scientific American Mind* 26, no. 3 (2015): 28-33.

39. Stephen Kellett et al., "Compulsive Hoarding: An Interpretative Phenomenological Analysis," *Behavioural and Cognitive Psychotherapy* 38, no. 2 (2010): 141–155.

40. Kiara R. Timpano and Ashley M. Shaw, "Conferring Humanness: The Role of Anthropomorphism in Hoarding," *Personality and Individual Differences* 54, no. 3 (2014): 383–388.

41. Melissa M. Norberg et al., "Anxious Attachment and Excessive Acquisition: The Mediating Roles of Anthropomorphism and Distress Intolerance," *Journal of Behavioral Addictions* 7, no. 1 (2018): 171–180.

42. James Vlahos, "Barbie Wants to Get to Know Your Child," *New York Times Magazine*, September 16, 2015.

43. See Adam Waytz, John Cacioppo, and Nicholas Epley, "Who Sees Human? The Stability and Importance of Individual Differences in Anthropomorphism," *Perspectives on Psychological Science* 5, no. 3 (2010): 219–232; also see Adam Waytz, Nicholas Epley, and John Cacioppo, "Social Cognition Unbound: Insights into Anthropomorphism and Dehumanization," *Current Directions in Psychological Science* 19, no. 1 (2010): 58–62.

44. Mark Levine, "Share My Ride," *New York Times Magazine*, March 5, 2009.

45. Hee-Kyung Ahn, Hae Joo Kim, and Pankaj Aggarwal, "Helping Fellow Beings: Anthropomorphized Social Causes and the Role of Anticipatory Guilt," *Psychological Science* 25, no. 1 (2014): 224–229.

46. Kellett et al., "Compulsive Hoarding."

47. Chandler and Schwarz, "Use Does Not Wear Ragged the Fabric of Friendship."

3장 사고 싶어지는 법칙② : 사물과 특별한 관계를 맺게 하라

1. Helen Fisher, Arthur Aron, and Lucy L. Brown, "Romantic Love:An fMRI Study of a Neural Mechanism for Mate Choice," *Journal of Comparative Neurology* 493, no. 1 (2005): 58–62.

2. Sarah Broadbent, "Brand Love in Sport: Antecedents and Consequences" (PhD diss., School of Management and Marketing, Deakin University, 2012).

3. Elaine Hatfield and Richard Rapson, "Love and Attachment Processes," in *Handbook of Emotions*, ed. Michael Lewis and Jeannette M. Haviland (New York: Guilford Publications, 1993); Marsha L. Richins, "Measuring Emotions in the Consumption Experience," *Journal of Consumer Research* 24, no. 2 (1997): 127–146; Lisa A. Cavanaugh, James R. Bettman, and Mary Frances Luce, "Feeling Love and Doing More for Distant Others: Specific Positive Emotions Differentially Affect Prosocial Consumption," *Journal of Marketing Research* 52, no. 5 (2015): 657–673; Fleur J. M. Laros and Jan-Benedict E. M. Steenkamp, "Emotions in Consumer Behavior: A Hierarchical Approach," *Journal of Business Research* 58, no. 10 (2005): 1437–1345; Phillip R. Shaver, Shelley Wu, and Judith C. Schwartz, "Cross-Cultural Similarities and Differences in Emotion and Its Representation: A Prototype Approach," in *Emotion: Review of Personality and Social Psychology* 13, ed. Margaret S. Clark (Newbury Park, CA: Sage Publications, 1992).

4. Makenzie J. O'Neil et al., "Prototype Facial Response to Cute Stimuli: Expression and

Recognition" (unpublished manuscript, 2019).

5. 브랜드와 소비자의 관계에 대해 더 자세히 알고 싶다면 다음을 참고하라. Susan Fournier, "Consumers and Their Brands: Developing Relationship Theory in Consumer Research," *Journal of Consumer Research* 24, no. 4 (March 1998): 343–373; Susan Fournier, "Lessons Learned About Consumers' Relationships with Their Brands," in *The Handbook of Brand Relationships*, ed. Deborah J. MacInnis, C. Whan Park, and Joseph R. Priester (New York: M. E. Sharpe, 2009); Jennifer Aaker, Susan Fournier, and S. Adam Brasel, "When Good Brands Do Bad," *Journal of Consumer Research* 31, no. 1 (June 2004): 1–16; Susan Fournier and Julie L. Yao, "Reviving Brand Loyalty: A Reconceptualization Within the Framework of Consumer-Brand Relationships," *International Journal of Research in Marketing* 14, no. 5 (December 1997): 451–472.

6. Matthew Thomson and Allison R. Johnson, "Marketplace and Personal Space: Investigating the Differential Effects of Attachment Style Across Relationship Contexts," *Psychology & Marketing* 23, no. 8 (2006): 711–726.

7. Julie Fitness and Garth J. O. Fletcher, "Love, Hate, Anger, and Jealousy in Close Relationships: A Prototype and Cognitive Appraisal Analysis," *Journal of Personality and Social Psychology* 65, no. 5 (1993): 942–958.

8. Robert J. Sternberg, "Explorations of Love," in *Advances in Personal Relationships* vol.1, ed. Warren H. Jones and Daniel Perlman (Greenwich, CT: JAI Press, 1987).

9. Youngme Moon, "Intimate Exchanges: Using Computers to Elicit Self-Disclosure from Consumers," *Journal of Consumer Research* 26, no. 4 (2000): 323–339.

10. John M. Gottman, Marital Interaction: Experimental Investigations (New York: Academic Press, 1979).

11. Carol Werner and Bibb Latane, "Interaction Motivates Attraction: Rats Are Fond of Fondling," *Journal of Personality and Social Psychology* 29, no. 3: 328–334.

12. Aaron C. Ahuvia, Rajeev Batra, and Richard P. Bagozzi, "Love, Desire and Identity: A Conditional Integration Theory of the Love of Things," in *The Handbook of Brand Relationships*, ed. Deborah J. MacInnis, C. Whan Park, and Joseph R. Priester (New York: M. E. Sharpe, 2009).

13. Alokparna Basu Monga, "Brand as a Relationship Partner: Gender Differences in Perspectives," *Advances in Consumer Research* 29, no. 1 (2002): 36–41.

14. Jodie Whelan et al., "Relational Domain Switching: Interpersonal Insecurity Predicts the Strength and Number of Marketplace Relationships," *Psychology & Marketing* 33, no. 6 (2016): 465–479.

15. Aaron Ahuvia, "I Love It! Towards a Unifying Theory of Love Across Diverse Love Objects," abridged (PhD diss., Northwestern University, 1993).

16. Mark S. Rosenbaum et al., "A Cup of Coffee with a Dash of Love: An Investigation of Commercial Social Support and Third-Place Attachment," *Journal of Service Research* 10, no. 1 (2007): 43–58.

17. Morgan K. Ward and Darren W. Dahl, "Should the Devil Sell Prada? Retail Rejection Increases Aspiring Consumers' Desire for the Brand," *Journal of Consumer Research 41*, no. 3 (2014): 590–609.

18. Julia D. Hur, Minjung Koo, and Wilhelm Hofmann, "When Temptations Come Alive: How Anthropomorphism Undermines Self-Control," *Journal of Consumer Research* 42, no. 2 (2015): 340–358.

19. Ellen Berscheid, Mark Snyder, and Allen M. Omoto, "The Relationship Closeness Inventory: Assessing the Closeness of Interpersonal Relationships," *Journal of Personality and Social Psychology* 57, no. 5 (1989): 792–807.

20. Elaine Hatfield and Richard L. Rapson, *Love, Sex, and Intimacy: Their Psychology, Biology, and History* (New York: HarperCollins, 1993), 9.

21. Ahuvia, "I Love It!"

22. Aruna Ranganathan, "The Artisan and His Audience: Identification with Work and Price Setting in a Handicraft Cluster in Southern India," *Administrative Science Quarterly* 63, no. 3 (2018): 637–667.

23. Irene Consiglio et al., "Brand (In)fidelity: When Flirting with the Competition Strengthens Brand Relationships" (presentation, Brands and Brand Relationships conference, Boston, May 20, 2014).

24. Oscar Ybarra, David Seungjae Lee, and Richard Gonzalez, "Supportive Social Relationships Attenuate the Appeal of Choice," *Psychological Science* 23, no. 10 (2012): 1186–1192.

25. Kristina M. Durante and Ashley Rae Arsena, "Playing the Field: The Effect of Fertility on Women's Desire for Variety," *Journal of Consumer Research* 41, no. 6 (2015): 1372–1391.

26. Aaker, Fournier, and Brasel, "When Good Brands Do Bad."

27. Claudio Alvarez and Susan Fournier, "Brand Flings: When Great Brand Relationships Are Not Made to Last," in *Consumer-Brand Relationships: Theory and Practice*, ed. Susan Fournier, Michael Breazeale, and Marc Fetscherin (Abingdon, UK: Routledge, 2013). 여기서도 볼 수 있다. Jill Avery, Susan Fournier, and John Wittenbraker, "Unlock the Mysteries of Your Customer Relationships," *Harvard Business Review*,

July–August 2014.

28. Aaker, Fournier, and Brasel, "When Good Brands Do Bad."

29. Vanitha Swaminathan, Karen M. Stilley, and Rohini Ahluwalia, "When Brand Personality Matters: The Moderating Role of Attachment Styles," *Journal of Consumer Research* 35, no. 6 (2009): 985–1002.

30. Daniel Kahneman, *Thinking, Fast and Slow* (New York: Farrar, Straus and Giroux, 2011).

4장 사고 싶어지는 법칙③: 사람과 사람 사이를 연결하라

1. Linda Wertheimer, "The Soul of the World's Most Expensive Violin," Morning Edition, radio broadcast, March 7, 2014.

2. Russell W. Belk, "Possessions and the Extended Self," *Journal of Consumer Research* 15, no. 2 (1988): 139–168.

3. 나는 이 이야기를 미국 공영라디오 방송 프로그램인 <모든 것을 고려해 볼 때(All Things Considered>에서 들었다. 안타깝게도 20년도 더 된 일이라 아무리 뒤져도 원본 기사를 찾을 수가 없었다. 해당 기자의 이름을 정확히 밝힐 수 없어 유감이다.

4. Aaron Chaim Ahuvia, "Nothing Matters More to People Than People: Brand Meaning and Social Relationships," *Review of Marketing Research* 12 (May 2015): 121–149; Aaron Ahuvia, "Beyond 'Beyond the Extended Self': Russ Belk on Identity," in *Legends in Consumer Behavior: Russell W. Belk*, ed. Jagdish N. Sheth, vol. 4, *Consumer Sense of Self and Identity*, ed. John W. Schouten (Thousand Oaks, CA: Sage Publishing, 2014).

5. A few of these studies include Mihaly Csikszentmihalyi and Eugene Rochberg-Halton, *The Meaning of Things: Domestic Symbols and the Self* (Cambridge, MA: Cambridge University Press, 1981); Elizabeth C. Hirschman and Priscilla A. LaBarbera, "Dimensions of Possession Importance," *Psychology & Marketing* 7, no. 3 (1990): 215–233; Raj Mehta and Russell W. Belk, "Artifacts, Identity, and Transition: Favorite Possessions of Indians and Indian Immigrants to the United States," *Journal of Consumer Research* 17, no. 4 (1991): 398–411; Susan E. Schultz, Robert E. Kleine, and Jerome B. Kernan, "These Are a Few of My Favorite Things: Toward an Explication of Attachment as a Consumer Behavior Construct," in *Advances in Consumer Research* 16, no. 1 (1989): 359–366; and Melanie Wallendorf and Eric Arnould, "'My Favorite Things': A Cross-Cultural Inquiry into Object Attachment, Possessiveness, and Social Linkage," *Journal of Consumer Research* 14, no. 4 (1988):

531–547.

6. Csikszentmihalyi and Rochberg-Halton, *The Meaning of Things*.

7. Aaron Ahuvia, "I Love It! Towards a Unifying Theory of Love Across Diverse Love Objects," abridged (PhD diss., Northwestern University, 1993).

8. Ahuvia, "I Love It!"

9. Vanitha Swaminathan, Karen M. Stilley, and Rohini Ahluwalia, "When Brand Personality Matters: The Moderating Role of Attachment Styles," *Journal of Consumer Research* 35, no. 6 (2009): 985–1002.

10. Aaron C. Ahuvia et al., "Pride of Ownership: An Identity-Based Model," *Journal of the Association for Consumer Research* 3, no. 2 (April 2018): 1–13.

11. Mansur Khamitov, Miranda Goode, and Matthew Thomson, "Investigating Brand Cheating in Consumer-Brand Relationships: Triadic and Dyadic Approaches," *Advances in Consumer Research* 42 (2014): 541; Miranda Goode, Mansur Khamitov, and Matthew Thomson, "Dyads, Triads and Consumer Treachery: When Interpersonal Connections Guard Against Brand Cheating," in *Strong Brands, Strong Relationships*, ed. Susan Fournier, Michael J. Breazeale, and Jill Avery (Abingdon, UK: Routledge, 2015), 216–232.

12. Goode, Khamitov, and Thomson, "Dyads, Triads and Consumer Treachery"; Khamitov, Goode, and Thomson, "Investigating Brand Cheating in Consumer-Brand Relationships."

13. Rik Pieters, "Bidirectional Dynamics of Materialism and Loneliness: Not Just a Vicious Cycle," *Journal of Consumer Research* 40, no. 4 (2013): 615–631.

14. Xijing Wang and Eva G. Krumhuber, "The Love of Money Results in Objectification," *British Journal of Social Psychology* 56, no. 2 (September 2016): 354–372.

15. Monica Perez interviewed by Sam Sanders, "West Coast on Fire, Plus Comedian Sam Jay," September 11, 2020, *It's Been a Minute with Sam Sanders*, podcast.

16. Aaron C. Ahuvia, "Beyond the Extended Self: Loved Objects and Consumers' Identity Narratives," *Journal of Consumer Research* 32, no. 1 (2005): 171–184.

17. Marsha L. Richins, "Measuring Emotions in the Consumption Experience," *Journal of Consumer Research* 24, no. 2 (1997): 127–146.

18. Cindy Chan, Jonah Berger, and Leaf Van Boven, "Identifiable but Not Identical: Combining Social Identity and Uniqueness Motives in Choice," *Journal of Consumer Research* 39, no. 3 (2012): 561–573.

19. 엔터테인먼트 상품이 사회적 관계를 형성하는 데 어떻게 도움이 되는지에 관한 훌륭한 논의를 보고 싶다면 다음을 참고하라. Cristel Antonia Russell and Hope Jensen Schau,

"When Narrative Brands End: The Impact of Narrative Closure and Consumption Sociality on Loss Accommodation," *Journal of Consumer Research* 40, no. 6 (2014): 1039–1062.

20. 브랜드 커뮤니티에 관한 연구에 대해 더 자세히 탐구하고 싶다면 다음 자료들을 찾아보라. Richard P. Bagozzi et al., "Customer-Organization Relationships: Development and Test of a Theory of Extended Identities," *Journal of Applied Psychology* 97, no. 1 (2012): 63–76; Richard P. Bagozzi and Utpal M. Dholakia, "Antecedents and Purchase Consequences of Customer Participation in Small Group Brand Communities," *International Journal of Research in Marketing* 23, no. 1 (2006): 45–61; Lars Bergkvist and Tino Bech-Larsen, "Two Studies of Consequences and Actionable Antecedents of Brand Love," *Journal of Brand Management* 17, no. 7 (2010): 504–518; Bernard Cova, "Community and Consumption: Towards a Definition of the 'Linking Value' of Product or Services," *European Journal of Marketing* 31, no. 3/4 (1997), 297–316; Hope Jensen Schau, Albert M. Muñizand Eric J. Arnould, "How Brand Community Practices Create Value," *Journal of Marketing* 73, no. 5 (2009): 30–51; and Cleopatra Veloutsou and Luiz Moutinho, "Brand Relationships Through Brand Reputation and Brand Tribalism," *Journal of Business Research* 62, no. 3 (2009): 314–322.

21. Angela Watercutter, "Brony Census Tracks 'State of the Herd,'" *Wired*, January 10, 2012, https://www.wired.com/2012/01/brony-census/.

22. Logan Hamley et al., "Ingroup Love or Outgroup Hate (or Both)? Mapping Distinct Bias Profiles in the Population," *Personality and Social Psychology Bulletin* 46, no. 2 (2020): 171–188.

23. Maja Golf Papez and Michael Beverland, "Exploring the Negative Aspects of Consumer Brand Relationships Through the Use of Relational Models Theory" (presentation, Brands and Brand Relationships conference, Toronto, May 20, 2016).

24. Aaron C. Ahuvia, Rajeev Batra, and Richard P. Bagozzi, "Love, Desire and Identity: A Conditional Integration Theory of the Love of Things," in *The Handbook of Brand Relationships*, ed. Deborah J. MacInnis, C. Whan Park, and Joseph R. Priester (New York: M. E. Sharpe, 2009).

25. Adam C. Landon et al., "Psychological Needs Satisfaction and Attachment to Natural Landscapes," *Environment and Behavior* 53, no. 6 (2020): 661–683.

26. 진행 중인 프로젝트를 위해 수집한 데이터를 사용했다.

5장 내가 사랑하는 것이 곧 나

1. Aaron Ahuvia, "I Love It! Towards a Unifying Theory of Love Across Diverse Love Objects," abridged (PhD diss., Northwestern University, 1993).

2. Data collected for Aaron C. Ahuvia, "Beyond the Extended Self: Loved Objects and Consumers' Identity Narratives," *Journal of Consumer Research* 32, no. 1 (2005): 171–184.

3. Arthur Aron et al., "Close Relationships as Including Other in the Self," *Journal of Personality and Social Psychology* 60, no. 2 (1991): 241–53.

4. Arthur Aron and Barbara Fraley, "Relationship Closeness as Including Other in the Self: Cognitive Underpinnings and Measures," *Social Cognition* 17, no. 2 (1999): 140–60.

5. C. Whan Park, Andreas B. Eisingerich, and Jason Whan Park, "From Brand Aversion or Indifference to Brand Attachment: Authors' Response to Commentaries to Park, Eisingerich, and Park's Brand Attachment-Aversion Model," *Journal of Consumer Psychology* 23, no. 2 (2013): 269–274.

6. Sara H. Konrath and Michael Ross, "Our Glories, Our Shames: Expanding the Self in Temporal Self Appraisal Theory" (conference poster presented at the 111th annual meeting of the American Psychological Society, Atlanta, August 2003), http://hdl.handle.net/1805/10039.

7. Shinya Watanuki and Hiroyuki Akama, "Neural Substrates of Brand Love: An Activation Likelihood Estimation Meta-Analysis of Functional Neuroimaging Studies," *Frontiers in Neuroscience* 14 (2020).

8. Rajeev Batra, Aaron Ahuvia, and Richard P. Bagozzi, "Brand Love," *Journal of Marketing* 76, no. 2 (2012): 1–16; Richard P. Bagozzi, Rajeev Batra, and Aaron Ahuvia, "Brand Love: Development and Validation of a Practical Scale," *Marketing Letters* 28 (2016): 1–14.

9. Judy A. Shea and Gerald R. Adams, "Correlates of Romantic Attachment: A Path Analysis Study," *Journal of Youth and Adolescence* 13, no. 1 (1984): 27–44.

10. 다음을 위해 수집한 데이터 : Ahuvia, "Beyond the Extended Self."

11. Pamela Paul, "Jeffrey Toobin on Writing About Trump," September 4, 2020, *New York Times Book Review Podcast*, 11:33.

12. Ahuvia, "Beyond the Extended Self."

13. Data collected for Aaron C. Ahuvia et al., "Pride of Ownership: An Identity-Based Model," *Journal of the Association for Consumer Research* 3, no. 2 (April 2018): 1–13.

14. Ahuvia, "I Love It!"

15. Elizabeth Mehren, "Oh, Jackie! What Next? They've Got Big Plans for Those Pricey Buys," *Los Angeles Times*, June 13, 1996, https://www .latimes.com/archives/la-xpm-1996-06-13-ls-14295-story.html.

16. Carol J. Nemeroff and Paul Rozin, "The Contagion Concept in Adult Thinking in the United States: Transmission of Germs and of Interpersonal Influence," *Ethos* 22, no. 2 (2009): 158–186.

17. Jennifer J. Argo, Darren W. Dahl, and Andrea C. Morales, "Positive Consumer Contagion: Responses to Attractive Others in a Retail Context," *Journal of Marketing Research* 45, no. 6 (2008): 690–701.

18. Chris Speed, "From RememberMe to Shelflife," *Fields*, February 27, 2012, http://www.chrisspeed.net/?p=773.

19. Erich Fromm, *The Art of Loving: An Enquiry into the Nature of Love* (New York: Harper & Brothers, 1956), 17.

20. Michael I. Norton, Daniel Mochon, and Dan Ariely, "The IKEA Effect: When Labor Leads to Love," *Journal of Consumer Psychology* 22, no. 3 (2012): 453–460.

21. Peter H. Bloch, "Involvement Beyond the Purchase Process: Conceptual Issues and Empirical Investigation," *Advances in Consumer Research* 9, no. 1 (1982): 413–417.

22. Russell W. Belk, "Possessions and Extended Sense of Self," in *Marketing and Semiotics: New Directions in the Study of Signs for Sale*, ed. Jean Umikeer-Sebeok (Berlin: Mouton de Gruyter, 1987), 151–164.

23. Norton, Mochon, and Ariely, "The IKEA Effect."

24. 다음을 위해 수집한 데이터: Aaron C. Ahuvia, Rajeev Batra, and Richard P. Bagozzi, "Love, Desire and Identity: A Conditional Integration Theory of the Love of Things," in *The Handbook of Brand Relationships*, ed. Deborah J. MacInnis, C. Whan Park, and Joseph R. Priester (New York: M. E. Sharpe, 2009).

25. Arthur Aron, Meg Paris, and Elaine N. Aron, "Falling in Love: Prospective Studies of Self-Concept Change," *Journal of Personality and Social Psychology* 69, no. 6 (1995): 1102–1112.

26. William James, *The Principles of Psychology* (New York: Henry Holt, 1890), 1:291.

27. Lea Dunn and JoAndrea Hoegg, "The Impact of Fear on Emotional Brand Attachment," *Journal of Consumer Research* 41, no. 1 (2014): 152–168.

28. Sarah Broadbent, "Brand Love in Sport: Antecedents and Consequences" (PhD diss., School of Management and Marketing, Deakin University, 2012),

6장 그것들 안에 있는 나

1. Mason Haire, "Projective Techniques in Marketing Research," *Journal of Marketing* 14, no. 5 (April 1950): 649–56.

2. Adam Smith, *The Wealth of Nations* (London: W. Strahan and T. Cadell, 1776), vol. 2, bk. 5, ch. 2, https://www.marxists.org/reference archive/smith-adam/works/wealth-of-nations/book05/ch02b-4.htm.

3. Tori DeAngelis, "A Theory of Classism: Class Differences," *Monitor on Psychology* 46, no. 2 (2015): 62.

4. Ronald Inglehart, Culture Shift in Advanced Industrial Society (Princeton, NJ: Princeton University Press, 1990); Aaron C. Ahuvia and Nancy Y. Wong, "Materialism: Origins and Implications for Personal Well-Being," *European Advances in Consumer Research* 2 (1995): 172–178; Aaron C. Ahuvia and Nancy Y. Wong, "Personality and Values-Based Materialism: Their Relationship and Origins," *Journal of Consumer Psychology* 12, no. 4 (2002): 389–402; Nancy Wong and Aaron Chaim Ahuvia, "Personal Taste and Family Face: Luxury Consumption in Confucian and Western Societies," *Psychology & Marketing* 15, no. 5 (1998): 423–441.

5. Aaron C. Ahuvia, "Individualism/Collectivism and Cultures of Happiness: A Theoretical Conjecture on the Relationship Between Consumption, Culture and Subjective Well-Being at the National Level," *Journal of Happiness Studies* 3, no. 1 (2002): 23–36.

6. 다음을 위해 수집한 데이터 Wong and Ahuvia, "Personal Taste and Family Face."

7. Hazel R. Markus and Shinobu Kitayama, "Culture and the Self: Implications for Cognition, Emotion, and Motivation," *Psychological Review* 98, no. 2 (1991): 224–253.

8. 다음을 위해 수집한 데이터 Wong and Ahuvia, "Personal Taste and Family Face."

9. Ahuvia, "Individualism/Collectivism and Cultures of Happiness."

10. Shankar Vedantam, "You 2.0: Loss and Renewal," *Hidden Brain*, radio broadcast, August 17, 2020.

11. 다음을 위해 수집한 데이터 Rajeev Batra, Aaron Ahuvia, and Richard P. Bagozzi, "Brand Love," *Journal of Marketing* 76, no. 2 (2012): 1–16.

12. 다음을 위해 수집한 데이터 Batra, Ahuvia, and Bagozzi, "Brand Love."

13. 80퍼센트와 10퍼센트를 더해 봐도 100퍼센트가 되지 않는다. 그 이유는 응답자 중 일부가 어느 쪽도 언급하지 않았기 때문이다. 해당 데이터의 출처는 다음과 같다. Aaron Ahuvia, "I Love It! Towards a Unifying Theory of Love Across Diverse Love Objects,"

abridged (PhD diss., Northwestern University, 1993).

14. 다음을 위해 수집한 데이터 Aaron C. Ahuvia, "Beyond the Extended Self: Loved Objects and Consumers' Identity Narratives," *Journal of Consumer Research* 32, no. 1 (2005): 171–184.

15. 이와 관련된 다른 예시를 살펴보고 싶다면 다음을 참고하라. Alina Selyukh, "She Works Two Jobs. Her Grocery Budget Is $25. This Is Life Near Minimum Wage," *All Things Considered*, radio broadcast, March 25, 2021.

16. Nathaniel Branden, "A Vision of Romantic Love," in *The Psychology of Love*, ed. Robert Sternberg and Michael L. Barnes (New Haven, CT: Yale University Press, 1988), 224.

17. 다음을 위해 수집한 데이터 Batra, Ahuvia, and Bagozzi, "Brand Love."

18. Ahuvia, "I Love It!"

19. "Cartoonist Cathy Guisewite on Her Best Gift Ever," *Marketplace*, radio broadcast, December 15, 2014.

20. Ahuvia, "Beyond the Extended Self."

21. 다음을 위해 수집한 데이터 Ahuvia, "Beyond the Extended Self."

22. Ahuvia, "Beyond the Extended Self."

23. Wong and Ahuvia, "Personal Taste and Family Face."

24. 다음을 위해 수집한 데이터 Wong and Ahuvia, "Personal Taste and Family Face."

25. Lynn Hirschberg, "Next. Next. What's Next?," *New York Times Magazine*, April 7, 1996.

7장 즐거움과 몰입

1. Julie A. Mennella, Coren P. Jagnow, and Gary K. Beauchamp, "Prenatal and Postnatal Flavor Learning by Human Infants," *Pediatrics 107*, no. 6 (2001): e88.

2. 데이비드 로젠이 <탐구 정신(Inquiring Minds)>이라는 팟캐스트의 '데이비드 로젠과 함께 하는 조화로운 놀라움의 요소 생성하기(Generating the Element of Harmonic Surprise with David Rosen)' 편에 출연하여 한 말이다. (July 12, 2021).

3. Robert M. Sapolsky, "Open Season," *The New Yorker*, March 22, 1998.

4. 다른 언급이 없는 한 이 단락과 다음 단락의 정보 출처는 다음과 같다. Hilary Coon and Gregory Carey, "Genetic and Environmental Determinants of Musical Ability in Twins," *Behavior Genetics* 19 (March 1989): 183–193.

5. Jakob Pietschnig and Martin Voracek, "One Century of Global IQ Gains: A Formal Meta-Analysis of the Flynn Effect (1909–2013)," *Perspectives on Psychological Science*

10, no. 3 (May 2015): 282–306.

6. Madison Troyer, "Baby Names Gaining Popularity in the 21st Century," *Stacker*, April 24, 2021.

7. Madison Troyer, "Baby Names Losing Popularity in the 21st Century," *Stacker*, April 8, 2021.

8. Maria A. Rodas and Carlos J. Torelli, "The Self-Expanding Process of Falling in Love with a Brand" (presentation, Brands and Brand Relationships conference, Toronto, May 20, 2016).

9. Felix Richter, "Gaming: The Most Lucrative Entertainment Industry by Far," *Statista*, September 22, 2020, https://www.statista.com/chart/22392/global-revenue-of-selected-entertainment-industry-sectors/.

10. Luke Appleby, "Gabe Newell Says Brain-Computer Interface Tech Will Allow Video Games Far Beyond What Human 'Meat Peripherals' Can Comprehend," *#1 NEWS#*, January 24, 2021.

11. James J. Kellaris and Ronald C. Rice, "The Influence of Tempo, Loudness, and Gender of Listener on Responses to Music," *Psychology & Marketing* 10, no. 1 (1993): 15–29.

12. Kendra Cherry, "When and Why Does Habituation Occur?," *Verywell Mind*, December 2, 2020.

13. "U.S. Adult Consumption of Added Sugars Increased by More Than 30% over Three Decades," *ScienceDaily*, November 4, 2014, www.sciencedaily.com/releases/2014/11/141104141731.htm.

14. Chiadi E. Ndumele, "Obesity, Sugar and Heart Health," Johns Hopkins Medicine, https://www.hopkinsmedicine.org/health/wellness-and-prevention/obesity-sugar-and-heart-health.

15. Office of Public Affairs, University of Utah Health, "Sweet Nothings: Added Sugar Is a Top Driver of Diabetes," February 10, 2015, https://healthcare.utah.edu/healthfeed/postings/2015/02/021015_cvarticle-sugar-diabetes.php#:~:text=They%20found%20that%20added%20sugar,to%20inflammation%20and%20insulin%20resistance.

16. 다음을 위해 수집한 데이터. Aaron C. Ahuvia, "Beyond the Extended Self: Loved Objects and Consumers' Identity Narratives," *Journal of Consumer Research* 32, no. 1 (2005): 171–184.

17. 다음을 위해 수집한 데이터. Aaron C. Ahuvia, Rajeev Batra, and Richard P. Bagozzi, "Love, Desire and Identity: A Conditional Integration Theory of the Love of Things," in *The Handbook of Brand Relationships*, ed. Deborah J. MacInnis, C. Whan Park, and Joseph R. Priester (New York: M. E. Sharpe, 2009).

18. "How the Nose Knows," June 18, 2021, *The Pulse*, produced by Maiken Scott, podcast.
19. "How the Nose Knows."
20. Stephen E. Palmer and Karen B. Schloss, "An Ecological Valence Theory of Human Color Preference," *Proceedings of the National Academy of Sciences of the United States of America* 107, no. 19 (2010): 8877–8882.

8장 그것이 우리에게 말해 주는 것

1. Omri Gillath et al., "Shoes as a Source of First Impressions," *Journal of Research in Personality* 46, no. 4 (2012): 423–430.
2. 다음을 위해 수집한 데이터. Nancy Wong and Aaron Chaim Ahuvia, "Personal Taste and Family Face: Luxury Consumption in Confucian and Western Societies," *Psychology & Marketing* 15, no. 5 (1998): 423–441.
3. 모자이크 라이프스타일 집단에 대한 정보는 엘파소 텍사스대학교 웹페이지에서 얻을 수 있다. https://libguides.utep.edu/comm_yang/Demographics_Now_Mosaic_Clusters.
4. 이 주제와 관련해 나는 특히 다음 글에서 큰 영향을 받았다. Douglas B. Holt, "Does Cultural Capital Structure American Consumption?," *Journal of Consumer Research* 25, no. 1 (1998): 1–25.
5. 이 장에서 내 주장의 대부분의 근간을 이루는 이론은 피에르 부르디외의 이론이다. 이 주제에 대한 부르디외의 고전적 저작은 다음과 같다. *Distinction: A Social Critique of the Judgement of Taste* (Cambridge, MA: Harvard University Press, 1987).
6. Aaron C. Ahuvia et al., "What Is the Harm in Fake Luxury Brands? Moving Beyond the Conventional Wisdom," in *Luxury Marketing: A Challenge for Theory and Practice*, ed. Klaus-Peter Wiedmann and Nadine Hennigs (Wiesbaden: Gabler Verlag, 2012), 279–293.
7. Tori DeAngelis, "A Theory of Classism: Class Differences," *Monitor on Psychology* 46, no. 2 (2015): 62. 또한 여기도 참고하라. Antony S. R. Manstead, "The Psychology of Social Class: How Socioeconomic Status Impacts Thought, Feelings, and Behaviour," *British Journal of Social Psychology* 57, no. 2 (2018): 267–91.
8. Hazel R. Markus and Shinobu Kitayama, "Culture and the Self: Implications for Cognition, Emotion, and Motivation," *Psychological Review* 98, no. 2 (1991): 224–253.
9. Nicole M. Stephens, Hazel Rose Markus, and L. Taylor Phillips, "Social Class Culture Cycles: How Three Gateway Contexts Shape Selves and Fuel Inequality," *Annual*

Review of Psychology 65 (2014): 611–634.

10. Cathy Horyn, "Yves Saint Laurent Assembles a 'New Tribe,'" *New York Times*, October 5, 2010, https://runway.blogs.nytimes.com/2010/10/05/yves-saint-laurent-assembles-a-new-tribe/?searchResultPosition=1.

11. 문화 자본이나 좋은 맛과 나쁜 맛의 본질에 관심이 있다면 다음을 적극 추천한다. Carl Wilson, *Let's Talk About Love: Why Other People Have Such Bad Taste* (New York: Bloomsbury, 2014).

12. Robert M. Lupton, Steven M. Smallpage, and Adam M. Enders, "Values and Political Predispositions in the Age of Polarization: Examining the Relationship Between Partisanship and Ideology in the United States, 1988–2012," *British Journal of Political Science* 50, no. 1 (2020): 241–260.

13. Judith Martin, "Shock Your Dinner Guests: Give 'Em the Asparagus Rule," *Chicago Tribune*, April 18, 2007.

14. Richard A. Peterson and Roger M. Kern, "Changing Highbrow Taste: From Snob to Omnivore," *American Sociological Review* 61, no. 5 (1996): 900–907.

15. 이와 관련된 아직도 유효하고 재미있는 이야기를 보고 싶다면 다음을 읽어 보라. David Brooks, *Bobos in Paradise: The New Upper Class and How They Got There* (New York: Simon and Schuster, 2000).

16. Holt, "Does Cultural Capital Structure American Consumption?"

17. Jane Coaston, "Is Fox News Really All That Powerful?," June 30, 2021, *The Argument*, podcast, 9:51.

18. Paul Henry Ray and Sherry Ruth Anderson, *The Cultural Creatives: How 50 Million People Are Changing the World* (New York: Three Rivers Press, 2000). This group has also been called the "creative class." See Richard Florida, *The Rise of the Creative Class* (New York: Basic Books, 2002); and Brooks, Bobos in Paradise.

19. 다음을 위해 수집한 데이터. Wong and Ahuvia, "Personal Taste and Family Face."

20. Mary Douglas and Baron C. Isherwood, *The World of Goods: Towards an Anthropology of Consumption* (New York: Basic Books, 1979), 85.

21. 이 주제와 관련해 나는 특히 다음 글에서 큰 영향을 받았다. Young Jee Han, Joseph C. Nunes, and Xavier Drèze, "Signaling Status with Luxury Goods: The Role of Brand Prominence," *Journal of Marketing* 74, no. 4 (2010): 15–30.

22. Ahuvia et al., "What Is the Harm in Fake Luxury Brands?"

23. 다음을 위해 수집한 데이터. Wong and Ahuvia, "Personal Taste and Family Face."

24. 상업 연구 프로젝트를 위해 수집한 미공개 데이터.

25. Jack Houston and Irene Anna Kim, "Why Hermès Birkin Bags Are So Expensive,

According to a Handbag Expert," *Business Insider*, June 30, 2021, https://www.businessinsider.com/hermes-birkin-bag -realreal-handbag-expert-so-expensive-2019-6?amp.

26. 다음을 위해 수집한 데이터. Wong and Ahuvia, "Personal Taste and Family Face."

9장 원인은 진화다

1. David Gal, "A Mouth-Watering Prospect: Salivation to Material Reward," Journal of Consumer Research 38, no 6 (2012): 1022–1029.
2. 이 첫 세 단계를 배우자 선택의 기초가 되는 헬렌 피셔의 세 가지 동기 시스템과 혼동해서는 안 된다. 내 접근법과 피셔의 접근법이 근본적으로 충돌하는 것은 아니다. 그저 각 단계의 기준선이 다를 뿐이다. 나는 사물에 대한 사랑과 관련된 사랑의 특성을 강조하고자 하기 때문이다. 특히 나(와 다른 심리학자)는 피셔의 '매료 시스템'을 매력적인 유전자를 보유한 배우자를 식별하는 시스템과 좋은 부모가 될 가능성이 높은 배우자를 식별하는 시스템이라는 두 가지 하위 시스템으로 구분한다. 피셔와 그의 동료들 역시 심리학자들이 이 두 가지 하위 시스템에 주목하는 이유와 심리학과 동일한 구분 체계를 사용하는 생물학자들이 제시하는 근거에 대해 다음에서 논의한 바 있다. Helen Fisher et al., "The Neural Mechanisms of Mate Choice: A Hypothesis," *Neuro Endocrinology Letters* 23 Suppl. 4 (2002): 92–97.
3. Beverley Fehr, "How Do I Love Thee? Let Me Consult My Prototype," in *Individuals in Relationships*, ed. Steve Duck (Newbury Park, CA: Sage Publications, 1993), 87–120.
4. Lawrence S. Sugiyama, "Physical Attractiveness in Adaptationist Perspective," in *The Handbook of Evolutionary Psychology*, ed. David M. Buss (Hoboken, NJ: John Wiley & Sons, 2005), 292–343.
5. 다음을 위해 수집한 데이터. Aaron C. Ahuvia, Rajeev Batra, and Richard P. agozzi, "Love, Desire and Identity: A Conditional Integration Theory of the Love of Things," in *The Handbook of Brand Relationships*, ed. Deborah J. MacInnis, C. Whan Park, and Joseph R. Priester (New York: M. E. Sharpe, 2009).
6. Claudia Townsend and Sanjay Sood, "Self-Affirmation Through the Choice of Highly Aesthetic Products," *Journal of Consumer Research* 39, no. 2 (2012): 415–428.
7. Jean-Jacques Rousseau, *A Discourse on Inequality*, trans. Maurice Cranston (New York: Viking, 1984), 167.
8. Helen Fisher, Arthur Aron, and Lucy L. Brown, "Romantic Love: An fMRI Study of a

Neural Mechanism for Mate Choice," *Journal of Comparative Neurology* 493, no. 1 (2005): 58–62.

9. Fisher, Aron, and Brown, "Romantic Love."

10. Jon Hamilton, "From Primitive Parts, a Highly Evolved Human Brain," *Morning Edition*, radio broadcast, August 9, 2010.

11. Claudio Alvarez and Susan Fournier, "Brand Flings: When Great Brand Relationships Are Not Made to Last," in *Consumer-Brand Relationships: Theory and Practice*, ed. Susan Fournier, Michael Breazeale, and Marc Fetscherin (Abingdon, UK: Routledge, 2013).

12. Helen Fisher et al., "Defining the Brain Systems of Lust, Romantic Attraction, and Attachment," *Archives of Sexual Behavior* 31, no. 5 (2002), 413–419.

13. Sara M. Freeman and Larry J. Young, "Oxytocin, Vasopressin, and the Evolution of Mating Systems in Mammals," in *Oxytocin, Vasopressin, and Related Peptides in the Regulation of Behavior*, ed. Elena Choleris, Donald W. Pfaff, and Martin Kavaliers (Cambridge, UK: Cambridge University Press, 2013), 128–147.

14. Fisher et al., "Defining the Brain Systems of Lust, Romantic Attraction, and Attachment."

15. Aaron Ahuvia, "I Love It! Towards a Unifying Theory of Love Across Diverse Love Objects," abridged (PhD diss., Northwestern University, 1993).

16. Bernard I. Murstein, "Mate Selection in the 1970s," *Journal of Marriage and the Family* 42, no. 4 (1980), 777–92.

17. Aaron C. Ahuvia and Mara B. Adelman, "Market Metaphors for Meeting Mates," in *Research in Consumer Behavior* vol. 6, ed. Janeen A. Costa and Russell W. Belk (Greenwich, CT: JAI Press, 1993), 55–83.

18. Larry Young and Brian Alexander, "Be My Territory," in *The Chemistry Between Us: Love, Sex, and the Science of Attraction* (New York: Current, 2012), 154–84. 또한 여기에서도 볼 수 있다. "Oxytocin, Vasopressin, and the Evolution of Mating Systems in Mammals"; and Hasse Walum and Larry H. Young, "The Neural Mechanisms and Circuitry of the Pair Bond," *Nature Reviews Neuroscience* 19, no. 11 (2018): 643–654.

19. R. I. M. Dunbar and Susanne Shultz, "Evolution in the Social Brain," *Science* 317, no. 5843 (2007): 1344–1347.

20. Hamilton, "From Primitive Parts, a Highly Evolved Human Brain."

21. Dunbar and Shultz, "Evolution in the Social Brain."

22. Garth J. O. Fletcher et al., "Pair-Bonding, Romantic Love, and Evolution: The Curious Case of Homo sapiens," *Perspectives on Psychological Science* 10, no. 1 (2015): 20–36.

23. Arthur Aron, Elaine N. Aron, and Danny Smollan, "Inclusion of Other in the Self Scale and the Structure of Interpersonal Closeness," *Journal of Personality and Social Psychology* 63, no. 4 (1992): 596–612.

24. Stephen J. Dollinger and Stephanie M. Clancy, "Identity, Self, and Personality: II. Glimpses Through the Autophotographic Eye," *Journal of Personality and Social Psychology* 64, no. 6 (1993): 1064–71.

25. 방추상얼굴영역은 방추상회(fusiform gyrus)라는 더 큰 뇌 영역의 일부에 속한다. 과학 문헌에서는 때때로 '방추상얼굴영역'과 동의어로 '방추상회'를 사용하기도 한다.

26. Josef Parvizi et al., "Electrical Stimulation of Human Fusiform Face-Selective Regions Distorts Face Perception," *Journal of Neuroscience* 32, no. 43 (October 2012): 14915–14920; Elizabeth Norton, "Facial Recognition: Fusiform Gyrus Brain Region 'Solely Devoted' to Faces, Study Suggests," *HuffPost*, October 24, 2012, https://www.huffpost.com/entry/facial-recognition-brain-fusiform-gyrus_n_2010192.

27. Nicolas Kervyn, Susan T. Fiske, and Chris Malone, "Brands as Intentional Agents Framework: How Perceived Intentions and Ability Can Map Brand Perception," *Journal of Consumer Psychology* 22, no. 2 (2012): 166–176.

28. Carolyn Yoon et al., "A Functional Magnetic Resonance Imaging Study of Neural Dissociations Between Brand and Person Judgments," *Journal of Consumer Research* 33, no. 1 (2006): 31–40.

29. Ken Manktelow, *Thinking and Reasoning: An Introduction to the Psychology of Reason, Judgment and Decision Making* (Hove, UK: Psychology Press, 2012).

30. Leda Cosmides and John Tooby, "Cognitive Adaptations for Social Exchange," in *The Adapted Mind: Evolutionary Psychology and the Generation of Culture*, ed. Jerome H. Barkow, Leda Cosmides, and John Tooby (New York: Oxford University Press, 1992), 163–228.

31. Timothy D. Wilson, *Strangers to Ourselves: Discovering the Adaptive Unconscious* (Cambridge, MA: Belknap Press of Harvard University Press, 2002).

32. Association for Psychological Science, "Harlow's Classic Studies Revealed the Importance of Maternal Contact," June 20, 2018, https://www.psychologicalscience.org/publications/observer/obsonline/harlows-classic-studies-revealed-the-importance-of-maternal-contact.html.

33. Bronislaw Malinowski, *Argonauts of the Western Pacific: An Account of Native Enterprise and Adventure in the Archipelagoes of Melanesian New Guinea* (London: George Routledge & Sons, 1922).

34. Melanie Wallendorf and Eric Arnould, "'My Favorite Things': A Cross-Cultural Inquiry

into Object Attachment, Possessiveness, and Social Linkage," *Journal of Consumer Research* 14, no. 4 (1988): 531–547.

35. Phillip Shaver et al., "Emotion Knowledge: Further Exploration of a Prototype Approach," *Journal of Personality and Social Psychology* 52, no. 6 (1987): 1061–1086.

36. Jesse Chandler and Norbert Schwarz, "Use Does Not Wear Ragged the Fabric of Friendship: Thinking of Objects as Alive Makes People Less Willing to Replace Them," *Journal of Consumer Psychology* 20, no. 2 (2010): 138–145.

10장 우리가 사랑하는 것들의 미래

1. Alejandra Martins and Paul Rincon, "Paraplegic in Robotic Suit Kicks Off World Cup," *BBC News*, June 12, 2014, https://www.bbc.com /news/science-environment-27812218.

2. Ambra Sposito et al., "Extension of Perceived Arm Length Following Tool-Use: Clues to Plasticity of Body Metrics," *Neuropsychologia* 50, no. 9 (2012): 2187–2194.

3. Russell W. Belk, "Extended Self in a Digital World," *Journal of Consumer Research* 40, no. 33 (2013): 477–500.

4. David Pogue, "How Far Away Is Mind-Machine Integration?," *Scientific American*, December 1, 2012, https://www.scientificamerican.com/article/how-far-away-mind-machine-integration/.

5. Theresa Machemer, "New Device Allows Man with Paralysis to Type by Imagining Handwriting," *Smithsonian*, May 14, 2021, https://www.smithsonianmag.com/smart-news/experimental-device-allows-man-paralyzed-below-neck-type-thinking-180977729/.

6. Agence France-Presse, "A Paralyzed Man's Brain Waves Converted to Speech in a World-First Breakthrough," *ScienceAlert*, July 16, 2021, https://www.sciencealert.com/scientists-have-converted-a-paralyzed-man-s-brain-waves-to-speech.

7. "Robotic 'Third Thumb' Use Can Alter Brain Representation of the Hand," *University College London*, May 20, 2021, https://www.ucl.ac.uk/news/2021/may/robotic-third-thumb-use-can-alter-brain-representation-hand.

8. Richard H. Passman, "Providing Attachment Objects to Facilitate Learning and Reduce Distress: Effects of Mothers and Security Blankets," *Developmental Psychology* 13, no. 1 (1977): 25.

9. Jodie Whelan et al., "Relational Domain Switching: Interpersonal Insecurity Predicts the Strength and Number of Marketplace Relationships," *Psychology & Marketing* 33, no. 6 (2016): 465–479.

10. Marian R. Banks, Lisa M. Willoughby, and William A. Banks, "Animal-Assisted Therapy and Loneliness in Nursing Homes: Use of Robotic Versus Living Dogs," *Journal of the American Medical Directors Association* 9, no. 3 (2008): 173–177.

11. Amanda Sharkey and Noel Sharkey, "Granny and the Robots: Ethical Issues in Robot Care for the Elderly," *Ethics and Information Technology* 14 (2012): 27–40.

12. Stacey Vanek Smith, "How a Machine Learned to Spot Depression," Public Radio East, May 20, 2015, http://publicradioeast.org/post/how -machine-learned-spot-depression.

13. James Vlahos, "Barbie Wants to Get to Know Your Child," *New York Times Magazine*, September 16, 2015.

14. "Spotlight: Toyota Encourages Drivers to 'Friend' Their Cars," eMarketer, July 6, 2011.

15. Miguel Pais-Vieira et al., "A Brain-to-Brain Interface for Real-Time Sharing of Sensorimotor Information," *Scientific Reports* 3, no. 1319 (2013): 1–10.

16. Tim Urban, "Neuralink and the Brain's Magical Future," *Wait But Why*, April 20, 2017, https://waitbutwhy.com/2017/04/neuralink.html.

17. Garth J. O. Fletcher et al., *The Science of Intimate Relationships* (Malden, MA: Wiley Blackwell, 2013).

18. Carolyn Parkinson, Adam M. Kleinbaum, and Thalia Wheatley, "Similar Neural Responses Predict Friendship," *Nature Communications* 9, no. 332 (2018).

19. Pavel Goldstein et al., "Brain-to-Brain Coupling During Handholding Is Associated with Pain Reduction," Proceedings of the National Academy of Sciences of the United States of America 115, no. 11 (2018): E2528–2537.

끝맺음

1. Erich Fromm, *The Art of Loving: An Enquiry into the Nature of Love* (New York: Harper & Brothers, 1956).

사고 싶어지는 것들의 비밀

신경과학, 심리학으로 밝혀낸 소비 욕망의 법칙

1판 1쇄 발행 2024년 1월 26일
1판 2쇄 발행 2024년 2월 29일

지은이 애런 아후비아
옮긴이 박슬라

발행인 양원석 **편집장** 김건희 **책임편집** 서수빈
디자인 김유진, 김미선 **영업마케팅** 조아라, 이지원, 한혜원, 정다은, 백승원

펴낸 곳 ㈜알에이치코리아
주소 서울시 금천구 가산디지털2로 53, 20층 (가산동, 한라시그마밸리)
편집문의 02-6443-8903 **도서문의** 02-6443-8800
홈페이지 http://rhk.co.kr
등록 2004년 1월 15일 제2-3726호

ISBN 978-89-255-7545-2 (03320)